本书由广东省重点培育学科"广州华商学院新闻传播学学科"
建设资金资助

新时代高等院校新闻传播学系列教材

新媒体运营教程

A Course for New Media Operating

谭　天　陈律言　等　编著

暨南大学出版社
JINAN UNIVERSITY PRESS

中国·广州

图书在版编目（CIP）数据

新媒体运营教程/谭天，陈律言等编著 . —广州：暨南大学出版社，2022.9（2025.1 重印）
新时代高等院校新闻传播学系列教材
ISBN 978 - 7 - 5668 - 3451 - 5

I. ①新… II. ①谭…②陈… III. ①传播媒介—运营管理—高等学校—教材 IV. ①G206.2

中国版本图书馆 CIP 数据核字（2022）第 110920 号

新媒体运营教程
XINMEITI YUNYING JIAOCHENG
编著者： 谭　天　陈律言　等

出 版 人：阳　翼
责任编辑：曾小利　杜小陆
责任校对：刘舜怡　刘小雯
责任印制：周一丹　郑玉婷

出版发行：暨南大学出版社（511434）
电　　话：总编室（8620）31105261
　　　　　营销部（8620）37331682　37331689
传　　真：（8620）31105289（办公室）　37331684（营销部）
网　　址：http：//www.jnupress.com
排　　版：广州市新晨文化发展有限公司
印　　刷：广东广州日报传媒股份有限公司印务分公司
开　　本：787mm×1092mm　1/16
印　　张：13.25
字　　数：325 千
版　　次：2022 年 9 月第 1 版
印　　次：2025 年 1 月第 3 次
定　　价：49.80 元

（暨大版图书如有印装质量问题，请与出版社总编室联系调换）

前　言

　　我国自 1994 年加入国际互联网以来，目前网民规模已超 10 亿，可谓互联网大国。与此同时，新媒体发展也很快，仅短视频用户数就比上年增长 1 亿。随之而来的是对新媒体运营人才的旺盛需求，新媒体运营人才的培养和培训也日显重要。目前，我国高校的网络与新媒体专业数量达 310 个，还不包括数字媒体艺术等相关专业，以及众多新媒体培训机构，都指向新媒体运营教材巨大而急迫的需求。

　　尽管多年来各大出版社已出版了大量关于新媒体运营的书籍，但还缺少一本适用的新媒体运营教材。知名新媒体专家谭天教授领衔的广州华商学院传播与传媒学院团队，其成员多为青年教师，他们不仅有教学经验，还有一定的新媒体实践经验，有的曾在今日头条等新兴媒体工作，有的自己运营自媒体，如谭天教授的自媒体矩阵，为我国高校教师的第一个自媒体矩阵。大家竭尽全力，认真编写，反复修改，精益求精，耗时两年终于完成这一艰巨的教材编写任务。本书共七章，编写人员分工如下：第一章：谭天、夏厦；第二章：陈律言、余思乔；第三章：乔丽；第四章：李易阳；第五章：夏厦；第六章：刘影；第七章：余思乔。谭天负责教材架构、协调和修改，陈律言协助教材修改。此外，其他学校的方洁、张甜甜等老师也参与了部分编写工作。

　　《新媒体运营教程》不仅可以作为大学相关专业课程教材，还可以作为业界学习新媒体运营的入门读物。为了让这部教材更好地服务教学，书中引入了大量案例，还添加了实训与复习内容。尽管教材编写者全力以赴，但由于对新媒体的认知和理解滞后，因此本教材难免存在错漏和谬误，还请读者多批评指正，我们也希望可以继续通过线上讨论加深对新媒体运营的领悟。

作　者

2022 年 4 月 30 日

目 录
CONTENTS

第 1 章

认识新媒体运营

【学习目标】

- 了解新媒体运营的概念、起源与发展
- 掌握新媒体运营的观念、理念与方法
- 了解新媒体运营的岗位与团队
- 掌握新媒体运营能力的培养与运营管理的规划
- 了解新媒体的运营生态

【引导案例】

2020 年 12 月 31 日 20：00，"2020 最美的夜 bilibili 晚会"正式上线，在哔哩哔哩（以下简称"B 站"）和央视频同步播出，晚会延续 2019 年的创作内核与精神表达，并继续启用百人交响乐团还原 IP 音乐的魅力，通过丰富的创意节目，实现多元文化的相互串联与融合，当天播放量就超过 1.4 亿，弹幕数高达 109 万，直播人气峰值更是突破 2.5 亿，远远超过了 2019 年的 8 500 万，在新浪微博频上热搜。与 2019 年相比，2020 年的 B 站跨年晚会节目内容在迎合年轻人喜好的同时，也在努力顺应大众口味，平衡各个圈层用户的喜好。

B 站自上市以来，一直在努力"出圈"，力图构建一个涵盖多个兴趣圈层的多元文化社区。在本场跨年晚会中，B 站与央视频的携手，打造了一场"既是文化出圈，又是媒体融合"的具有典型意义的创新实践。作为互联网视频行业中备受关注的"小破站"，B 站的"出圈"说明了什么？其成功的背后是一种怎样的力量使然？如何从这个案例入手，来理解新媒体运营的特点与规律？接下来，让我们一起走进新媒体运营。

【本章要点】

新媒体运营的概念　新媒体运营的理念与方法　新媒体运营的监管　新媒体运营的生态环境

1.1　新媒体运营概述

随着新媒体的兴起和发展，"运营"成为一个热词，但如何界定它，长期以来并没有一个严格的定义。在此我们先来考究一番，并梳理新媒体运营的发展脉络。

1.1.1　定义、构成与类型

运营并不是一个新的概念，早在互联网诞生之前它就存在，如企业运营、地铁运营等。传统意义上的运营是指对生产和提供公司主要的产品和服务的系统进行设计、运行、评价和改进的管理工作。一切能够帮助产品进行推广、促进用户使用、提高用户认知的手段都是运营。与一般的运营相比，新媒体运营又增加了许多新内容和新特征。那么，能否归纳提炼出一个较为严谨的概念呢？

黄有璨从新媒体运营目的来界定，他在《运营之光：我的互联网运营法论与自由》一书中指出，运营的目的最终是"更好地连接产品和用户"。[①]再进一步讲，这里又存在两个目的，一是能够获取用户并实现用户付费；二是能够更好地维系住这些用户，令其愿意与运营者持续产生关系。而一切围绕着这两个目的展开的具体工作内容，都可视为运营。勾俊伟则从新媒体运营实务出发，分别从战略、职能和操作角度对新媒体运营进行了阐释。其中，战略角度比较宏观，强调的是运用新媒体工具"实现对产品研发、产品推广、用户反馈、产品优化闭环的精细化管理"；职能则是从中观的角度出发，提出新媒体运营就是运用新媒体工具围绕用户运营、产品运营、内容运营以及活动运营四大模块的统筹与运作；操作层面是指"负责新媒体工具或平台的具体工作"。刘友芝从新媒体运营的整体过程出发，在《新媒体运营》一书中这样界定：互联网时代新媒体运营主要是新媒体实体组织在互联网商业生态环境中为追求自身生存和发展的利益最大化诉求，以用户需求和体验为核心，研发具有用户价值的互联网应用产品和服务，并促进其用户规模最大化，通过用户黏性运营策略实现用户规模的活跃化，最终获取海量活跃用户基础之上的各种变现收入的过程。

由此可知，新媒体运营是围绕新媒体产品、服务和用户展开的一系列操作、经营和管理工作。新媒体运营可以划分为不同类型（图1-1）。根据新媒体形态划分，可以分为产品型运营、平台型运营和生态型运营；从运营工作构成可以划分为内容运营、用户运营和活动运营；从媒介类型角度可以划分为微博运营、微信运营、社群运营等；从新媒体运营实务出发，新媒体运营按照其作用对象分为内容运营、产品运营、用户运营三部分。其中，用户运营是新媒体运营的核心。用户是新媒体内容、产品和服务的接收者、使用者和消费者和再创造者，相比于经典传播学中被动沉默的"受众"，用户的角色和需求更加多

①　黄有璨. 运营之光：我的互联网运营方法论与自白［M］. 北京：电子工业出版社，2016.

元化和个性化，这些都需要通过运营进行数据收集和分析，进而了解用户并开展引导与精准推送。用户的增量、活跃度、忠诚度、留存率和使用黏度等都是衡量新媒体产品质量和平台影响力的重要指标。内容运营在整个新媒体运营的过程中起到纽带的作用，通过精心炮制好看、好玩的内容和活动，帮助产品吸引更多用户。产品运营是新媒体运营的根基，新媒体是以产品的形式来为用户提供服务的。

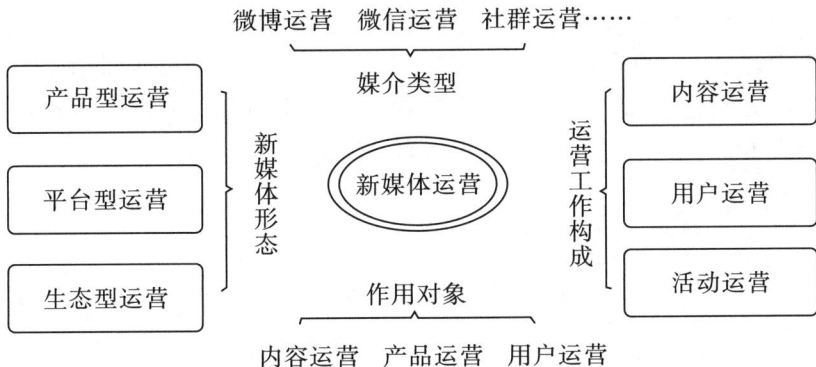

图 1-1　新媒体运营的分类

1.1.2　新媒体运营的起源与发展

1. 新媒体运营的起源

黄有璨、范晓俊在《运营简史：互联网运营的 20 年发展与演变》一文中对新媒体运营的起源和发展做了较为详细的描述。他们认为"运营"的概念成型于 2001 年前后，而真正意义上的"运营"是从 2004、2005 年前后开始。那时大量互联网公司中的"编辑"开始被称为"内容运营"，而"社区运营"的叫法也普及开来。

一般认为中国互联网运营发展的起点，是 1995 年前中关村大街上那家叫作"瀛海威"的公司做的广告——"中国人离信息高速公路还有多远？向北 1 500 米。"那时候"信息"是互联网对于用户最大的吸引力所在，围绕着"信息"的获取和消费，在国内诞生了最早的两种产品形态，分别是"门户网站"和"BBS"。同样都是提供信息，"门户"与"BBS"之间最大的不同在于门户网站的内容都需要自己采集编写，而 BBS 上的信息则大多来自用户的自发贡献。在互联网发展初期，绝大多数的网站与产品都无须考虑"用户获取"，更侧重在"用户维系"方面下功夫，于是就诞生了互联网上最早的两种工作：网络编辑和 BBS 管理员。其中，前者的工作主要是内容的采集、编撰和写作，后者的工作则主要是论坛中的加精、置顶、删帖，以及时不时地组织些灌水、顶楼等在线活动。

1998 年是中国互联网发展的一个重要节点，互联网在国内的发展面临第一次 3 年至 4 年之久的爆发与井喷，迎来了第一个春天，也成为 BBS 和论坛的黄金发展期。同时，在线聊天室兴起，QQ 和联众诞生，随着网民数量的增加，互联网上的商机也逐渐开始涌现。1998 年世界杯期间，新浪网以 24 小时滚动播出新闻的形式吸引了大量网友，并借此获得了 18 万元的广告收益，这是目前可以查到的最早的"流量变现"的案例。此时的联众也开始推出"个人会员"＋"身份特权"等增值服务。对于大量中小型个人站点的站长和个人开发者们来说，他们的用户获取能力相比大型网站和主流产品更弱。为了提升自己网站的流量或产品的下载量，开发者们必须想方设法做更多的推广活动，于是催生了一个叫作"在线推广"的工种，"导流"和"渠道"成为他们最为关注的事情。

随着网民数量的增多，大量社区和 BBS 开始通过招募和管理一群管理员、"版主"来帮助新媒体管理者更好地管理社区。社区管理者们还总结出了"引导产生兴趣、兴趣催生话题、话题集中讨论、信息聚合用户"的论坛管理四步法。这便是后来在运营界被广泛流传的"社区运营方法论"和"用户金字塔"模型的起源（图 1 - 2），也逐渐形成了后来的"活动运营"和"用户转付费"等常见运营逻辑的雏形。

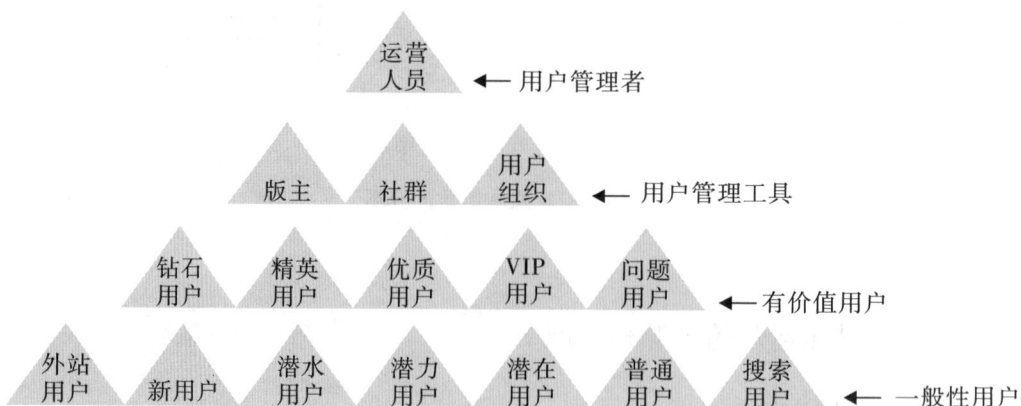

图 1 - 2　用户金字塔模型图（图片来源：运营喵的世界）

随着网民数量的快速增长，整个行业对于"流量获取"的愈发重视以及部分"流量入口"的成形，"运营"渐渐作为一种职能名称普及开来。网游的兴起和火爆，催生了网游的盈利模式——卖游戏点卡或卖游戏装备。这可被视为最早的"线下地推"和"重点付费用户的维系"。电商的飞速发展已经不能满足于简单的推广，出现了一些与其他互联网领域完全不同的工作内容，构成了早期"电商运营"的雏形。

随着互联网世界中用户越来越多，且涌入的各类信息和网站也越来越多，人们开始面临一个问题：如何从浩如烟海的网络世界中找到适合的信息并记住它们。从 2001 年开始，一个概念渐渐兴起，并越来越在互联网世界中占据着举足轻重的地位，它就是"入口"。入口既有，抢占"入口"就成了诸多互联网产品经理们必须重视的事情。比如说，搜索引擎发现自己的搜索结果排名会直接影响大量流量的时候，他们便采取了一种叫作"竞价排名"的规则来出售自己的搜索结果位，还开发出了一种叫作"广告联盟"的东西。于是，围绕如何更有效地获取流量并降低流量获取成本，"流量运营"的工种开始出现。开始有部分社区尝试结合数据，通过一些产品化的机制，对用户行为更好地进行引导和约束，如用户等级、勋章、积分等较为典型的手段，先后在不少社区内出现。还出现了类似 Discuz 这样的标准化 BBS 建站管理工具——这应该算是较早的标准化运营工具。

2. 新媒体运营的发展

在 2005 年前后，中国互联网进入 Web2.0 时代，中国互联网由原来"自上而下"的由少数资源控制者集中控制主导的互联网体系，转变为"自下而上"的由广大用户集体智慧和力量主导的互联网体系。信息的传播和分发从"一对多"发展成为"一对多"和"多对多"并存的局面。这一时期发生了无数"自下而上"的网络热点事件，并借助博客和网络社区诞生了国内第一批"网红"。在 2005 年至 2009 年这个时期内，大家更加关注"传播"，网络推手、事件营销、话题营销等类似职能也开始出现。

此时，整个互联网的大生态开始逐渐真正从"封闭"转为"开放"。包括腾讯、豆瓣、开心网、天涯等在内的诸多 SNS 和社交应用都开始构建自己的"开放平台"，或是提供自己账号体系的"开放接口"，允许外部的第三方开发者调用自己的基本用户信息，并通过开放平台供自己开发应用。对开发者们而言，此举可以让他们获取用户和接触用户的成本更低。而对平台方而言，他们也通过此举加强了自己平台内部所提供的服务和内容，借此巩固了平台生态。另外，这种"借助对方的平台和用户资源开发一些小应用来更好获取流量与用户"的做法，也渐渐成为一种常见的"获取用户"的思路。

智能手机的渐渐普及和"移动时代"的到来，瞬间在互联网世界中开辟了一块全新的战场，许多人凭借着"移动互联网"时代的红利和自己开发的 App 大获成功。大量应用商店先后出现并发展起来，成为移动端的"流量入口"。各类围绕着移动端的流量截取和分发手段也开始层出不穷，类似移动广告联盟、积分墙、换量等手段在移动端也渐渐普及和火热起来。这一时期诞生了被称为"App 推广运营"的工种（图 1-3）。

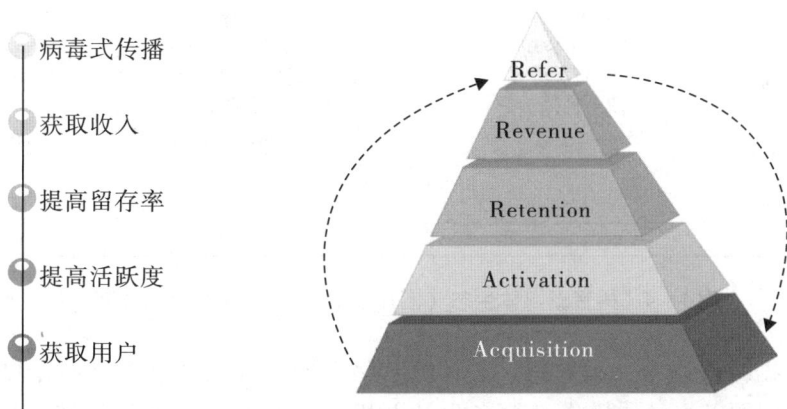

图 1-3　App 推广运营的 AARRR 模型（图片来源：亿图）

2009 年 8 月，新浪微博上线内测，在此后的 2～3 年时间内，微博以暴风般的速度席卷整个中国互联网，成为中国第一舆论阵地，同时也成了这一时代最大的"流量"和"用户"聚集地。微博的强互动和传播属性也让它成为诸多产品和品牌用于"维系用户"时的一个最佳选择。于是，一类叫作"微博运营"和"社会化媒体营销"的职能出现了。团购网站的出现第一次把互联网与更多人们线下生活中的具体服务连接起来，也第一次把互联网世界中的"战争"从纯粹的"线上"拉到了"线上+线下"同时进行。

2013 年，整个互联网世界的用户增速开始明显放缓，出现了"互联网＋"，即让互联网可以连接到除了信息以外的更多事物。大约从 2013 年到 2016 年，国内互联网界出现了一波迅猛无比的 O2O（Online to Offline）创业潮，全面把"运营"的竞争从线上拉到了线下，一维的"线上推广和传播"已经不管用，更常见的做法是"线下地推＋线上推广＋PR 传播"等"海陆空"并行才能产生更好的成效。运营与产品之间的关系开始更加紧密，互联网公司中对于"运营"的职能要求，再次升级和提高。

2012 年，微信先后推出了朋友圈和微信公众号，成为更受用户青睐的"流量入口"，随之而来的就是大量微信公众号运营与"微商"的出现。因为在微博和微信公众号中很多活动、内容维系等的执行逻辑高度相似，被人们共同称为"新媒体运营"。2013 年快手上线，2016 年抖音（图 1－4）上线，二者相继成为统治短视频的两大平台，短视频由此成为互联网生态新的结构性力量。

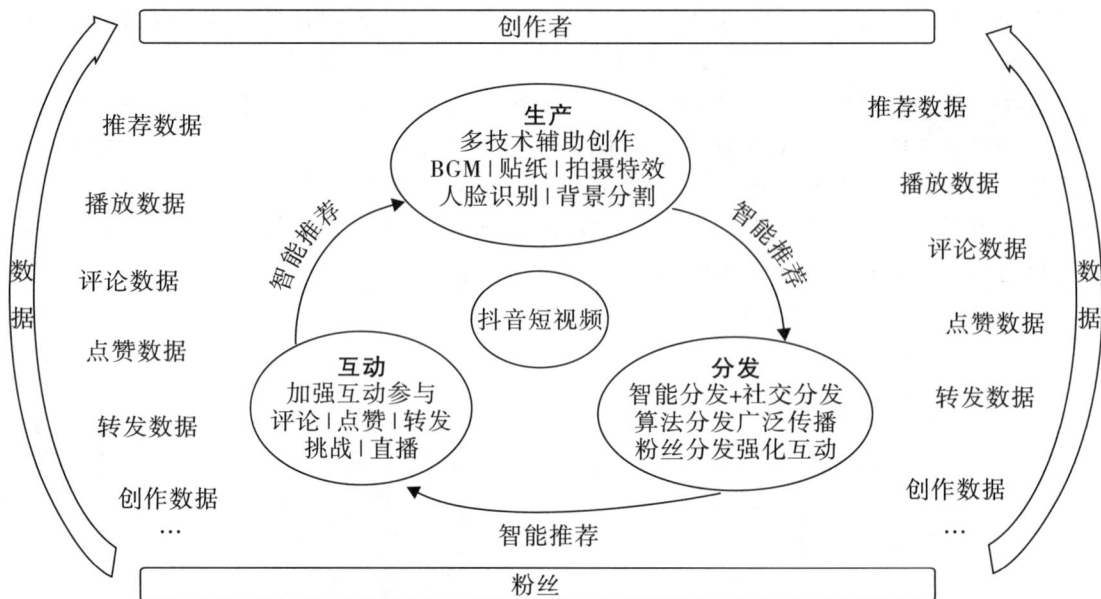

图 1－4　抖音新媒体生态（图片来源：Acepr 王牌公关顾问）

进入大数据时代以来，大数据、云计算、物联网、人工智能等新技术助力新媒体发展，算法、位置服务、区块链等新服务也让新媒体运营的内涵和外延都发生了极大的变化，与此同时，新的管理规则也在促使新媒体运营更加健康有序地向前发展。随着新媒体向智媒体发展，也更加考验新媒体运营的智力和创新，新媒体运营在追求商业利益和市场效益的同时，也不应忽略和忘记社会责任和伦理道德底线。

由此可见，新媒体运营内涵随着新媒体的发展而不断丰富，随着新技术新传播的赋能，新媒体运营的内涵和外延也将补充新的内容。一切过往皆为序曲，"变"是新媒体运营的常态。

1.2　新媒体运营引导

随着媒介生态的不断变化，新媒体的类型及运营方式也多种多样，但是"万变不离其宗"，究其本源，可以指导和引领新媒体运营的主要包括理念、思维和理论三个层面。

1.2.1　新媒体运营的理念

新媒体运营首先取决于运营者的新媒体观，运营者对于新媒体的理解影响着新媒体的运作。1994 年，中国正式接入国际互联网后，媒体人的新媒体运营理念随着互联网的发展不断演变，我们可以把它大致划分为三个阶段或三个版本。

1. 新媒体理念 1.0：平台为王

最早的新媒体形态是网站，出现了新浪、腾讯、搜狐、网易四大门户网站，新媒体发展始于网络新技术，如搜索引擎；后来有了新技术的应用，如网络日志——博客。但是，当时的新技术新应用还停留在信息传输层面，人们更多地把新媒体看作一种信息传输的工具。随着新技术新应用逐渐转化为新产品新服务，新的媒体形态产生了，如 QQ、微博等。此时，人们对新媒体运营的理解已经不限于内容的生产和传播，还包括内容运营。随着对于新媒体运营需求的不断增加，在这一阶段还出现了用户生产内容，即 UGC（Users Generated Content）。

随着百度、阿里巴巴、腾讯三大互联网平台的出现，人们开始关注一种新的媒介组织形态——媒介平台。媒介平台以其更多的应用、更强的服务横扫各大门户网站。新媒体运营也从"内容为王"转向"平台为王"，业界也开始形成一种共识：得平台者得天下。此时，传统媒体负责新闻生产，新兴媒体负责内容传播，于是媒介平台出现了，"通过某一空间或场所的资源聚合和关系转换为传媒经济提供意义服务，从而实现传媒产业价值的媒介组织形态叫作媒介平台。"①

需要指出的是，媒介平台并不是传统意义上的媒体，对于传统媒体而言，内容是核心竞争力，而媒介平台是不生产内容的，只为内容运营提供服务。内容在接入新媒体传播后"焕发新生"，于是，众多媒体、企业乃至政府纷纷入驻各大平台，如《人民日报》开通微博号、央视开通微信公众号等。在这一阶段，如何将内容与服务通过平台融为一体？如何借助平台实现内容传播价值最大化？运营最优化就成为运营者最为关注的问题。

在新媒体的冲击下，传统主流媒体不断推进媒体融合，在"移动优先"的驱动下，传统媒体按照上级的部署纷纷做起自己的 App，希望通过打造自有的平台做大做强。然而，做好一个 App 跟开一个自媒体账号大不一样。做一个 App 在技术上并不难，难的是要有足够的投入把它运营好。App 体量很大，需要很多内容，投资没有几千万乃至几个亿是玩不

---

① 谭天．基于关系视角的媒介平台 [J]．国际新闻界，2011（9）：85.

转的。传统媒体做 App 存在几个难以解决的问题：一是资金投入有限，二是技术服务不足，三是由于体制所限，媒体 App 开放度不够，因此不能很好地吸纳社会资源，更谈不上融资，因此难以做成平台，充其量只是多了一个线上的媒体或传播渠道而已。

媒体有三大构成：内容、渠道和商业模式，媒体是一定要做内容生产的，但媒介平台本身是不生产内容的，它的内容是由用户生产的，它只是为用户生产和传播内容提供一个服务平台。媒介平台也有三大构成：聚集资源、呼应需求和创造价值。抖音目前日活跃用户超过 6 亿，不仅有普通用户，政府、媒体和企业也纷纷入驻，聚集了大量的资源。为了回应这些用户的需求，抖音平台开发了各种服务功能，比如直播、电商、社交、支付等，不仅为机构媒体创造传播价值，还为自媒体创造商业价值，平台与内容提供者和企业共同构建了产业链和商业闭环。

由于自身属性所限等原因，大多数媒体 App 不仅用户规模小而且用户黏度低。有些媒体运用行政手段获得千万级的用户规模（与新媒体平台亿级用户不能比），但由于缺少足够的服务，用户活跃度很低。然而，在各上级部门的要求下，各地媒体还是纷纷办起自己的 App，甚至有些县级媒体都拥有自己的 App，但无论是用户规模还是传播力、影响力都极为有限，只能说有，不能说好，甚至还称不上真正的媒介平台。

我们并不一概反对传统媒体做 App，但我们不赞成所有的媒体都做 App，况且打造新型主流媒体不是做一两个 App 这么简单。首先，我们要理解何为新型主流媒体，新型主流媒体不是某一类媒体，而是一种运作方式。中央提出融媒体建设，融媒体不是一个独立的实体媒体，而是把广播、电视、互联网的优势互为利用，使其功能、手段、价值得以全面提升的一种运作模式。而在这个建设过程中，传统主流媒体不一定什么都自己做，要有所为有所不为，比如传统主流媒体可以专心做好内容生产，让新媒体平台帮忙做内容分发。当然，我们也不能过分依赖新媒体平台，有条件的话也要做好自己的 App，"两条脚"走路会走得更好。

2. 新媒体理念 2.0：连接一切

从 PC 互联网到移动互联网，新媒体运营理念也需要改变。在移动互联网时代，人们获取信息的方式和习惯发生变化，社交方式也改变了，新媒体运营不仅要做内容产品和服务产品，还要做关系产品。对此，马化腾提出"连接一切"，即连接人、连接服务、连接设备。搜狐网前总编辑吴晨光认为新媒体运营是一场"入口之战"，需要线上线下打通，把线上的流量转化为线下"信息流"。如："春晚"抢红包实现了双屏互动，滴滴打车驱动了在线支付等，实现了平台与用户在场景下的连接。

在这一阶段，新媒体运营的着眼点不只是用户规模和追求流量，还在于洞察用户需求和响应其需求，即流量变现。互联网争夺的是流量，移动互联网则主要争夺场景。构建服务场景对新媒体变现至关重要。服务场景有五大要素：移动终端的类型、地理位置感知、采集数据的传感器、通过大数据做需求预测、在社交网络中展示（图 1-5）。

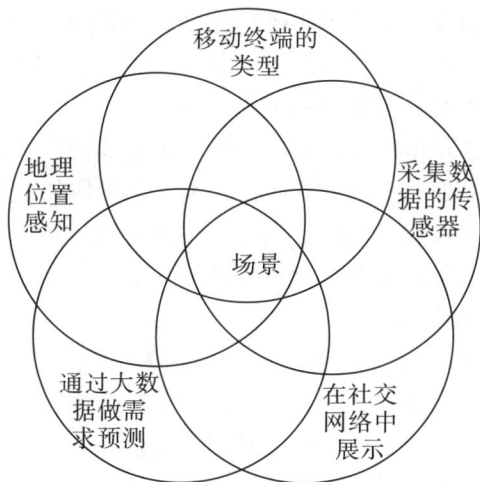

图 1-5　服务场景之争

如何实现更有效的连接？除了移动互联网带来的场景革命，还要有互联网思维和"互联网＋"。互联网思维三大要义是颠覆性创新、开放中博弈、合作中共赢。在此思维引领下，近年来传统主流媒体做出不少努力，连接人要用更好的内容和服务才行，要连接非用户还需要"出圈"。如 2020 年央视新闻与 B 站合作的跨年晚会，2021 年央视频与快手合作的小年晚会"牛人之夜"。

更重要的理念是"互联网＋"，不少传统媒体做新媒体仍然是"＋互联网"，只是简单地把内容搬到网上。"互联网＋"的本质是供需关系的重构，过去是先做供给（内容生产）再去满足需求（用户消费）。现在倒过来了，先找到用户需求再去做供给。于是粉丝经济、网红经济因此发展起来了。"互联网＋"的供需重构还带来关系重构和边界重构。如短视频带来的关系重构，把弱关系变成强关系；而传统媒体与新兴媒体合作则实现了"出圈"。因此，打造新型主流媒体更须理清思路、解放思想、转变观念，"连接一切"布局融媒体，通过接入平台、构建矩阵、运用 MCN（Multi-Channel Network）等多种方式全面开花才能结出丰硕的成果。

关系链是指互联网节点之间连接的组合，它包括平台与用户、用户与用户之间的连接，这是狭义关系链。但在媒体融合的大背景下，还有平台与媒体、平台与政府、平台与所有利益相关方的关系连接，关系链还会从线上延伸到线下，这是广义关系链。"互联网发展和社会化传播，不仅把人与人之间的交流，从信息传播进化到关系连接，而且形成各种各样的关系链。随着 5G 的到来，这种传播链还会把人们从互联网带到物联网，带入万物互联的新世界。当今互联网平台之间的战争就是一场关系链之战，关系链已占据这个战场的核心位置。"①

深度融合说白了就是要实现一种超链接，正如尼古拉斯·克里斯塔基斯和詹姆斯·富勒所说："借助于网络，人类就可以收到'总体大于部分之和'的功效，新的连接方式的

---

①　谭天．打造关系链，实现大连接［J］．媒体融合新观察，2019（10）：13.

出现，一定会增强我们的能量，让我们得到上天原本赋予的一切。"① 目前，阻碍连接的原因既有制度政策方面的，也有文化观念方面的，需要我们创造出新的连接方式，打造出一条联通多媒介、融合多要素的全新关系链。

在传统媒体向新型媒体转型的过程中，一定要向自媒体学习关系链的搭建与运用。例如，一些美食类自媒体"品城记"、母婴类自媒体"小舟妈妈教娃"都是在多个短视频平台分发，布局新媒体矩阵并构建自己的小生态。当今新媒体运营已经从平台主导转向生态构建，新媒体运营要有大发展就要下一盘更大的棋。

3. 新媒体理念3.0：智能驱动

当今传媒，已经从"平台为王"进化到"生态为王"，"连接一切"就是为构建媒介新生态服务的，而要更好地连接，就需要人工智能了。当今世界，人工智能技术渗透到社会生活的各个领域，人工智能被看作是新的基础设施。在媒体行业中，从业界的媒体创新实践来看，人工智能技术深入传媒业多个领域，AI、5G、区块链、物联网等新技术覆盖到内容生产、分发、用户服务等各个环节。

在内容生产方面，"关于人工智能技术在新闻领域的应用报道，最常提到的是可观察性和易用性框架，分别占63%和52%。"② 目前人工智能在传媒业中的主要应用还是在内容生产领域，比如AI记者、AI主播等。人工智能在新闻生产中的应用主要有视频识别、语音AI、语义分析、数据可视化、机器写稿等。

在内容分发方面，推荐算法是最为广泛的应用，但同时也最受诟病，人如何避免陷入"信息茧房"和成为"算法囚徒"？是放弃算法还是优化算法？这成为新媒体运营的一大挑战。"算法并非仅以技术工具的角色存在于社会生活中，它已然是人与世界的交互中扮演重要角色的中介。"③ 与此同时，在5G时代如何更好地应用物联网则是新媒体运营的另一机遇。新媒体运营基于位置服务与生活场景挖掘大有文章可做，也会带来更大的发展空间和更多的智能红利。

人工智能应用不只在于内容方面，还在于服务创新。"基于实时场景的智能媒体服务，利用AR、VR等智能终端，为用户提供场景化的智媒服务；基于历时数据的智能媒体服务，利用媒体的数据库，为用户提供最优的智媒服务；基于用户关系的智能媒体服务，利用人工智能技术收集用户数据，为用户提供基于用户画像和用户关系的智媒服务；基于垂直领域的智能媒体服务，利用在特定领域的技术与内容优势，为用户提供差异化的智媒服务。"④ 例如：人民网、南方传媒研究院的网络舆情分析，为政府提供政务服务。《南方都市报》早在2014年就组建数据工作室，2016年发起成立"南都指数联盟"，2018年又成立南都大数据研究院，以数据为抓手向数据型媒体智库转型。触电新闻客户端是广东广播电视台自主研发和运营的新媒体重点项目，是一款以数据挖掘和广电资源为基础智能驱动

① 尼古拉斯·克里斯塔基斯，詹姆斯·富勒. 大连接：社会网络是如何形成的以及对人类现实行为的影响[M]. 北京：中国人民大学出版社，2013：4.

② 邓钦濠. 创新扩散：人工智能技术传播的媒体赋能[J]. 新闻前哨，2021（6）：97.

③ 师文，陈昌凤. 信息个人化与作为传播者的智能实体——2020年智能传播研究综述[J]. 新闻记者，2021（1）：95.

④ 韦路，左蒙. 中国智能媒体的使用现状及其反思[J]. 当代传播，2021（5）：78.

的视频资讯聚合产品。

目前大数据与人工智能在新媒体的应用，大多还是集中在实力雄厚的媒介平台，不少传统媒体人还不懂数据和算法，既不会运用大数据了解用户、洞察市场，也不会利用算法推荐加强传播、扩大影响。与此同时，新媒体运营在人工智能的应用上也会走到另一极端，就是过于迷信大数据，大数据杀熟，还会涉及侵犯用户隐私、数据污染等传媒伦理问题。

人工智能和高新科技将会不断给新媒体赋能，展望未来，万物皆媒、人机合一、共同进化，新媒体运营就是智媒体运营。新媒体运营理念是一个动态变化的概念，在未来媒体的时空中，这些理念还会不断更新创新。新媒体运营如要实现跨越式发展，就要做到观念先行，就要升级迭代。当今新媒体产品运营不只是做内容产品和服务产品，还要做关系产品和数据产品。如今的新媒体正在成为智能驱动的空间媒体，目前已有一些新媒体运营进入了智慧城市、智慧社区等新领域。

当今新媒体运营正从"互联网＋"转向"智能＋"，但同时我们也要警惕单纯的技术决定论，一味地炫技耍酷，VR/AR、AI、大数据、区块链、云计算等新技术一通乱加，就会陷入高科技的陷阱。只追求表面光鲜靓丽的政绩工程不是真正的智能驱动，如果我们无法占领服务于普通老百姓的C端，那么我们是无法占据舆论场的主要位置的。

值得注意的是，随着互联网和新媒体的不断发展，还会产生新的传播形态、媒介生态和传媒业态，在新的传媒业态中的新媒体运营还需要改变我们的运营模式、连接方式和思维定式，而唯一不变的只有创新。在新的媒介生态中的新媒体运营还要把握社会发展规律、时代脉搏，要传播更多的正能量，创新要为创优服务。此外，这些年新媒体运营大多注重效率的提高，今后还应重视公平的实现，智能向善，公益赋能，更加健康环保。

1.2.2　新媒体运营的思维

新媒体运营需要一套复杂的体系化的过程，新媒体运营思维即运营者对新媒体运营这项活动的深刻认知与洞察，运营人员需要有意识地培养自己的运营思维。如何去构建完整的运营思维呢？需要先从新媒体运营思维的类型来了解。目前，结合学界和业界的观点，新媒体运营思维大致可以划分为：产品思维、用户思维、数据思维、场景化思维和互联网思维。

1. 产品思维

产品是指能够供给市场，被人们使用和消费，并能满足人们某种需求的任何东西，包括有形的物品、无形的服务、组织、观念或它们的组合。新媒体产品可以分为三种或四种类型（图1-6）：内容产品，如公众号"黎贝卡的异想世界"主要为用户提供时尚美妆相关内容；服务产品，如滴滴打车为用户提供线上打车服务等；关系产品，就是嵌入社交关系及生活圈的互联网产品，如微信朋友圈；数据产品为运营者提供用户、市场等数据分析，也可以把它归入服务产品。内容和产品的差距，在于内容是对受众，产品是对用户的。可以说，新媒体做的内容和服务都是提供给用户的产品。产品的好坏不仅关乎其质量，还取决于它满足用户需求的

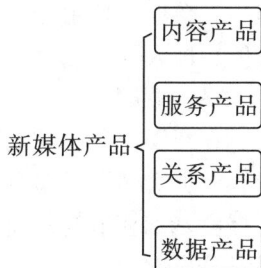

内容产品

服务产品

新媒体产品

关系产品

数据产品

图1-6　新媒体产品框架图

程度。如美团外卖为用户提供一站式的"点餐 + 送餐"上门服务、微信通过"摇一摇"等功能帮助平台建立更多用户关系。

在满足用户需求的同时，运营商还需要考虑产品收益，具备商业价值和能够变现的产品才能在市场上立足。能够满足用户需求的产品但无法实现商业运作，或者过度商业化的产品又会影响用户的使用体验，因此从产品角度来看运营，其根本是在用户需求和平台商业利益之间寻找最佳平衡点，在这个点上的深挖才是具有双赢价值的。此外，作为公共信息产品的运营主体，还要考虑到产品的社会效益和社会责任，才能为产品的持续发展打下良好的基础。

2. 用户思维

新媒体用户也叫粉丝。其不再只是单纯使用产品和享受服务的用户，而是能够进一步参与产品设计、内容策划、社群维护等辅助工作的粉丝。粉丝在互联网中以社群的形态聚集，因而如何通过社群运营维护粉丝，通过社群有效连接产品和用户，是运营工作的重点。粉丝在社群中的聚集并不难，但是拉近社群成员之间的距离、建立话题和信任则需要精心的运营和维护，以提高粉丝的活跃度和归属感。而在社群运营中，需要重点关注和培养的是核心成员，也就是能够进行社群管理、充当意见领袖的高质量粉丝，通过粉丝间的内部管理提升社群的自主性。需要注意的是，社群的建立和粉丝维护需要长期规划并结合运营推广需求，定位不清晰、功能不明确的社群有可能会起到反作用。

3. 数据思维

数据思维是指通过各种方法收集用户的数据、了解用户需求，然后改进运营决策并推动产品不断迭代升级的思维。在新媒体运营中，数据挖掘的作用在于清晰地描述"用户画像"，而数据分析则是从中发现用户需求。让数据说话的关键在于如何去分析，因此，数据思维的核心要义是数据分析。但要避免唯数据论，数据提供的只是参考，而不是结论，要跳出数据看数据，因为归根到底数据分析的目的是了解数据背后的人。

4. 场景化思维

传统媒体时代争夺的是眼球，互联网时代争夺的是流量，移动互联网时代争夺的是场景。场景化思维其实更多的是一种从用户的实际使用角度出发，将各种场景元素综合起来的一种思维方式。在移动互联网时代，场景已经成为新媒体产品接入用户的重要关口。新媒体的场景包括虚拟场景和应用场景。网络游戏、QQ 秀就是虚拟场景。应用场景是指互联网的一个应用（产品）进入用户所处的场景，它包括五个核心要素：移动设备、社交媒体、大数据、传感器、定位系统。场景设计有三个思考维度：满足欲望、响应需求、创造价值，即人性、社会和文化三个层面。

5. 互联网思维

在新媒体发展和运营中出现频次最高的词汇是"互联网思维"，何为"互联网思维"？从有人类文明以来，我们的经验、价值观、思维方式都是以有形的、有质量的物质世界为前提和基础获取的，而互联网这一即时交互世界具有及时性、交互性、匿名性、平等性、无线分享性等特征，已完全颠覆了物质世界的思维基础。互联网思维三大要义为颠覆性创新、开放中博弈、合作中共赢。互联网思维的外延是互联网精神，开放、平等、协作、共享、去中心，这些就是互联网和新媒体的基本精神。

1.2.3　新媒体运营的理论

指导新媒体运营的理论主要有两部分，一部分源自传播学、传媒经济学已有的经典理论，一部分源自新媒体研究的新理论。前者我们不说了，下面介绍后者，即一些新媒体学者和专家的研究成果：如谭天的平台理论和关系理论、彭兰的新媒体用户理论、吴晨光的源流说、黄永轩的内容零售业。

值得一提的是，新媒体运营首先是一项传播活动，因此需要大众传播、人际传播、传媒经济学、媒介管理、社会学、心理学等方面的基本理论。新媒体运营者不需要了解所有理论，只需要选取与运营相关的理论，并要注意活学活用。新媒体运营者一定要有自己的想法与理念作为实践操作的指导。新媒体运营虽主要涉及操作层面，但是如果有一定的理论指导，新媒体运营可以更加游刃有余。

广州华商学院未来媒体研究院院长谭天教授先后提出了媒介平台理论、社交媒体构成理论、关系经济理论、传播裂变理论等，这些理论都很有指导意义。清华大学彭兰教授等学者对新媒体也做了不少研究，这些理论和观点对新媒体运营也有指导作用。此外，业界也提出了一些更为实用的理论。如未来媒体常务副院长、易简传媒总裁黄永轩提出的内容零售业理论。还有国外的移动互联网场景理论、传播力理论等。这些新媒体理论可能不那么完整和成熟，但都能给予运营者以启迪和指导。

新媒体如何运营？这既涉及认识论，也涉及方法论。从认识论层面来看，主要涵盖操作方法、写作方法、推广方法等，需要运营者懂得娴熟地使用新媒体运营工具和技术，如文章排版、视频制作、数据分析等，以更好地服务于新媒体内容的运营。相比认识论，新媒体运营方法更重要的还是方法论，它指导具体方法的使用。

要做好新媒体运营，需要充分了解新媒体和传统媒体的联系与区别，并清晰地从方法论的角度去理解新媒体运营，才能有针对性地根据目标、需求去选择相应的运营方法。那么，新媒体和传统媒体最本质的差别是受众观念的改变。

互联网时代一个最大的变化就是受众变成了用户。用户与受众有何区别？根本区别在哪里？用户既是信息的接收者（受众）和内容的消费者，也是信息的传播者和内容的生产者。从 PGC（Professional Generated Content）的"专业生产内容"发展到互联网时代的 UGC "用户生产内容"、PUGC（Professional User Generated Content）"专业用户生产内容"或"专家生产内容"，都伴随着对于受众观念的改变。我们每天在朋友圈、抖音、B 站上进行内容组织与生产，就是一种 UGC 的内容生产与传播；而喜马拉雅 FM 就是通过首创 PUGC 生态模式，帮助平台上的主播实现"微创业"，引领音频行业创新。

秉持用户观的新媒体运营，其方法论主要有三个方面：一是互联网思维，二是"源与流"，三是系统思维。这三者贯穿于新媒体内容制作、分发、营销传播的全流程，对于新媒体运营者来说有整体性的指导意义。

1. 互联网思维

如前文提到的，一般认为，互联网思维是在（移动）互联网、大数据、云计算等科技不断发展的背景下，市场、用户对产品、企业价值链乃至整个商业生态进行创新审视的思考方式。互联网思维不仅仅是一种技术思维、营销思维、电商思维，还是一种系统思维、管理思维、创新思维。

那么，我们在新媒体运营中如何运用互联网思维呢？互联网思维对于我们最大的指导意义是什么呢？在互联网时代，在产品与用户关系上相比以往已经形成了一种颠覆性的重构与创新，移动互联网和智能手机把我们带入了一个新时代，对于传播和传媒有着极其深远的影响。在新媒体时代，是先有用户再做产品，根据用户的需要做产品，而用户的需要可以通过大数据、算法等技术手段进行统计，形成用户"画像"，进行个性化智能推荐。在技术的加持下，我们得以使用全体样本，使得分析和预测更为精准，并且让我们看到了以往无法看到的细节。

2. "源与流"

对于新媒体运营来说，内容集成与内容分发同等重要。谈到内容生产与内容分发的关系，实际上是"源"与"流"的关系。新媒体传播与运营可以高度概括为两个字——源、流。所谓"源"，指内容从哪里来；所谓"流"，指内容到哪里去。源是内容生产（或创作），流是内容分发（或推荐），那么，二者的关系是怎样的呢？号称最懂算法的总编辑吴晨光曾在其新作《源流说》中探究源、流之规律，理清源、流之关系。

"在万物皆媒、人人都做新媒体的今天，做内容不仅仅是专业人士的事情，我们都是内容的生产者和传播者。包括随手发出的一条朋友圈，也是一次内容创作和分发的过程。""源流说"探究的核心问题：从哪里来，是源；向哪里去，是流。源与流的背后，是人。"源"由作者控制，"流"由读者控制，作者可影响读者，读者亦可反作用于作者。按照出现的时间先后，分别是编辑流、社交流、算法流，最后"三流合一"。

如何处理源与流的关系？一要有互联网思维，对内容进行颠覆性创新；二要有系统方法，整体性地看待源流，不仅把它视为媒介系统的传播行为，还将其看作社会系统治理问题的一部分，利用系统的方法去处理与解决问题。

3. 系统思维

新媒体运营是系统工程，在运营中子系统必定受母系统的影响和支配。新媒体运营已不仅仅是内容生产和分发，还要打造品牌产品和内容矩阵，甚至与平台和用户共同构建新的内容生态。新媒体运营方法中的"五步方法论"也是一种系统方法，即：目标用户、市场定位、产品设计、赢利模式、战略步骤，通过打造优质内容 IP 并借此进行 IP 开发来真正提升新媒体运营水平。如国资委官方微博"国资小新"的"萌力量＋方法论"。2012 年6 月"国资小新"开通微博，随后入驻微信、头条、人民号、抖音、快手、微视等近 20个新媒体平台，粉丝总量逾千万。如今，在"小新"的带领下，已有 25 家央企打造了卡通形象，培养网上虚拟代言人，取得了良好的传播效果。

1.3 新媒体运营操作

想要深入了解新媒体运营（图 1 - 7），最核心的就是了解新媒体运营的操作层面，包括岗位设置、团队构建、能力培养与管理规划等方面。那么，新媒体运营的具体职能有哪些？我们先从新媒体运营的岗位说起。

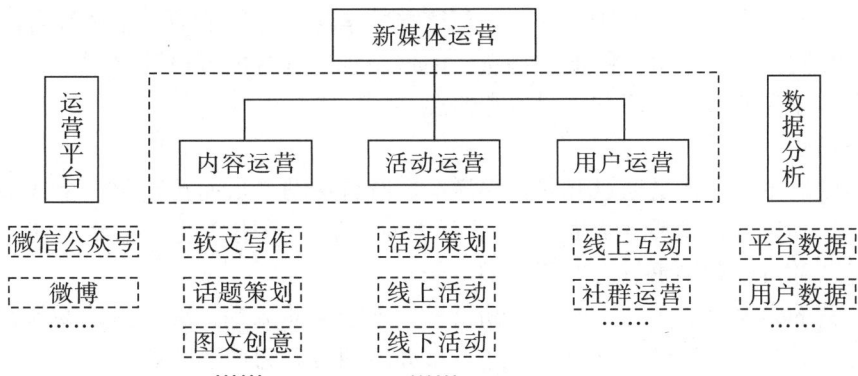

图 1-7　**新媒体运营框架图**（图片来源：人人都是产品经理社区）

1.3.1　新媒体运营的岗位

新媒体运营者要使用先进的技术和创意生产用户需要的内容，要赋予内容以价值和内涵，增强用户的信赖和认可，在运营中实现推广和传播。因分工不同，新媒体运营的岗位大致可分为内容运营、活动运营、流量运营、用户运营和数据分析五大类。

1. 内容运营

内容运营是新媒体运营者的主要工作，其流程主要包括信息收集、选题策划、内容优化等（图 1-8）。其中，信息收集是内容运营的基础，在收集整理信息之前，要先明确收集什么素材、去哪里收集、怎样收集才能提高信息收集的效率；选题策划包含选题内容、形式、营销方式等的策划，也可分为常规选题策划与热门选题策划；在内容优化的过程中，根据实际情况可应用多种技巧，如用有吸引力的标题激发用户的好奇心，结尾设置关注、评论、跳转原文，优化封面、插图和排版设计以提升用户的阅读体验等。

图 1-8　**内容运营岗位主要职责**

内容运营是一个非常讲究文案功底的工作，它对任职人员的思路灵活度、创意、逻辑都有要求。内容载体相比过去也有了爆发式的增长，渠道增加了很多。随着移动互联网的兴起，既考验着每个运营者对于新媒体与新终端的学习、应用能力，也考验着内容运营人员能否针对不同社区、渠道、终端的特点，因地制宜地进行内容设计。同时，内容运营也需要关注内容创作的口碑情况与用户留存情况。

2. 活动运营

活动运营的主要工作是通过开展独立活动、联合活动，从而拉动某一个或多个指标的短期提升。活动运营是运营工作的一个重要方面，贯穿于用户的全生命周期，在各个阶段，活动运营的目标和侧重点会有所差别。

活动运营的内容主要包括：明确活动目标；确定活动流程；准备活动物料；执行活动步骤；监测活动数据；活动总结复盘。通过举办活动可以为产品探路，很多产品的功能可以从活动中总结和提炼，如一个电商网站发现促销打折的活动很受用户喜爱，那么它就可以将其固化成团购系统、优惠券体系、秒杀功能等系统模块等。在活动运营中，运营者也可通过 A/B 数据测试、口碑分析与留存分析等方式，结合用户舆情数据表现综合分析，以优化产品。

3. 流量运营

流量这个词，在互联网时代耳熟能详。哪怕不是互联网行业从业者的群体，也会在各种场景中听到，比如我们会说"某明星自带流量""抖音日活流量超 4 亿"等。如果把互联网比作高速公路，有两条主干道，一条是我们说的"流量"，也就是用户流，还有一条是"字节流"。"用户流"里流动的是用户的注意力。"字节流"里流动的是信息。流量来源于需求，本质上是用户注意力。所以，互联网的流量运营，就是通过信息和用户的交互来获取用户注意力的过程。

流量运营是指通过各种推广、扩散、营销活动，提升网站的流量指标，通常所说的 PV（Page View）、UV（Unique Visitor）、注册转化、SEO（Search Engine Optimization）流量运营需要关注的事。流量运营包括以下内容：流量的转化漏斗、流量性价比的评估、流量用户人群匹配度的评估等。

流量的重要性不言而喻，流量越大，进入漏斗的用户就越多，可转化的基础用户量就越大。如果转化率到达瓶颈，那么持续而庞大的流量将会是一个网站、一个产品能够长久运营下去的关键因素。因此，将各个环节的留存数据进行汇总，并分析每一个渠道的流失漏斗，能够很好地找到漏斗中不足的一环，快速查漏补缺。通过不同渠道间的效果对比以选择更好的渠道，是流量运营的重要工作。对比分析各渠道的留存指标、流失指标、收入指标等，通过图表数据筛选出最适应产品的渠道源，从而调整资源投入倾向，提高投入产出比。从长远来看，只有吸引来的用户与产品目标用户的匹配度足够高时，才能运营好这批用户。因此需要在不同阶段对不同渠道的用户进行画像解构，精准制定针对目标用户的推广方案。如果有精细化运营的条件，也可以分版本或分场景地对不同用户进行维护。

4. 用户运营

有了流量、用户之后，运营的大部分工作就是持续有效地推动用户的活跃与留存，并发现有价值的，甚至高价值的用户，因为这些用户会持续为产品带来价值、产生收益。具体来说，就是引入新用户、留存老用户、保持用户活跃、促进用户付费、挽回流失或者沉默的用户。常用的通过数据分析来进行的用户运营主要包括 6 个职责（图 1 – 9）：

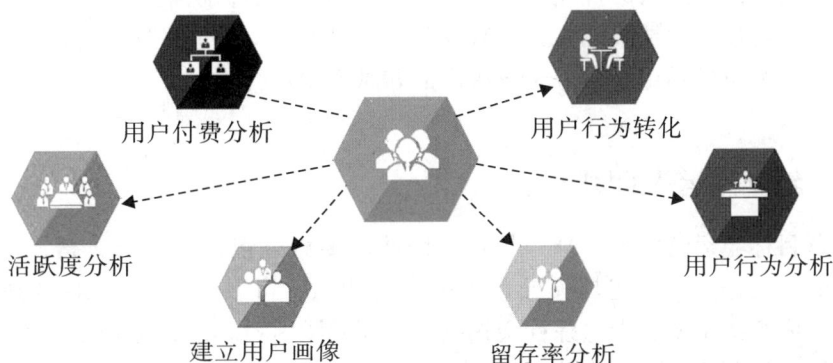

图 1 – 9　用户运营岗位主要职责

（1）用户画像的建立。

用户是男性多还是女性多，他们分布在什么样的年龄层次，集中于哪些省份，他们受教育程度如何，兴趣点有哪些等，这些都是做基础用户分析的指针，而对基础用户的分析会决定运营人员应当采用何种运营策略、使用何种运营工具、发布哪些运营活动和内容。

（2）活跃、留存、付费的分析。

用户运营还需要做的就是去了解用户的规模及其增长或衰退情况，并进行适当的用户分层，如新用户有多少、老用户有多少、每日增长规模如何、用户处于怎样的生命周期。明确了这一点，才能了解产品处于什么样的阶段，用户处于什么样的阶段，然后才能了解对用户进行运营的目标所在，从而选择合适的运营方式。

（3）用户行为分析与转化。

通过对用户行为的分析，灵活运用事件分析模型、留存模型、转化漏斗。了解用户为什么来、为什么走、为什么活跃、为什么留存。对新用户的增长、已有用户的活跃和留存、活跃用户促付费、流失用户的挽回都有对应的措施，让所有的决策有迹可循而不是"拍脑袋"，才能真正提升活跃、留存和付费。

5. 数据分析

数据运营岗位的具体职责可归纳为数据规划、数据采集、数据分析方面：数据规划即收集整理业务部门数据需求，搭建数据指标体系；数据采集即采集业务数据，向业务部门提供数据报表；数据分析即通过数据挖掘、数据模型等方式，深入分析业务数据；提供数据分析报告，定位问题，提出解决方案。

运营是结果导向的，运营的数据最直观地反映了内容质量和活动效果。因此，通过搜集和分析数据，进而优化自己的工作，也是新媒体运营重要的工作内容之一。以公众号"上海发布"为例，分析其页面流量贡献率、图文内容分布、年度 24 小时发文时间分布与阅读量，以及年度周一至周日阅读量与贡献率等，根据分析的结果，就可以得出各种优化建议。

对于运营者而言，数据分析主要有三个作用：具体化地描述当前产品的状态、用户的状态，发现问题后，帮助做出运营决策；验证所做的运营策略是否有效；探索与预测未来的可能性，实现产品与运营的优化。这三个作用也逐级递进，从现有行为挖掘数据，通过数据反推行为，再通过数据预测未来。数据分析不可能脱离产品，所有分析的数据源自产品与用户行为，分析的结论又服务于升级产品和激活用户行为。

1.3.2 新媒体运营的团队

根据运营目标与运营内容，新媒体运营团队需要做好包含运营、文案、设计、策划、推广等多方面的工作。有一定规模的新媒体运营团队，可以分为三个组：内容组、运营组、项目组。内容组主要负责追踪社会热点，撰写专题内容。内容是否吸引人决定了新媒体运营的效果；运营组主要负责找准目标用户，对用户进行精准分析，根据数据来引流；项目组主要负责定期把流量变现，通过定期举行项目活动来与用户友好互动。三个组分工明确，各司其职，相互协调，共同保证新媒体运营工作的开展。

其中，新媒体产品经理（Product Manager）是运营团队的重要角色，主要负责市场调查并根据用户的需求，确定开发何种产品，选择何种技术、商业模式等，并推动相应产品的开发组织。他还要根据产品的生命周期，协调研发、营销、运营等，确定和组织实施相应的产品策略，以及其他一系列相关的产品活动管理。

1.3.3 新媒体运营能力的培养

要拥有较强的新媒体运营能力，可以从思维方法、理论知识、主要能力、基本技能四个方面学习，不断提高新媒体运营能力。

1. 思维方法

新媒体运营思维是互联网思维、产品思维和用户思维等的综合体现。出色的新媒体运营是一项创造性思维活动，这就需要颠覆性创新的思维，结构化思维考虑和分析问题的能力；看待问题有独立见解的能力；等等。学生需要更多的工作实践，除了去实习之外，开设自媒体账号，通过体验也能增强网感，通过操作能磨炼技能，达到事半功倍的效果。

2. 理论知识

新媒体运营本质上是一项传播活动。新媒体运营涉及诸多层次的知识储备，可以说一项跨学科综合性的系统工程。对于新媒体运营者而言，首先需要熟悉运营新媒体的基础知识，如：标题、内容、排版、广告等；其次要在实践的过程中不断地摸索关于原创内容、吸粉推广、广告变现等实践经验；再次，运营者需要学习新闻传播学的基本理论并把它运用于运营实践中，尤其是传播学、传媒经济学、经济学、管理学、社会学等方面的理论，以理论指导实践。除了要对经典理论和现有知识有基本了解并能运用自如，还需要了解互联网传播规律，并不断从最新研究成果中汲取新理论新知识，以更大更新的眼界与格局不断提升新媒体运营的质量与水平。

3. 主要能力

新媒体运营者需要在实际工作中掌握六项主要的能力：用户洞察能力、选题策划能力、文案写作能力、审美设计能力、数据分析能力、沟通协作能力。优秀的新媒体运营者需要具有极为敏锐的用户洞察能力，随时抓住与用户需求相关的"痛点""热点"，及时制作成新媒体产品。选题策划能力是新媒体产品运营过程的重要能力，要经过信息采集、选题设计、内容优化等环节。文案写作能力主要体现在对文案的语法、逻辑、语言风格的精准把握及对文案技巧的运用等方面。审美设计能力是指运营者熟练运用 PR、PS、CDR 等图片、视频处理软件，实现更独特的审美创意。数据分析在用户流量建设与用户维系等方面发挥重要作用。沟通能力代表着运营者是否可以更好地链接产品与用户之间的关系。新媒体运营资讯博主"听静静说"在其推文中把新媒体运营能力归纳为七种（图 1 – 10）：

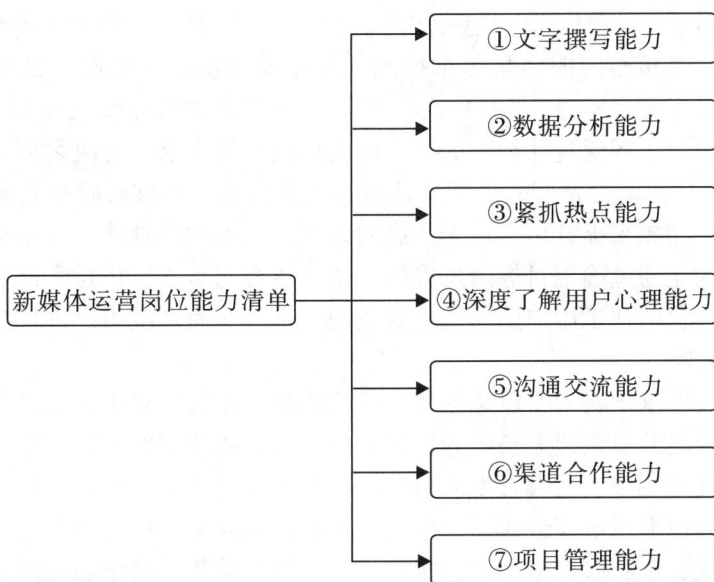

图 1 – 10　新媒体运营岗位能力清单（图片来源：网易号"听静静说"）

4. 基本技能

首先要掌握一般传媒从业人员最基本的文案撰写能力，阅读理解能力，洞察观察力；自己的执行力，专业素养能力，团队领导、协作、沟通能力。新媒体运营者还要掌握一些必备的运营工具和技能，如微信编辑器、图片素材库、动画素材库、微场景编辑器、在线视频提取，还要借助图片处理网站、数据查询网站、二维码生成器以及其他实用小工具，不断从各方面锻造出自己的"硬核"技能。

1.3.4　新媒体运营的规划

凡事预则立、不预则废，要做好新媒体运营，规划很重要。运营有完整的周期，需要经过调研、策划、初阶运营，迭代优化的过程。新媒体运营的对象是目标用户，运营的内容是核心价值，运营成果通过数据和变现能力展现。新媒体运营不同的阶段有不同的战略规划，大致可分为三个阶段：运营起步阶段、中期发展阶段和长期发展阶段。不同阶段采取不同的运营策略。

1. 运营起步阶段

在起步阶段，以拉新吸粉为主。运营者可以根据后台数据、第三方工具及之前的用户调研，分析公众号的用户画像，了解用户特征、兴趣偏好；通过分析选题内容、阅读量、转发量等数据情况，有针对性地进行内容生产，探索新内容形式；根据用户活跃度和平台现状，多渠道、多平台推广内容；通过策划适合平台用户参与的线上和线下活动，活跃现有用户，带来新用户；根据数据反馈情况不断进行内容、渠道、活动等方面的优化。运营者要重在学习各种新媒体运营的技能与能力，不断增强所运营的新媒体的影响力，暂时不要急于变现。

要明确"给谁看""看什么""怎么看"。"给谁看"最主要的是要找准目标用户。对于产品经理来说，最核心的能力是需求挖掘，而需求挖掘存在的前提是明确目标用户是谁，目标用户决定了需求本身。"看什么"的核心是产品的核心价值。"看什么"也就是明确产品的核心价值，即通过什么样的方法解决什么样的问题，解决之后给哪些群体带来了益处。"怎么看"的核心是产品的视觉体验。"怎么看"的核心转化过来就是产品的视觉体验，通过第一印象来提升用户对于产品的认知。这里的视觉体验并不单单是指外在的视觉交互，更多的是通过确定目标用户群体，挖掘核心的需求，搭建最终的功能。同时通过一种近似于可量化的便于用户感知的内容呈现出来，从而刺激用户进行转化。

2. 中期发展阶段

中期发展阶段要求运营者要以结构化、流程化和整体化的思维来运营新媒体，通过学习理论知识和培养运营思维建立自己的运营知识体系，强化实践训练，提升运营能力。值得注意的是，在此过程中，运营者不能只使用单个或某类产品，需要不断突破，构建多媒介全媒体产品矩阵以形成矩阵传播，关注信息传播背后的关系传播和关系转换，通过构建关系链实现大连接，以获取更多的社会资本，在保持粉丝数量持续稳定增长的同时，不断提高转化率和变现能力。

3. 长期发展阶段

着眼于新媒体的长期发展，运营者需要不断摸索，通过IP开发和衍生产品开发，突破瓶颈，寻找新的增长点。随着新媒体技术和互联网的发展，IP不只是开发原创内容，还包括围绕它的一系列商业开发。故宫博物院就通过积极探索挖掘IP元素及衍生品开发，提炼国宝元素，从一本正经到调皮搞怪，从自我开发到合作联名，根据产品用途进行创意延伸，把创新精神和工匠精神渗透文化创意产品研发、制作、营销的各个领域，让沉淀的文化资源真正活了起来。

1.4 新媒体运营管控

新媒体相比传统媒体有很大的自主性，但并不等于完全没有约束。网络空间不是真空地带，自媒体人要对自己的言论负责，遵守传媒法规接受相关管理。新媒体运营不是孤立进行的，而是在互联网生态环境和整个社会大环境中运行，新媒体运营与媒介平台、互联网生态乃至社会治理紧密相关。

1.4.1 新媒体运营的外部环境

新媒体运营的外部环境包括社会环境和媒介生态，社会环境即所在国家的政治、文化、经济对新媒体运营的影响，如我国现行法律和社会道德对新媒体野蛮生长的干预，通过互联网治理遏制新媒体乱象；不断变化的媒介生态也对新媒体运营产生影响，如短视频、直播的崛起，既改变了媒介生态结构，也对图文信息为主的新媒体造成很大的冲击。

在新媒体发展初期，作为一个异军突起的新生事物，对于它的监管较少，随着新媒体的不断发展，诸如传播谣言、诱导分享、随意抄袭、擦边直播等现象层出不穷，法律法规、社会道德等对新媒体的干预不断增多。行政法规对新媒体的监管广度和深度不断加强，国家出台了一系列的法律法规，如：《中国公用计算机互联网国际联网管理办法》《电子认证服务管理办法》《互联网电子邮件服务管理办法》《关于进一步加强网络剧、微电影等网络视听节目管理的通知》《中国互联网络域名管理办法》《通信网络安全防护管理办法》等，涉及行政法、诉讼法、民商法、刑法等多个层面。国家的相关部门也有针对性地负责管理不同的新媒体领域，如：公安部负责网络安全领域，工业和信息产业化部负责手机媒体通信领域等。社会道德也对新媒体的野蛮生长进行干预和影响。社会呼吁"原创、品质、诚信"的原则不断回归新媒体的初心，使得用户接受真正有价值的产品，不断鼓励与创建新媒体领域的诚信、创新氛围。

1.4.2 新媒体运营的政府监管

随着新媒体的崛起，媒体加速进入结构重构时期，传播渠道日趋增多，社会语境开放度逐步提高，传播范围也日益扩大。政府为适应新媒体环境，在舆论引导过程中采取有效引导策略，牢牢掌控舆论主动权、主导权和话语权，营造良好的舆论氛围，也推出各种举措。

从中央全面深化改革委员会审议通过的《关于推动传统媒体和新兴媒体融合发展的指导意见》到 2017 年中共中央办公厅、国务院印发《关于促进移动互联网健康有序发展的意见》，可见政府在不断对新媒体运营进行规范。以"信息公开"等为关键词在中国政府网检索相关标题后发现，从 2010 年至 2020 年底，国务院、国务院办公厅发布相关文件共计 40 余份，不断促进新媒体从野蛮生长向规范化、制度化转变。

1.4.3 新媒体运营的平台管理

新媒体运营受到平台规则的制约。新媒体是建立在各种互联网平台上的，无论是社交平台微信公众号还是聚合平台头条号，各大平台都制定了各自的用户规则，同时执行严格的审核制度，注册用户都须遵守平台规则，新媒体内容运营也要接受平台的审核。自媒体人需要深刻认识并利用好平台规则，充分发挥主观能动性和创造力，用足够的智慧在各种制约中取得平衡，获得更大的自由度，实现运营的最优化，获得更好的传播力、影响力和效益。

各平台对于用户注册认证、内容、行为等都进行了规范，特别是在内容发布方面，要求内容健康、正向积极、真实客观，特别是对于危害国家安全、社会稳定和平台安全的内容进行严正规范，对于知识产权、肖像权、隐私权等权益通过规范进行保护。如：抖音明确规定鼓励原创视频、坚持和弘扬正确的价值观，要求用户遵守共同的行为准则；快手也明确规定，用户在使用直播服务过程中要遵守有关法律法规，用户不得使用直播功能发送或传播敏感信息和违反国家法律制度的信息。新媒体运营者需在实践中摸索一套适合本身定位的运营策略，自觉做好内容层面的审核和把关，通过有效的运营提升新媒体的传播力与影响力，确保持续健康发展。

本章主要从新媒体运营的概念、起源与发展，理念与方法，岗位与团队，运营能力的培养与运营管理的规划，新媒体的运营生态等方面对新媒体运营进行整体介绍，可使读者掌握新媒体运营的基本内容，可为读者学习后续某些章节的内容奠定基础。

1.5 实训与复习

实践训练

为了更好地理解新媒体运营的概念，并掌握相关的基础知识，下面我们将通过一系列实践训练来进行学习。

实训一：新媒体发展报告撰写

（1）了解新媒体运营的基本定义、起源、理念与方法。

（2）掌握新媒体运营的职能。

（3）了解新媒体运营的生态。

请大家结合各自的经历与经验，选取一个时段，对新媒体行业进行一次思考回顾与趋势预判。观察领域可选取微信、微博、抖音、快手、小红书等平台以及图文、短视频、直播电商等；时段可以是过去一年、一个月、一周；详细分析你所认为的观察重点与热点，撰写一篇新媒体发展观察。这项实训可以分组进行。

实训二：新媒体运营案例分析

（1）对一个新媒体运营案例进行调研，分析其运营形式及策略。

（2）对比两个同类型新媒体运营案例，对其运营内容及效果进行分析，说出两个案例之间的异同以及对自己实践操作的启发。

在新媒体运营实践中，不乏企业和品牌通过打造自媒体矩阵与 IP 效应持续获取流量的经典案例。请选取你认为可作为标杆的经典案例，就其新媒体传播方式、营销模式等进行深入剖析，撰写一篇新媒体运营案例分析。

课后复习

1. 思考题

（1）你如何理解新媒体运营？你认为打造新媒体"爆款"的核心要义是什么？

（2）结合现实案例谈谈新媒体有什么特征？和传统的媒介组织有什么区别？

（3）结合现实案例谈谈你认为优秀的新媒体运营者需要具备哪些素质与能力。

2. 课后阅读

（1）在文后参考文献中挑选三本以上书籍进行阅读。

（2）写读书笔记并与老师、同学交流和分享。

第 2 章

新媒体运营设计

【学习目标】

- 了解新媒体产品的概念模型和基本类型
- 掌握新媒体产品的运营思维和定位、设计方法
- 了解新媒体产品的发展周期与运营策略
- 掌握新媒体产品矩阵搭建的技巧

【引导案例】

2019 年 3 月 14 日，"十点读书"公众号粉丝数正式突破 1 500 万。当诸多公众号还在苦苦追逐 10w＋的时候，"十点读书"日均阅读量已达七百多万。被业内人员调侃为"宇宙第一大号"的"十点读书"也逐渐从一个公众号发展成为多元矩阵的新媒体文化品牌，业务范围覆盖文学、电影、时尚、教育、出版、实体书店等多个领域。但本章主要分析"十点读书"公众号。

【本章要点】

新媒体产品的概念　新媒体产品的类型　新媒体产品的设计　新媒体产品矩阵

2.1 新媒体产品运营概述

做新媒体运营遇到的第一个问题，就是你把新媒体看作什么？如果想要真正做好新媒体，一定要把你运营的新媒体看作一个产品，因此，新媒体运营务必要有产品思维。那么，在讨论思维模式之前，我们需要先弄明白一个基本概念，到底什么是新媒体产品？

2.1.1 新媒体产品的定义

产品是指能够供给市场，被人们使用和消费，并能满足人们某种需求的任何东西，包括有形的物品、无形的服务、组织、观念或它们的组合。而新媒体产品则是指新媒体提供的满足人们需求、可供人们使用和消费的东西。新媒体产品的形式有很多种，一篇文章、一个视频都可以看作产品，一个程序、一个活动也可以看作产品。产品还有核心产品、基本产品和延伸产品之分。

如果把新媒体看作一个互联网产品，那么它到底是一个什么样的产品呢？一般来说，新媒体产品可以分为三大类：内容产品、服务产品和关系产品。

内容产品比较容易理解，文字、图片和音视频都是内容产品的载体。服务产品有很多种，可以展示商品信息或提供线上服务。网购就是服务产品，当用户在电商新媒体上看到一本好书很喜欢，可以立马下单购买。政务新媒体也是服务产品，可以提供办证交费的服务。服务产品往往是新媒体赢利的主要手段。而关系产品是基于人与人连接的一种产品，抢红包就是一种典型的关系产品，它能拉近用户之间的距离，增加用户黏度。滴滴打车、在线支付也是一种关系产品，是为建立互联网金融客户关系而打造的关系产品。关系产品本身往往是不赢利的，更多起到引流的作用。而有些产品往往同时兼具多种产品属性，比如"问答"既是内容产品也是服务产品，新媒体上的投票既是服务产品也是关系产品，它让运营更好地了解用户喜好，进而拉近与用户的距离。

2.1.2 新媒体产品思维

新媒体产品思维是什么呢？它就是在新媒体价值及用户价值之间，找一个平衡切入点，并形成合适的产品计划，做到价值最大化的思维体系。说到这，问题也来了。那什么是新媒体价值呢？不同的新媒体价值取向不同。企业新媒体恐怕其商业价值是第一位，政务新媒体则是公共价值第一位。脱离产品的运营等于零。很多做新媒体运营的同学喜欢发段子、发"鸡汤"，这样数据会很好看，转发很多，评论也很真实，但并不等于产品能做好。有一些微博广告，大家看完了、笑过了、转发了，仔细想想你现在还记得哪一个广告主？当一条微博笑点的光芒太过耀眼甚至盖过其产品时，用户的关注点就在笑点上，自动忽略了产品。作为产品广告，这样的微博宣传还有意义吗？

新媒体产品思维的关键体现在产品的设计、运营和研发上。

1. 在产品设计中要做到极致和简约

在产品设计中要做到极致和简约，力求把产品设计得尽善尽美，追求极致，但并不是什么元素都要，设计得很复杂。因为，越简单的东西越容易传播，也越难做好。

2. 在产品运营中要有流量思维和数据思维

在产品运营中要有流量思维和数据思维，俗话说先有人气再有财气，流量就意味着传播力。怎么才能有人气？那就要了解、洞察用户，而这些都需要从数据中发现。

3. 在产品研发中要有创新思维和迭代思维

产品研发需要的是创新思维和迭代思维，产品可以不完美，但只要能击中用户的痛点，把一个问题解决好就行。产品开发实际上就是产品功能化，每一次创新就是一项功能的开发。随着用户出现审美疲劳和新的需求，产品也需要不断升级换代，许多互联网产品都不断推出新的版本（图2-1）。

图2-1 微信的版本历史记录（左）和手机淘宝的版本历史记录（右）

4. 新媒体产品思维与传统产品思维的根本区别在于"互联网 +"

我们谈论的产品思维是新的产品思维，与传统产品思维的根本区别在于"互联网 +"。"互联网 +"的本质是供需重构、关系重构和价值重构，过去是先有产品再找用户，而现在则反过来，先有用户再来定制产品。因此，用户画像和用户挖掘等工作必须在产品设计前完成，先有需求再做供给。产品上线后也要根据用户的新一轮需求反馈进入下一个版本的产品迭代，改进产品、研发新功能、吸纳新用户、重构用户关系，创造新的价值以满足用户新的需求。

再说一下产品与渠道和平台的关系，渠道本身其实也是一种产品，一种用于传播的服务产品，也有人把它叫作接入产品。它是连接运营者与用户之间最基本的信道。但在社交媒体和社会化传播中，传统的渠道已经失灵，取而代之的是四通八达的传播路径。产品设计者要懂得利用各种传播路径。产品与平台的关系非常重要，做公众号设计就要充分了解微信平台的相关规定，运营头条号就要懂得内容聚合平台的游戏规则。所有的新媒体产品设计和运营都必须在平台规则框架内，如不遵守就会遭到警告、删帖或者封号等处罚。反之，如果遵守这些规则，甚至能把它利用好，那这样的新媒体产品设计就会更合理，运营也会更有成效。

互联网是一个日新月异的世界，产品思维要求新媒体运营永远不能满足于现状，需要不断了解用户需求，进而开发新的产品。比如说政务新媒体，早期的政府网站只是把政府信息搬到网上；移动互联网时代我们需要做"两微一端"；随着短视频兴起，"两微一端"变成了"两微一抖"。政务 App 也好，政务短视频也罢，都不是政务新媒体的终极产品。这里需要特别指出的是，新媒体产品与互联网产品还不完全一样，它有媒体属性，特别是新媒体内容产品具有公共性和意识形态属性。因此，在运营中要遵从相应的社会道德行为规范，要遵从传媒法规和国家政策，要考虑传播正能量和社会影响力。因此，新媒体运营者需要在维护国家利益和获取自身利益之间找到一个平衡点，这样才能实现可持续发展。

2.1.3 新媒体产品价值

新媒体产品的运营中，第一个着眼点在于理解产品、了解产品价值，我们既要熟悉产品的历史及每一个功能点，又要理解用户的使用场景，知道产品最吸引用户的点在哪里，能快速定位并解决用户提出的所有问题，甚至对产品本身有自己的思考，而这一切都建立在对产品的理解上。

那什么才是用户价值呢？用户价值取决于你面对的用户群的诉求和刚需。试图通过浏览几篇网上流传的数据报告了解用户是远远不够的。对用户的理解建立在长期接触用户、和用户打成一片、解决用户问题的基础上。新媒体运营人员每天面对的微博粉丝或微信订阅者都是用户，他们的喜好、特征以及喜怒哀乐，是通过细心观察与反复验证印入脑子里的。

但是，新媒体产品价值与用户价值的取向不一定相同，如何在二者之间找到一个平衡点呢？以学术型公众号"谭天论道"为例，其价值取向是学术研究，但年轻用户（学生）可能觉得过于严肃和抽象，不够通俗易懂和轻松活泼。基于对年轻用户的观察，笔者在运营过程中加入了一些评论与观察，甚至会在周末分享一些较为轻松的内容，如游记和随笔。但也有用户建议笔者写一篇某明星离婚的文章，被笔者拒绝。尽管这个热点可能会让公众号的阅读量大增，但考虑到该内容与本号定位和取向相去甚远，甚至会损害品牌，因此被笔者拒绝。新媒体价值与用户价值的平衡点就是各自向前走一步，但一定不能违背初衷，放弃产品最基本的设计。笔者始终清楚"谭天论道"是一个学术型而非娱乐型公众号（图2-2）。

图2-2 "谭天论道"微信公众号

做互联网产品当然要有互联网思维。何为互联网思维？颠覆性创新、开放中博弈、合作中共赢是互联网思维的三大要义。其实归结成一个核心点是"人"，即"以人为本"。互联网思维不仅是一种让商业回归到"以人为本"的需求响应，而且会影响到人的价值观的改变。最好的输出是价值观的输出，最好的产品一定有某种价值层面的思考。

2.2　新媒体产品定位设计

产品一定要面对用户，新媒体产品亦是如此，因此在对新媒体产品进行设计的过程中，需要考虑产品的定位设计、用户理解和运营模式等一系列问题。以运营公众号为例，我们需要用产品思维去对公众号进行定位和包装（图 2-3）。比如要做什么内容产品（内容定位）、做给谁看（用户定位）、在同类公众号中如何与众不同（产品设计）、如何在竞争中胜出（竞品分析）、如何打造品牌（品牌战略）以及如何实现优质内容的可持续生产（产品管理和运营能力）等。

图 2-3　用产品思维包装公众号

2.2.1　新媒体产品的定位分析

定位（Positioning）是指确定某一事物在一定环境中的位置，也指确定方位、场所和界限。定位要从一个产品开始，产品可能是一种商品、一项服务、一个机构甚至是一个人，也许就是你自己。定位是你对预期客户要做的事。换句话说，你要在预期客户的头脑里给产品定位，确保产品在预期客户头脑里占据一个真正有价值的地位。

1. 定位的基本概念

定位的概念最早应用于商业领域，1972 年，艾·里斯与杰克·特劳特提出了定位理论，开创了一种新的营销思维和理念，被评为"有史以来对美国营销影响最大的观念"。该理论认为，企业必须在潜在顾客的心中创建一个"定位"。这个定位，不仅考虑了企业自身的优点和弱点，也考虑了竞争对手的优点和弱点。1991 年，中文版《定位》出版，定位理论传入中国。定位理论的核心是"一个中心两个基本点"：以"打造品牌"为中心，以"竞争导向"和"消费者心智"为基本点。鲁建华先生还创建了一个定位理论体系框架——定位屋（图 2-4）。

图2-4 鲁建华定位屋（图片来源：《定位屋：定位从观念到体系》）

其实，定位理论不仅仅应用在营销领域，它在传播上有着更广泛的应用。新媒体运营的定位至少包括四方面内容：产品定位、用户定位、内容定位、品牌定位。企业新媒体的定位要与企业定位相匹配，政务新媒体的定位要与政府传播定位相匹配。自媒体的定位似乎较为随意，其实不然，也需要科学而准确的定位。在新媒体运营之前和初期要有一个基本定位，定位越清晰，运营越主动越有效，可以避免运营过程中的盲目性。所以先明确新媒体运营的定位，再理清用户是谁以及产品对应的解决方法，最后动手做内容或者活动，就会达到事半功倍的效果。

新媒体运营定位最重要的是价值的定位，也就是运营这个新媒体的价值取向，大体来分就是两方面：社会价值和商业价值。具体来分则可以有多个价值维度（图2-5）。

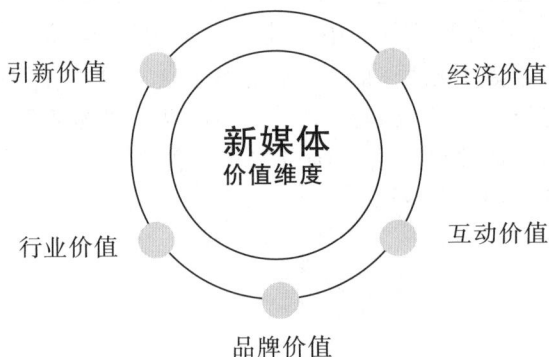

图2-5 新媒体运营的价值定位

2. 新媒体产品运营的用户定位

用户群体的定位是定位环节中最重要的一环，这直接取决于之后如何运营好这个公众号。只有我们先了解自己要针对的用户群体，才能为他们提供想要的信息，进而获得粉丝的信任、用户的认可以及客户的成交。在这一环节中，运营人需清楚自己的目标用户是谁，以及这一类用户的特点是什么，清楚这两点能为运营工作打下坚实的基础。

然而，在新媒体运营初期，因为还没有多少用户，所以对目标用户可能不那么了解，因此定位也可能不那么清晰。一个优秀的微信公众号运营者，首先要对目标用户群体特征进行分析，我们通常可以从属性和行为着手，属性可以通过用户的性别、年龄、居住城市、学历等着手，行为则可以通过用户喜欢什么网站、喜欢做什么来着手。通常分三步进行：

第一步：我们先要对目标用户进行信息收集，信息收集方式可以通过公众号后台数据去了解，也可以利用投票功能进行问卷式调查。

第二步：根据所收集的用户信息进行数据分类整理，先按照属性划分，划分后按照用户实际情况，备注好真实标签，比如哪些是老客户，哪些是新客户，哪些是忠实粉丝，哪些是普通粉丝等。

第三步：将这些信息整合过后，就可以对这些用户进行全方位的画像描述，比如用户具体的性别、年龄、兴趣爱好等。

根据以上三个步骤就可以把想要的目标用户的基础画像描绘出来了。

3. 新媒体产品运营的内容定位

当我们把重要的用户群体确定后，接下来就要确定为用户提供什么服务内容了。每个行业都有自己的行业特点，我们要根据自己行业的特点来设计合理的内容，当然在设计内容前，我们首先要对自己的行业、自己的产品做到百分之二百的了解，至少产品的特点、行业的特点是必须清楚了解的。当然，如果说了这么多你还是不太清楚到底要如何设计服务内容，那么最好的办法就是去分析你的竞争对手，其原则无非是"人无我有，人有我好"。从他们的自媒体平台中，你一定能看出一些对自己有利的东西，当然是去分析，不是去照抄照搬，模仿是没有新意的。

内容的定位非常重要，因此内容为王的时代永远也不过时，所有自媒体平台能够对外展现的形式无外乎三种——文字、视频以及图片。定位开始前，我们要先确定内容的呈现形式，文字、语音还是图片或视频，只有形式确定了才能对内容进行定位。其实内容定位最重要的还是展现形式，文字、图片很常见了，但是炫酷的视频以及具有干货内容的语音的使用率相较文字图片要低一些，不妨根据自己公众号的特点来合理地使用它们。

4. 新媒体产品运营的品牌定位

一位优秀的新媒体运营者一定要有意识地去打造自己的品牌，以提高新媒体的辨识度和影响力。品牌定位四步骤：第一步，分析行业环境；第二步，寻找区隔概念；第三步，找到支持点；第四步，传播与应用。定位，就是使品牌实现市场区隔。品牌的定位还要建立在市场调研基础上，通过市场分析，找到定位突破点：

第一步，找到你想切入的大致方向，你的优势。比如你想做服装搭配、你擅长 PPT 制作等。

第二步，根据你找到的大致方向，做用户属性调研，调研用户年龄、性别、城市等。

第三步，找到你切入方向的同类公众号，调研他们写的是什么，有哪些差异，还能从哪里入手。

第四步，根据调查结果，建立一个积木模型调研表（表2-1）。

表2-1　积木模型调研样表

账号名称	用户性别	年龄	收入特征	地区	内容方向	内容表现形式
……	男性	18岁以下	1万元以上	一线城市	美妆推荐	图文
……	女性	18~28岁	1万元以下	二线城市	娱乐时尚	视频
……	……	28~40岁	……	……	穿衣搭配	……
……	……	40~60岁	……	……	商品选购	……

这个积木模型只是你调研的结果，至于你自己怎么做，还需要从这个积木模型中找突破点。

第一步，细分内容方向，比如都写穿衣搭配的，别人写明星穿搭点评、穿搭技术，我写个人穿搭分享或者时尚单品推荐可不可以？别人通过图文做内容，我通过漫画视频做内容是否可行？

第二步，细分用户属性，穿搭方向不能从内容入手了，我从用户属性入手，你们写女性穿搭，我写男性穿搭，你们写一线城市20~29周岁的，我写三四线城市30~39周岁的。

第三步，根据自己的细分内容方向和用户属性，画出属于自己的积木模型。

诚然，新媒体运营的定位也不是一成不变的，根据市场变化可以重新定位，根据用户需求可以进行调整。但定位一旦确定下来，就要坚定不移地按照定位去执行、去运营。

2.2.2　公众号的定位技巧

1. 微信公众号的基本特点

2012年，微信公众平台正式上线。微信公众号是开发者或商家在微信公众平台上申请的应用账号，其账号与QQ账号互通，通过公众号，商家可在微信平台上实现和特定群体的文字、图片、语音、视频的全方位沟通、互动，进而形成了一种主流的线上线下微信互动的营销方式。

公众号分服务号、订阅号两种。订阅号旨在为用户提供信息和资讯，每天可以发送一条群发消息。发给用户的消息会显示在用户的订阅号文件夹中。在发送消息时，用户不会收到即时消息提醒。服务号旨在为用户提供服务，一个月内仅可以发送四条群发消息，并且在给用户发消息时，用户将收到即时的消息提醒，并显示在用户的聊天列表中，虽然用户可以收到即时的消息提醒，但是在最新版本的微信中，系统会自动将服务号信息设为"免打扰"模式。运营主体是组织（如企业、媒体、公益组织）的可以申请服务号，也可以申请订阅号，但运营主体是个人的只能申请订阅号。因订阅号申请门槛低、辐射范围大且可以每日发布消息，本节将主要介绍订阅号的运营设计。

公众号没有新手期，注册即可发文，进入门槛很低。收益主要通过接用户广告、开通流量主、文章赞赏、电商变现等来实现。公众号的用户多，营销效果好，对内容容忍度高，当粉丝数量多时，收入高，稳定，内容推送迅速。但起步难，门槛高，环境封闭，需要借助其他平台引流，对于新手难度较大，但起步后收益巨大。

2. 公众号的定位步骤

定位是运营公众号的第一步也是最重要的一步。明确的定位就是当大家提起你的时候，知道你是做什么的，可以提供什么有价值的内容。用户的注意力永远是稀缺资源，他们通常只记住最简洁的信息，这个信息的载体就是品牌。而好的品牌是需要精准的定位和高效的营销才能发挥其作用的。

公众号的定位可以从以下四个方面进行分析：

第一，切入点：要做什么样的内容？比如运营个人公众号时，可以根据自身的标签去选择公众号的内容切入点，如学生、妈妈、创业、职场、时尚、码农等。

第二，内容：能否定期更新推文？

第三，运营：如何能够不断增粉？比如运营企业公众号时，可以从以下三个方面着手：①把现有的流量导入到公众号上；②用公众号来满足高频的需求；③挖掘客户的主要消费场景。

第四，盈利：此账号怎样变现？但对于政务公众号，盈利一项可以忽略。

公众号定位一经确定就不要轻易改变，就要严格按照定位去运营。但它并不是一成不变的，公众号的定位会随着公众号的发展面临升级换代甚至重新定位，但这是需要经过深入调查研究做出的慎重决策。

（1）内容定位。

公众号的内容定位简单来说就三点：自己感兴趣的＋自己能写的＋找到有关注度的垂直细分领域。

比如"36 氪"的内容定位是提供新锐深度的商业报道以及互联网行业资讯；"旁门左道 PPT"的内容定位是专注 PPT 技能的学习和提升；而"谭天论道"的内容定位则是关注传媒业界前沿动态，聚焦新媒体研究成果。

公众号定位的内容首先得是自己感兴趣的，如果是自己都不感兴趣的领域，想要持续输出是很困难也很痛苦的。自己能写的，也就是你在这个领域有自己独到的见解，是你擅长的东西。如何找到有关注度的垂直细分领域？在公众号已经成为红海的今天，想要让用户注意到你，就要找到那片蓝海——从垂直的细分领域切进去。大家都在写减肥健身，那你可以写专门针对产妇的身材恢复，大家都在写爱情亲情，那你可以写宿舍的舍友情。总之，就是专注于一个细分的领域，打造具有强烈品牌特色的个人 IP，进行差异化创作，就是你和别的公众号不一样的地方。怎么看自己要写的内容是否有关注度呢？可以通过一些指数工具进行参考，如百度指数、头条指数、360 趋势、微热点等。

只要你写了，读者就知道这是你写的。所以，在基础定位明确之后，还要进行作者定位，通过打造个人标签，想办法提升自己的"辨识度"。你可以写得不好，但是不能没有自己的风格和符号。

如何持续提供优质的内容？一个公众号如果不能持续地提供优质的内容，最终它将会成为一个垃圾号。那么，如何做一个可以持续提供优质内容的公众号呢？首先，我们应该在开始做公众号之前就考虑以下两个问题：

第一，你的内容是原创还是转载？

对于自己能够写出优质内容的人，或者拥有很多写手的团队，做原创内容是非常好的。然而是不是只有原创才能做出好的公众号呢？当然不是！做内容的重点不是能否原创，而是是否能够持续为粉丝提供优质的内容。因此，目前公众号运营常见的运作模式是：以原创为主、转载为辅。

第二，你的内容是图文还是视频？

现在绝大多数都是多种媒介综合运用，有些以图文为主，有些以音视频为主，就看运营者喜欢什么、擅长什么。

（2）服务定位

服务定位就是找到精准的市场，创建公众号不是想到什么名字就直接创建，而是应该先参考一些平台数据，看看具体做什么可能火起来。那么，通过哪些平台看呢？一般来说，好的领域＝主流人群×主流消费。

一方面可以参考新媒体排行榜：可以通过新榜等平台，看看哪些内容比较火、哪些内容还可以做出特色；另一方面可以参看门户网站：可以看看搜狐等门户网站有没有为此内容做单独的频道，一般有单独频道的账号内容会较为容易变现。

搞清楚你能给用户提供什么服务，与同类型账号相比是否有差异化？服务定位的步骤可以分为四步：①确认主要功能；②竞品分析；③差异化定位；④迭代改进。

结合用户定位与服务定位来决定公众号类型，是学术型、恶搞型还是创意型？然后再定位其基调。一般来说，如果运营主体自身能力较强，比如有 BAT 背景，或是创业小新星、网红等，这种本身就具备一定影响力的账号质量都比较高，目标用户比较集中，稳定性较强，大部分内容偏干货。比如"BLUES""老鹰说"等，不怎么出名，就必须足够特别、另类或气质高冷，找到一个很小的切入口，做这个领域的意见领袖。比如"深夜发媸"专注于两性话题、"同道大叔"专注于星座研究、"乌鸦电影"专注于发现奇葩事、"电影狙击手"专注于电影推荐等。

目前已有许多企业开通了微信公众号，企业公众号主要有两种类型：2B（Business To Business）和 2C（Business To Consumer）。2B 是指企业级服务，产品卖给企业。比如：卖飞机的波音集团、卖挖掘机的江苏徐工集团。2C 是指大众级服务，产品卖给个人。比如航空运输业的中国南方航空公司。

企业公众号的两种传播导向，一是品牌导向，即扩大知名度、提升影响力。品牌导向通常有两种类型：一类是企业级服务，这类服务一般价格昂贵，比如 IBM 在微信上卖智慧城市解决方案。一类是大众级服务，这类服务往往产品类目种类繁多，比如华润万家或沃尔玛在微信上卖商品。二是销售导向，即扩大达到率、提升销售额。通常也有两种类型：一类是企业级服务，但产品本身免费或价格偏低，比如企业软件明道。一类是大众级服务，但产品类目较少甚至是单一类目，比如"罗辑思维"卖书或卖月饼，每次都只卖一种产品。

3. 案例分析与关键点

我们以"十点读书"公众号为例，对它的定位技巧进行分析。

（1）"十点读书"的产品定位。

好名字有四个特点：简单易懂，过目不忘，有识别度，有提示性。从"十点读书"公众号的名称设计上看，"十点"和"读书"两个词汇没有任何认知门槛，但组合到一起就极具识别度，而且极具提示性：十点钟到了，今天"十点读书"又推荐了什么？打开公众号看看呗！

从头像设计上看，"十点读书"的头像以文字为主，图形为辅（图 2 - 6），主视觉是"十点读书"四个大字，以一本展开

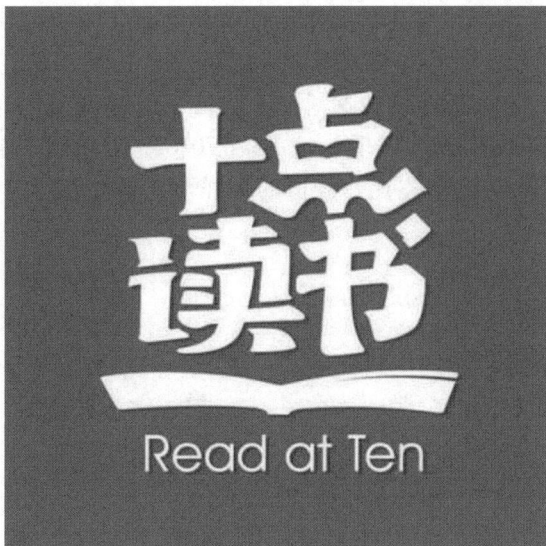

图 2 - 6　公众号"十点读书"头像

的书作为图形辅助，直观而形象，与公众号温暖平和的文化路线吻合。

在排版风格和图片审美方面，无论字号、字体、字间距还是在图片的选择上，"十点读书"的整体风格偏向年轻群体，符合绝大部分订阅用户的审美。

（2）"十点读书"的内容和服务定位。

作为自媒体平台，以读者为中心，立足点是内容，为用户提供内容服务。在"人人都是产品经理"的社区上，@ 小花同学对"十点读书"的内容进行分析，爬取了"十点读书"在 2019 年 1 月 1 日—2019 年 1 月 7 日期间的 56 个文章标题进行分析，得出以下结论：①在内容主题方面，以热点新闻、个人成长、婚姻情感、人物故事、生活方式以及家庭教育为主；②在标题特点方面，会紧扣时事热点吸引读者关注，多以疑问式标题引发读者思考，以及引导式标题指导读者行动；③在文章风格方面，抒情、叙事、议论，多为治愈系暖文，用文字给读者带来温暖和力量。

运营者如何通过公众号来满足用户的需求？目前，"十点读书"共设置了三个菜单：免费听书、精进成长和好物推荐。免费听书满足用户读书赏文的需求；精进成长提供给用户学习、提升自己的课程；好物推荐则是满足读者的各种购物需求。

"十点读书"还有两个微社区，一个是十点读书微社区，一个是解忧杂货店微社区。微社区为公众号提供了一个可以让粉丝之间相互沟通的平台，读者可以在微社区里交流（交友）、发帖（分享读书心得、推荐书）和投稿。

"十点读书"有如此大基数的用户与他们为用户提供的高质量服务分不开，"十点读书"始终在随着用户的需求变化调整自身的布局。比如网络电台兴起的时候，他们是第一个在公众号里做音频的。在此之前推送的内容都是图文消息，一篇两三千字的文章看起来会比较费劲。如果读者不想阅读，可以通过听书的方式轻松获取内容。

（3）"十点读书"的用户分析。

"十点读书"的成功并非得来全不费工夫，其创始人林少早在微信推出公众平台之前

就坚持在业余时间用微博账号"每日好书推荐"更新了两年文摘。这两年的粉丝积累为"十点读书"带来了第一批用户。

根据西瓜数据对"十点读书"公众号的用户画像诊断（图2-7），发现用户年龄集中在18~29岁，其中女性占70%。而在用户族群分布上，各族群占比差异不大，反映出"十点读书"用户族群的多样性、平衡性。

公众号人像分布
该画像是通过公众号近期发文内容结合大数据算法得到的预估值，非公众号后台粉丝画像，仅供参考

男性 26.84%　　女性 73.16%

族群分布		年龄分布	
宅男宅女	20.61%	18~24岁	23.32%
家庭主妇	17.26%	25~29岁	27.58%
数码一族	16.95%	30~34岁	19.21%
时尚女性	15.07%	35~39岁	10.47%
运动一族	16.80%	40~49岁	11.40%
精英人群	13.32%		

图2-7　西瓜数据对"十点读书"的用户画像诊断（图片来源："人人都是产品经理"社区）

通过分析"十点读书"微信公众号，我们可以发现做百万大号的几个定位关键点：

首先，公众号的目标用户量要足够大。目标用户群体的大小决定了规模的大小。

其次，要满足单一需求，而不是多个需求。很多公众号定位做不好，就是因为定位做得太杂了，总是想着用一个账号去满足不同用户的需求，或者是同一用户的多个需求。

再者，要满足具体细分的需求，而不是大众模糊的需求。需求不要描述得太宽泛，每个领域都会有很多分支，做好其中一个分支就行。做好的定位就是选取一个具体细分的领域，然后努力成为这个领域的第一名。

最后，内容要差异化。内容定位上要做出差异化，如今公众号的注册量已经有几千万个了，无论是账号还是内容，同质化现象都非常严重，而且在每个领域内，都已经存在超级大号，但是也不要灰心，这不代表我们没有机会。那么机会在哪，如何突破？答案就是我们要在内容定位上做创新、做差异化。

2.2.3　头条号的定位原则

1. 头条号的基本特点

头条号是由北京字节跳动科技有限公司于2013年发布的一个自媒体平台。头条号为用户提供内容体裁的创作，包括文章、图集、短视频、问答等类型。2018年三月后取消新手期，开通即有收益。其收益包括：头条广告、自营广告、赞赏功能和商品功能、付费专栏等，此外还推出千人万元计划和青云计划。

头条号的优点是用户多，流量大，采用推荐算法进行内容分发，重视内容原创。所谓推荐算法就是利用用户的一些行为，并把这些行为变成数据，通过算法推测出用户可能喜欢的东西，进而把用户偏好的内容推送给他们。这是头条号与公众号传播信息最大的大同，前者是信息找人，后者是人找信息（需要关注公众号才能看到信息）。

头条号的缺点是新号产出爆文难度大，流量在下降，部分流量用以扶持抖音等短视频，单价低。分发机制不同，公众号基本是关注推送，头条号除了关注外还有基于兴趣等特征的流量进来。可以说，平台作用越强，粉丝价值越低。头条号适合新手起步，有起色后再做背书，注册其他平台基本都能通过，想要搭建自媒体矩阵，运营一个头条号是必不可少的。

"商品功能"是头条号平台为丰富作者变现手段而推出的一项重要功能。作者可在正文中插入天猫、京东等第三方电商平台的商品，读者点击购买商品后，作者可获得一定比例的佣金。此外，头条号还设置了八个小功能：文档导入、错别字检查、发文助手、私信关键词自动回复、数据分析、粉丝阅读兴趣分析、双标题自动分析、免费正版图库，这些功能可以帮助用户更好地运营头条号。

2. 头条号与公众号的差异化定位

尽管有不少头条号运营者是从公众号过来的，但能做好公众号不一定能做好头条号，因为二者是完全不同的玩法。区别大体如下：公众号内容要做专做深，强调提升用户黏度，而且前期得靠大 V 号转发；头条号内容就要求比较普通，主要靠算法推送，是一个以内容为导向的新媒体平台。因此，头条号内容是直达的，公众号内容是间接的。公众号推广靠转发，头条号推广主要靠平台推荐。公众号做的是深度好文，头条号文章一般靠蹭热点。

因此有人说，专家才能做好公众号，玩家才能做好头条号。公众号用来做人脉建立信任，头条号用来混脸熟做品牌曝光。公众号像个蓄水池，水越蓄越多，而头条号则需要每天接水，这个水就是流量。公众号利益链接清晰，头条号利益链还须不断打造。目前，公众号已形成较为成熟完整的产业链，而头条号还没有。头条号对内容和广告的监管都比公众号更严苛，其实其他自媒体平台如一点号、企鹅号、百家号、大鱼号等的监管也与头条号差不多。

整体而言，相对公众号，头条号的用户要更下沉，因此通俗的内容更受欢迎（当然也要避免低俗化）。头条号是一个用于精准传播的渠道，更利于营销推广和品牌传播，作为自媒体运营并不容易，对于政务新媒体和企业新媒体则不失为一个不错的传播渠道。总之一句话：公众号需要专家，头条号则需要玩家，只要你脑洞大开才能玩得开。

3. 头条号与公众号差异化定位下的不同运营思路

头条号内容有四种体裁：图文、微头条、小视频、问答，其中图文还分文章和图集两种。这些内容产品都有不同的玩法。笔者认为微头条和问答是公众号所没有的重要内容载体。微头条有点像微博，一两句话加几张图片，名言妙语，精彩图片，做得好的话阅读量可轻易超过文章，有的转发加评论的效果也不错。话题性和趣味性很重要。笔者发过一条微头条："日前，结构生物学家颜宁当选美国科学院外籍院士，但她在两年前未能入选中国科学院院士。另，百度 CEO 李彦宏进入中国工程院院士候选人名单。对此，你怎么看？"（图 2 - 8）

没想到竟获得 19 万的阅读量，这么大的阅读量是因为该微头条的话题性，它引发了103 次转发、658 个点赞和 1931 条评论。除了话题性外，还有争议。可以说，争议引发传播裂变，转发产出爆款内容。微头条不一定要完全原创，别人好的原创转发加上你的评论也能引起关注，或者把自己优质的文章和视频转发也是一个好的推广。

公众号可以通过微信群转发涨粉，而头条号可以通过头条问答来涨粉。头条问答沿用了今日头条的大数据智能推荐算法，根据用户的阅读、评论等操作行为进行内部系统评分和排名，优胜劣汰地为用户精准推荐。如笔者的提问："颜宁当选美国科学院院士，但她未能当选中科院院士，你怎么看？"获得2 138个回答。不管是"问"还是"答"，只要是精彩的都会引起很大关注。同时，优秀回答也为作者的创作提供了素材。

头条号文章写作与公众号差不多，所不同的是要求短小精干，不要写长文，转发文章不是普遍头条用户的习惯，蹭热点和话题性是爆款文章的两大特点。在新媒体上，图片有时比文字更有传播力。几十张图片容量的图集，不仅审美信息量大，而且可以有更大的表现空间，可以发挥创作者更丰富的想象力，相当开了一个个人摄影展，好的图集往往比文章和短视频更受欢迎。头条号还设有短视频，你可以直接在上面制作，也可以同步到抖音、西瓜视频等头条系视频产品上。

图2-8　笔者发布的微头条

2.2.4　微博号的定位方法

截至2018年底，微博月活跃用户数达4.62亿，连续3年保持同比7 000万及以上用户净增长。这些数据表明，微博依旧是企业、品牌和个人发声最好的舞台之一。尽管现在微博活跃度不如其鼎盛时期，但它仍有公众号所不具有的传播优势，尤其是当内容具有一定的公共性和话题性的时候，微博依然是一个非常重要的发声渠道。

1. 微博号的基本特点

新浪微博是北京微梦创科网络技术有限公司于2009年8月推出的一个微型博客服务类的社交网站。新浪微博具有转发功能、关注功能、评论功能等。具有门槛低、随时随地、快速传播、实时搜索、分享、用户排行等特色功能。新浪微博是我国最大的微博平台，这里说的微博号就是在这个平台上建立的自媒体，它主要包括三大类：企业或机构的微博、个人的微博、政务微博。

微博号信息发布门槛极低，可以随时随地传播信息，当然也要守规矩接受监管。新浪微博的传播路径主要有两个：一个是"粉丝路径"。一个是"转发路径"。如果你的微博是加 V 认证（微博达人）的或通过@大 V 发布信息，那么你的传播力会更强。除了关注和转发功能，新浪微博还有"评论功能""回复功能""私信功能"，这些功能为用户之间的信息交互提供了保证。有时一条有价值的、有趣的信息往往会被转发上千次。

微博与微信相比，前者是基于陌生人的弱关系，后者是基于熟人的强关系。但这种弱关系弱连接却构成了中国最大的网络舆论场。

2. 微博号的定位原则

微博号的定位要遵循三个原则：

（1）选择与自己兴趣、特长相符的领域。

一个人只有做自己想做并且擅长做的事情才能做好，所以，微博定位最好以自己的兴趣和特长为中心，选择自己感兴趣和擅长的领域。例如，对美食感兴趣可以定位为健康与美食领域的微博；对护肤、化妆感兴趣可以定位为护肤与美妆领域的微博；对电子商务感兴趣则可以定位为电商微博……总之，在明确了个人兴趣和特长之后，微博定位就能够以此为中心展开了。

（2）明确自己使用微博的目的。

企业用微博就是为了推广品牌和联系客户，明星用微博就是为了推广自己并和粉丝互动……由此看来，不同的人使用微博的目的不一样，所以，一定要清楚自己使用微博的目的。目前微博的作用主要有娱乐、学习、资讯获取、企业宣传、产品推广、微电商创业、个人品牌宣传、微博自媒体、知识分享等。明确自己使用微博的目的是正常运营微博的前提。

（3）让自己的微博有个性。

微博运营想要脱颖而出就一定要有特色，有个性。微博的特色就是运营者个性的体现。每一种个性都会给粉丝不同的感觉，体现自己独特的个性，可以让你的粉丝通过微博了解你、爱上你。

因此，微博号的定位要达到三个标准：①微博风格统一而独特；②明确自己要传递的价值和要实现的目标；③明确自己的受众范围和受众特点。那么，大 V 们又是如何进行自我定位的呢？首先要明确做什么产品，为谁做，解决什么问题，然后明确做什么类型微博，如何运营，以及达到什么目的。（图 2-9）

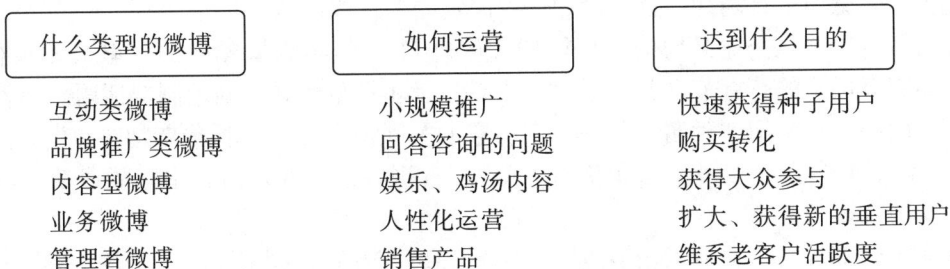

什么类型的微博	如何运营	达到什么目的
互动类微博	小规模推广	快速获得种子用户
品牌推广类微博	回答咨询的问题	购买转化
内容型微博	娱乐、鸡汤内容	获得大众参与
业务微博	人性化运营	扩大、获得新的垂直用户
管理者微博	销售产品	维系老客户活跃度

图 2-9　微博号定位的三个标准

例如微博号"孟小帅私房秘制小龙虾"（图2-10）：

图2-10 微博号"孟小帅私房秘制小龙虾"

这个卖小龙虾的微博号又是属于哪种类型，他是如何运营的，想达到什么目的？（图2-11）

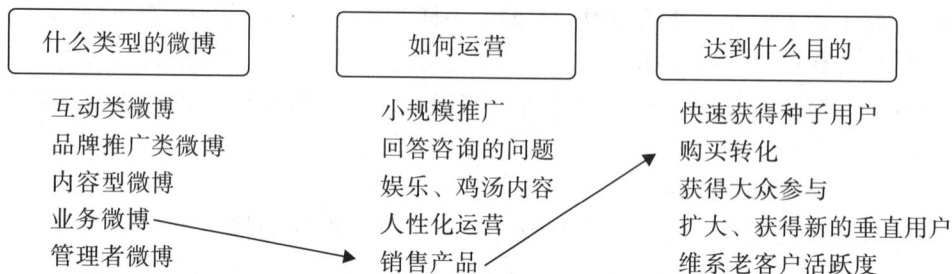

图2-11 "孟小帅私房秘制小龙虾"的微博定位

3. 企业号和个人号的差异化定位策略

微博定位包括身份定位、内容定位以及形象设计，其中企业号与个人号也有所不同。个人微博要专注垂直主题，要有生活感，有自己的气质。企业微博则要清楚自己经营的领域、企业相关的内容以及与粉丝相关的内容。企业微博要考虑品牌营销与宣传的需要，内容不能像个人微博那么随性，最好设置一些固定的栏目或话题。

杜蕾斯可以算是企业微博的一杆标杆。从2011年最早为人熟知的"鞋套雨夜传奇"事件，到刷爆网络的感恩节"品牌联合"事件，杜蕾斯依然在不断地制造话题。不管是在百度还是微博，只要搜"杜蕾斯"三个字，它的关联搜索必有"杜蕾斯蹭热点""杜蕾斯文案""杜蕾斯广告"以及"杜蕾斯官方微博"。可以说，杜蕾斯在中国的成功，离不开官方微博的开通与运营。

杜蕾斯于2011年2月开通新浪微博，截至2022年6月已拥有311万粉丝，是杜蕾斯与粉丝/消费者/潜在消费者互动、交流的场所，也是广告宣传、品牌展示、热点借势的地方。

杜蕾斯官博的内容定位在运营的过程中不断调整，从最初的"宅男"定位，以传播性知识为主要内容，同时转发一些与产品相关的话题，转向"有一点绅士，有一点坏，懂生活又很会玩的人"，涉及的话题范围更广，表达方式也更为轻松诙谐。杜蕾斯官博一向以"小杜杜"自称，且微博内容在紧跟热点的同时，完美地将产品属性结合，人性化的定位获得了广大用户的好感。除此之外，杜蕾斯的微博设有固定话题和随机话题等着粉丝参与讨论。从与避孕套等核心产品有关的广告话题到情感、两性的用户话题，再到贴近生活的日常话题，杜蕾斯总能找到或有趣或新奇或扎心的切入点，引发粉丝积极主动地回复和讨论。

总之要有合适的定位，将传播内容和社会热点结合的同时，要顺应流行文化。做定位要和卖点结合，不做最好的，但做合适的。做多了，要防止审美疲劳；做重了，当心适得其反。

新媒体为企业发声提供了非常好的平台，我们在搭建企业新媒体矩阵的时候，除了要选择微信公众平台外，微博也是要考虑的。

定位是布局的第一步（图2-12），一方面明确企业目前在微博渠道所处的阶段，是否有涉足？是不是进入了发展期？不同阶段的运营侧重点不同；另一方面明确企业微博的渠道定位，是做面向 B 端用户的内容，还是去影响 C 端消费者的想法？采用的是品牌推广策略，还是推销产品策略？切勿一味跟风导致两边都不讨好。

图 2-12　不同发展阶段的微博定位

专业的微博账号要坚持2/8原则，即80%是关于账号的专业内容，20%是关于非专业的内容。

政务微博也是一大类型，政务微博是指政府部门推出的官方微博账户。政务微博在社会管理创新、政府信息公开、新闻舆论引导、倾听民众呼声、树立政府形象、群众政治参与等方面起到了积极的作用。但目前部分政务微博也存在定位不清、运作不佳的问题。

2.2.5 App 和短视频的定位

1. App 的定位

如今一些媒体/企业和机构都倾向于推出自己的品牌 App，但如何对品牌 App 进行科学而精准的定位，仍是一大课题。

（1）App 的基本特点。

App（Application）是指安装在智能手机上的应用程序，也叫客户端或移动客户端。如今"两微一端"成为政府和企事业单位新媒体的标配，App 与微博微信这一类自媒体不同，它有自己的数据平台。App 可以运用数据统计分析工具来分析用户行为数据，建立用户画像，以辨别有效的推广渠道，实现精细化运营。App 要有产品经理、设计、开发、运营、数据统计分析工具等一系列工作和任务，App 还可以设有多个频道和栏目，宛如一个手机上的综合网站。

App 与微博号、微信号最大的不同就是其体量更大、功能更多，因此其运营更为复杂繁重，一般个人无法运营 App，它需要团队或公司来运营。App 运营少则十来个人，多则成千上万人。因此，如果说微博号、微信号定位为产品或渠道，那么 App 多定位为平台或向平台发展。那么，面对海量的内容，App 是如何生产的呢？它更多不是靠自己来生产，而通过邀请众多内容提供者入驻，由他们来生产，这就是 App 与微博微信最大的不同。可以说，真正的 App 不是"媒体"，而是基于移动互联网的平台。当然，是做媒介平台还是社交平台，这也要根据 App 的属性和任务来确定。

App 类型有很多种划分，如社交类、游戏类、工具类等。如果从媒体内容来划分，大致有新闻、娱乐、生活、政务四大类。App 里还开设许多频道和栏目，如同一个信息超市，每个视频还针对不同的用户群提供不同的内容并有各自的定位。App 也不只是一个手机平台，它在线下还有相应的产业，或背后还有支撑其运营的公司或媒体，这些构成以App 为发布终端的传媒。App 的定位还须服从其母体的总体定位，对接其发展战略。目前不少较大的 App 作为内容聚合平台，都采用算法，进行个性化推荐和内容分发。

（2）App 的定位。

许多媒体 App 之所以难以做好，其定位有一个错位，就是把 App 当作传统媒体那样去运营，而没有把它看作一个媒介平台。App 有一个很大的优势就是拥有自己的数据后台，这是微博号和微信号所不具备的，因为他们都是在微博和微信平台（他们也是 App）上开设的账号，只能拥有小部分基本数据（当然更多数据可以向平台购买）。那么，根据这些用户数据，App 运营者可以通过数据分析来挖掘用户需求，进而更好地运营 App。例如，南方报业传媒集团客户端"南方+"定位为政务新媒体，于是在广东省委省政府的支持和推动下，各地各行业各部门纷纷进驻"南方+"客户端开设"南方号"，使之集成了海量的政务内容，成为一个政务网络新平台。

App 吸纳新用户要比微信号、微博号难得多，一般人在手机屏幕上安装的 App 不过十来个，凭什么非要下载安装一个新的 App 呢？App 定位就是要给用户一个打开 App 的理由。满足刚需和响应需要是两个非常重要的定位维度。例如运动 App 是一个刚需，它给予人们追求健康生活的动力。但它面临功能严重同质化、广告过多等问题,这些问题直接影响到了运动 App 的用户体验。因此作为运营商应当把用户体验放在首位,创业者更应该挖掘自身产品的特点,拥有自己的价值,才能有所突破。

传统主流媒体做的 App,其定位遵循移动互联网的传播规律,包括产品定位、用户定位、市场定位等。要注意三点:一要有清晰的产品定位,在做 App 之前,关于产品的群体定位必须讨论清楚,这样才能够在最短的时间内找到客户的需求,抓到他们的痛点,赢取市场先机。二要学会做竞品分析,在一款 App 上线之前,一定要做好对竞争对手产品的调研,只有了解他们的运营模式,这样自己的产品才能够更好地推向市场。三是 App 市场定位,确定 App 定位的适用人群、市场目标、盈利模式等,对这些清晰后才去运营去推广,有的放矢,不做无用功。

(3)App 成功定位的关键要素。

传统主流媒体 App 还有其特殊性,因为这些 App 都是媒体融合的产物,它们既要承担主流媒体的社会责任和影响力,也要具商业媒体的传播力和竞争力。如何在定位中达到二者的平衡?这是比较纠结的地方,也是最大的难点。例如人民日报客户端的追求:有速度、有热度、有温度、有态度,具体来说就是靠解决问题来服务用户。这实际上是对内容和服务的基本定位。网易新闻客户端的“三观”:有特色的内容观、有交叉的运营观、有态度的产品观。这实际上是对内容、运营和产品的总体定位。

App 里还包括诸多产品和若干产品线,因此,在平台定位的整体框架下不同产品也有不同的具体定位。比如上面两个 App 里有内容产品、服务产品,分别承载不同的功能,有的主要做影响力,有的主要做注意力,都需要做具体的定位。而且线上产品与线下产品还要相互支持,如通过组织活动扩大影响和进行推广。

传统主流媒体 App 要避免用传统媒体思维进行定位,也不要一味长官意志,无视用户需求,要用互联网思维和“互联网+”的理念来进行科学精准的定位。主流媒体 App 要处理好三大关系:社会效益与经济效益的关系,App 与母体的关系,引导网络舆论和满足用户需求的关系,因此在定位中要体现创新精神和足够的智慧。比如说过去只是做单纯的新闻 App,但现在为了满足用户需求,纷纷拓展生活服务和政务服务两大领域。

地方媒体将如何做 App?要做恐怕既费钱且不易赚钱,不做就会丢失移动端阵地,从而也会失去融合与转型的先机。但汕头市广播电视台的融媒体项目“汕头橄榄台”手机 App 自 2015 年 8 月正式上线以来,不到两年时间,发展用户数突破百万大关,现已有 130 万用户,对于一个地市级媒体 App 来说很不错了。他们只有十来个人,却年创收 700 多万元,略有盈利。汕头橄榄台 App 立足潮汕本土,面向全球潮人,以“E 览潮天下,掌握新未来”为口号,集资讯发布、公共服务、电商平台等功能于一体,资讯发布快速、权威、内容丰富。汕头各区县、各行局纷纷在橄榄台开办专用频道,目前开办的资讯频道有 19 个之多。其中大量内容都是由媒体生产,App 只是一个集成和分发平台。

案例:Keep App

运动健身 App——Keep 诞生于 2014 年,上线后迅速将用户数做到了百万量级,获得银泰资本和 BAI 500 万美金的 A 轮投资。短短五年,Keep 保持着快速成长的模式,凭借其优质的健身课程内容，吸引了一大批忠实健身用户，目前累计用户数 1.7 亿，月活 3 500 万，在国内健身类 App 中处于领先地位。

在 Keep 发展的五年中，每一个阶段的 Keep 所做的定位都不同。

第一阶段：种子期。

种子期，顾名思义，指的是产品刚设计出来的时期。种子期的用户也被称为种子用户，种子用户是产品的第一批群体，对产品的功能和迭代帮助更大，优秀的种子用户决定产品的调性，甚至帮助产品传播，带来流量。这一时期，Keep 对自身的产品定位是一款运动工具：移动健身教练。

在用户定位上，Keep 将自己的种子用户定位为运动爱好者。内测阶段，Keep 运营团队在一些流量较大的社区连载健身经验帖，培养出了固定用户。App 正式上线时，在这些帖子里集中引流，于是 Keep 有了最早的种子用户：运动爱好者。

第二阶段：品牌初期。

随着 Keep 的不断壮大，当 Keep 用户数超过 1 000 万的时候，Keep 在运动功能的基础上拓展出了社区形态。可以说，这一时期 Keep 的产品定位是工具＋社区的属性。

Keep 创始人王宁曾在《南方人物周刊》上说道，"我们发现用户有迫切的需求去沟通，渴望被关注、被支持、渴望一同去运动，希望找到志同道合的人"。正是有了对用户的仔细观察，单纯的工具属性已经不足以维持用户对它的忠诚感并感召更多新用户，Keep 在此时调整自身的产品定位和运营定位：由单纯的功能向运动工具到精神向的运动社区产品，并提出 Keep 知名的"自律给我自由"的口号。

差异化的定位让 Keep 在运动健身类 App 中获得了巨大的关注，常年位于 App Store 运动类下载排名榜的第一名。Keep 在这一阶段选择的不再是只打"运动"这一功能型定位，而是注入灵魂：号召所有通过健身而寻找自律中自由的人。

第三阶段：品牌加速期。

2017 年开始，Keep 逐渐从移动健身教练转型为自由运动场，在产品中扩充了健身、跑步、骑行、行走、瑜伽、舞蹈、球类等多种运动形式。这一时期是品牌的加速成长期，尽管已经有了大量用户，但线上运动领域的竞争依然激烈。根据易观的数据，2018 年在线运动健康应用适用人群在全网中的渗透率仅为 6.98％，不仅要拉新，还要与其他 App 竞争存量用户。

在这一阶段，Keep 调整了自己的产品功能，针对跑步功能进行了发力：刚上线时，仅有轨迹记录和数据统计两项基本功能，后来逐渐有了燃脂分段跑和法特莱克训练课程，还有了音乐跑和首创的剧情跑。

这一时期 Keep 的用户定位是从健身人士进一步扩展到每个想跑步的人。

好的定位会让产品在竞争的大潮中如鱼得水，定位是布局的第一步，产品在不同发展阶段的定位也会不同，这需要对产品本身和对用户以及市场进行全方位的观察。

2. 短视频定位

要运营好短视频必先进行准确的定位，除了了解其产品特点和针对用户之外，还要根据不同的模式度身定做。

（1）短视频的基本特点。

短视频是一种互联网内容传播方式，一般是指在互联网上传播的时长在 1 分钟以内的视频传播内容；随着移动终端的普及和网络的提速，短、平、快的大流量传播内容逐渐获得各大平台、粉丝和资本的青睐。随着网红经济的出现，视频行业逐渐崛起一批优质 UGC 内容制作者，微博、秒拍、快手、今日头条纷纷入局短视频行业，募集一批优秀的内容制作团队入驻。随着短视频行业竞争进入白热化阶段，PGC 和 PUGC 的专业运作也开始兴起。

短视频具有生产流程简单、制作门槛低、参与性强等特点，内容大体涵盖三个方面：新闻、娱乐和生活服务，融合了技能分享、幽默搞怪、时尚潮流、社会热点、街头采访、公益教育、广告创意、商业定制等主题。短视频类型可分为：短纪录片、网红 IP 型、草根恶搞型、情景短剧、技能分享、街头采访型、创意剪辑等。

短视频从运营模式来讲可以分为三类：平台运营模式、媒体运营模式、自媒体运营模式，它们各自服务于 B 端、G 端和 C 端。短视频运营的定位必须根据这三种模式进行设计。

（2）短视频——平台运营模式的定位。

短视频平台主要根据广告主的要求进行营销推广的策划，目前最大的短视频平台是抖音和快手，此外还有火山小视频、美拍、秒拍、腾讯微视、梨视频。根据不同的产品特点和用户偏好进行运营定位。

以抖音和快手为例：抖音（Tik Tok）是由今日头条推出的一款短视频分享 App，于 2016 年 9 月上线，是一个专注于年轻人音乐短视频创作分享的社区平台。抖音运用人工智能技术为用户创造多样的玩法，用户可以通过这款软件选择歌曲，拍摄音乐短视频，形成自己的作品（图 2 - 13）。

图 2 - 13　抖音短视频官方页面（图片来源：抖音官网）

快手是由快手科技开发的一款短视频应用 App，于 2013 年正式上线，该 App 可以用照片和短视频记录生活的点滴，也可以通过直播与粉丝实时互动。快手的前身为一款叫"GIF 快手"的 GIF 图片应用，改名"快手"后，从纯粹的工具应用转型为短视频社区，后来随着智能手机的普及和移动流量成本的下降，在手机应用市场上逐渐走红（图 2 - 14）。

图 2-14　快手官方页面（图片来源：快手官网）

那么，抖音与快手有什么区别呢？曾有"南抖音北快手"的说法，相比而言，抖音在一、二线城市较为流行，快手则风靡于三、四线城市和农村。抖音追求酷炫的音乐视频秀，快手则擅长各种生活服务。不过，二者都有相互学习、功能趋同的发展。

（3）短视频——媒体运营模式的定位。

与商业平台以娱乐内容为广告载体的营销不同，主流媒体的短视频以新闻资讯为主要内容，以提高影响力为价值取向。它可以借用抖音、快手等产品模式进行传播，也可以打造自己的运营客户端，如人民视频。

人民视频，是由腾讯公司与人民网、歌华有线一起在移动视频领域共同发力开发的直播短视频交互式客户端。一方面，它借助主流媒体的公信力和权威性，其短视频具有较强的影响力；另一方面，它可以打破平台割据的堡垒，可以在不同的平台上广为传播，具有很好的覆盖力。

目前，媒体短视频主要采用 PGC 和 PUGC 的生产方式，它主要服务于 G 端和 B 端，适合各种主题宣传和大型活动的推广。与平台短视频追求流量的定位不同，媒体短视频更注重传播正能量，同时也注重运用新技术。

2019 年 4 月 15 日，人民网与东航二次联手打造的全新"人民网号"飞机顺利首航。在"人民网号"上，乘客不仅可以通过手机等电子设备浏览人民网及人民视频，还可以通过人民视频客户端 AR 功能扫描首航纪念行李牌，观看飞机喷绘延时短视频，在万米高空中看"人民网号"的诞生。

（4）短视频——自媒体运营模式的定位。

自媒体短视频主要是网红做的短视频，此类短视频花样百出，创意见长。与平台广告、媒体的政府买单和企业支持不同，自媒体短视频的经营模式是"网红带货"，通过电商来赢利。随着短视频内容生态的日渐完善，那些定位清晰、内容垂直的账号能获得更好的推荐和权重。因此人设很重要，在定位中要注重情感定位和角色定位，在传播策略上要会讲故事、巧用符号。自媒体短视频不仅要做网红，还要注重 IP 开发，这也是一个定位

战略。网红 IP 定位有四个核心要素：情感
定位、故事原型、角色定位、符号原型
（图 2 - 15）。

IP 定位首先是 IP 和人们的情感共振
点——比如蜡笔小新的"皮"，加菲猫的
"懒"，漫威的"英雄主义"，机器猫的"童
年问题万能解决口袋"，龙猫的"憨"，熊本
熊的"傻缺"，HelloKitty 的"天生粉萌"
等。其次，原型化故事比社会化故事更能产
生强大的力量，能跨越民族、国家、文化的
壁垒，成为具有超能力的、强大的 IP。"角
色定位"是指故事的核心角色，能否定位到
人性情感层级中，从而实现关键的 IP 定位，
而不是普通的故事角色设计。

角色如何定位于情感层级很重要，但特
别容易被忽略。因为内容最终修成 IP 正果

图 2 - 15　网红 IP 定位的四个核心要素
（图片来源："IP 蛋炒饭"公众号）

的，往往不是内容本身，而是内容中的角色成为超能大 IP。比如《大雄和哆啦 A 梦》的
动漫故事最终形成超大 IP 的是哆啦 A 梦这个角色；又比如《星球大战》系列电影最终形
成超大 IP 的是代表人性阴影的黑武士、暴风兵和整套 JEDI 武士化角色系统。

强大 IP 最终在各个领域呈现的是符号，所以如果在起初孵化 IP 时不注重符号性，会
造成非常麻烦的后续发展问题。符号原型，简单来说就是两点：独特的辨识度和简洁可延
展性。小猪佩奇不是普通可爱的小猪，而是独特符号性非常强的小猪。它的符号辨识是：
粉红色、独特的鼻子、童真的线条感（图 2 - 16）。

图 2 - 16　小猪佩奇和《啥是佩奇》（图片来源：视频《啥是佩奇》）

定位是孵化 IP 最紧要的问题，而好的定位要靠好的内容去实现，而内容创作具有极
大的不可预测性和不可复制性。成功的 IP 定位，有的是特意设计的，有的是浑然天成的，
前者占大多数，只是工业化流水线上的产品；后者极少数，才是真正的大师杰作。

2.3 新媒体矩阵的搭建

如果你不是做一个新媒体而是做多个新媒体，那么你就要涉及一个布局问题。也就是说，你的运营会面临这样的问题：新媒体之间形成一种什么样的关系？主次如何？分工如何？

2.3.1 新媒体产品的矩阵构成

在数学中，矩阵（Matrix）是一个按照长方阵列排列的复数或实数集合，最早来自方程组的系数及常数所构成的方阵。对于新媒体矩阵，目前行业内还没有统一的定义，下面是其中一种定义（图 2 - 17）：

图 2 - 17 新媒体矩阵

搭建新媒体矩阵的作用最主要体现在实现内容多元化、分散风险、协同放大宣传效果。一般把新媒体矩阵分为横向矩阵和纵向矩阵两种类型。

1. 横向矩阵

横向矩阵指企业在全媒体平台的布局,包括自有 App、网站和各类新媒体平台如微信、微博、今日头条、一点资讯、企鹅号等,也可以称为外矩阵。

2. 纵向矩阵

纵向矩阵主要指企业在某个媒体平台的生态布局,是其各个产品线的纵深布局,也可以称为内矩阵。这些平台一般都是大平台,比如微信。在微信平台可以布局订阅号、服务号、社群、个人号及小程序。图 2-18 列举了微信、今日头条和微博的部分纵向矩阵。

图 2-18　微信、今日头条和微博的部分纵向矩阵

新媒体矩阵如何搭建?可以从这几方面入手:①在选择媒体时需要考量自身的推广诉求及目的。②基于每个平台的分发优势,有针对性地选择平台。具体分六步走,第一步,梳理阶段;第二步,细分人群及需求;第三步,选平台;第四步,人格化建设;第五步,搭班子;第六步,定目标。其中第一、二、三、六步属于定位,第四、五步属于运营。

根据媒体平台的用户群体及审核机制、收录情况等,媒体平台大概分为六大平台:社交平台(微博、微信公众号)、资讯平台、社区论坛、知识平台、视频平台、音频平台。我们需要了解这些平台的特点。

2.3.2　新媒体矩阵的战略定位

新媒体矩阵的定位不像微博号、微信公众号那么简单,一方面要根据类型的不同进行定位,另一方面要根据发展的不同阶段来规划,这就需要战略定位。根据矩阵的体量和结构大致可分为三类:一是以 App 为核心的新媒体集群,一般为大型传媒和企业;二是没有 App 的自媒体矩阵,适合一些中小型媒体和企业;三是 MCN,MCN 是一种多频道网络的产品形态,将 PGC 内容联合起来,在资本的有力支持下,保障内容的持续输出,从而最终实现商业价值的稳定变现。严格来说，MCN 不算新媒体矩阵，而是属于整合营销传播矩阵，但它也有一定的媒体属性。

媒体做的 App 有不同的发展阶段，创始阶段往往是由政府输血扶持媒体，等运作走上正轨，上规模上档次之后，就要实现与市场和用户的对接，并逐步具备造血功能和较强的盈利能力。虽然这两个阶段的定位不同，但两个阶段的对接与转换是整个规划的重点和难点。同时，新媒体矩阵做强还取决于其整合力，即矩阵内各媒体之间的分工与合作，就是实现 1 + 1 > 2 的效果。因此，战略定位包括纵向和横向两部分。

新媒体矩阵其实不是什么新鲜产物，"两微一端"就是政务新媒体矩阵。然而，集中展示、整齐上线、一呼群应，看起来确实很美观，但如果探究下矩阵的实体，会发现作用远不如形式那般养眼。因此，矩阵不能贪多求大，木桶短板得补齐。目前，业务微矩阵、服务关系圈是发展方向。政务新媒体有矩阵无聚合就等于空中楼阁（图 2 - 19），因此有些地方关停了一些不作为、无实效的政务号。

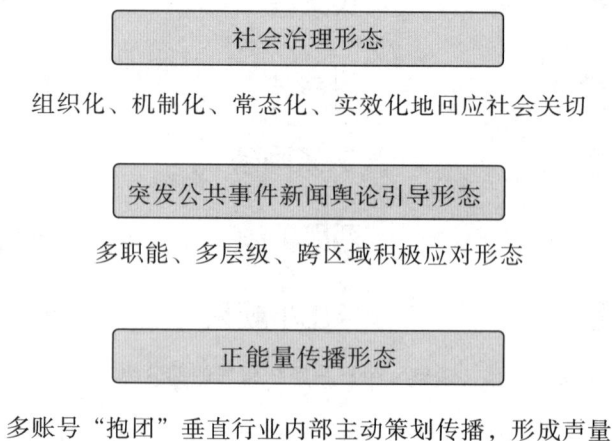

社会治理形态

组织化、机制化、常态化、实效化地回应社会关切

突发公共事件新闻舆论引导形态

多职能、多层级、跨区域积极应对形态

正能量传播形态

多账号"抱团"垂直行业内部主动策划传播，形成声量

图 2 - 19 政务微博的三种矩阵运行形态

2.3.3　新媒体矩阵的方案策划

新媒体矩阵作为一个整体，需要各平台之间实现联动，并且要适应各平台特点，实施运营和定位方案，因此，在搭建新媒体矩阵前，需要进行通盘考量，并撰写一个较为完善的运营方案。

谭天教授的自媒体矩阵是我国新闻传播学者中第一个自媒体矩阵。谭天教授的自媒体经过 12 年的发展，已形成一个拥有多个平台账号的自媒体矩阵，2017 年 1 月"谭天论道"自媒体矩阵上线；2019 年 1 月谭天自媒体矩阵再次升级为 2.0 版本，其后还不断地进行微调和进一步完善。下面是谭天教授自媒体矩阵 2.0 运营方案。

1. 背景

最近各自媒体平台都出台了一些改版的举措，微信推出了年度大改版，一点资讯也发布了"清朗计划"，看来自媒体平台侧重质量提升、健康有效的升级换代是大势所趋，由此可见，自媒体已过了红利期，正由粗放型转向集约型，"谭天论道"的自媒体矩阵也要顺势而为，做出符合个人自媒体实际情况的调整。

2. 定位

谭天自媒体矩阵定位：以新媒体研究和新闻传播科研为主要内容，以文化传播、生活服务为拓展领域，兼顾学界与业界，注重质量提升和用户黏度。要有所为有所不为，例如按照政策法规和个人取向，基本不做时政新闻和纯娱乐内容。公众号与头条号调性不同，公众号"粉丝为王"，头条号"内容为王"。具体定位分别是，公众号：关注传媒业界前沿动态，聚焦新媒体研究成果，同时也谈论传播、教育、生活、文化与思想。头条号：新媒体、新传播、新文化，思想性、话题性、可看性。

3. 结构

基于以上定位作出这样的结构调整：过去谭天自媒体矩阵是扁平式的，各自媒体产品同质化严重。现在按照有所为有所不为的原则、产品差异化和相互支撑的原则进行调整：形成主打自媒体的核心层、辅助性的紧密层，连接推广的外围层。谭天自媒体矩阵必须是立体式的，开放的、多元的。

4. 核心

核心层包括：公众号"谭天论道"、头条号"东行漫记"、一点号"新媒体前沿"，互为犄角，相互支持。"谭天论道"是品牌核心，公众号主要内容为四部分：论文、评论、资料汇编和外稿。一点号"新媒体前沿"以原创观察与短评为主，经修改、充实、集成后供"谭天论道"使用。头条号主要做外延拓展，注重话题性、趣味性，同时尝试图文、视频、图集、问答等各种媒介呈现方式，成为自媒体的实验场，其中精品也可作"谭天论道"公众号的部分内容。

5. 辅助

紧密层包括除"谭天论道""东行漫记""新媒体前沿"之外的其他自媒体：主要有四个：①微博谭天论道作为连接公共信息发布平台的窗口，既要关注主流新闻事件和专业热点，还要有自己的独到见解；②新浪谭天的博客（现改为知乎）是谭天最早的自媒体，主要作为资料库使用；③抖音号谭天看世界，以短视频拓展矩阵影响力，塑造个人品牌形象；④问答咨询，包括免费问答和付费咨询，目的是吸引粉丝和提供服务。此外，其他自媒体平台基本只是体验，不做运营。

6. 推广

外围层包括社群和地推两部分，充分利用朋友圈、微信群和 QQ 群进行推广，但要注意不要太频繁。地推主要是利用会议、讲课、活动等进行线下推广。一方面把"网络与新媒体研究""自媒体孵化群"公众号粉丝群等社群经营好；另一方面探索更多更好的连接方式，通过与用户的互动还可以得到更多的信息反馈。

7. 产品

传播主体为"两微一端"，即公众号、微博号和头条号，"谭天论道"公众号是主体核心，其他负责导流，但要力求避免同质化。公众号以原创内容为主，但为了利于传播，不一定使用原创保护，使用原创的力求深度和重磅。体验和探索不同平台的传播规律和算法特点，产品研发要有策划有创意。内容产品求质不求量，服务产品坚持短、平、快，关系产品无处不在，无所不用。

8. 运营

谭天自媒体矩阵运营水平还要继续提高，一是要瘦身，由于个人做自媒体的时间、精力有限，应避免全面出击；二要在减少数量的同时狠抓质量，主抓有影响力的重头稿。如公众号每周力求有一篇好文章，头条号力求小而精、小而美。同时要注重品牌维护和运营策略，不断加强用户黏度。同时，虚心向其他优秀自媒体人学习，加强与各界各种方式的交流与合作，充分发扬和利用各种社会资源。谭天自媒体以社会效益为主，但也不拒绝商业合作。

以上只是针对当前主要的新媒体提出运营设计的定位和思路，还有许多类型的新媒体运营不能枚举，但大多都可以参照这些设计。今后新媒体新形态新产品还会层出不穷，新媒体运营设计也要与时俱进，因此还需不断探索不断创新和进一步提升运营水平。

2.3.4　新媒体矩阵的发展趋势

1. 加强媒体服务，发挥集群效应

当今传统媒体的新媒体矩阵发展有两大趋势：一方面，传统媒体的新媒体矩阵逐步成为区域全方位的生活指南，服务属性更加突出，以用户日常生活中的投诉、建议等利益诉求功能来驱动媒体业务，通过媒体内容服务开放平台缩小信息洪流的切口；另一方面，新媒体产品的脱媒化、电商化渐成趋势，矩阵通过整合联动功能，可以快速打通产品和服务的交易链，提供全方位的决策支持，推出精准化、专业化服务。

2. 重视大数据思维，延伸融媒体之路

新媒体矩阵逐渐完善后将走向融媒体的道路，实现优势整合。在其不断完善的过程中，传统媒体会越来越重视用户思维和大数据思维。一方面明确需求、准确推送，保证时效性，深耕内容价值，扩充矩阵的内容价值；另一方面制订新媒体矩阵的发展规划，通过对媒体数据、场景数据、用户数据的有效整合，实现资源对接及转化，挖掘内在商业价值，抢占大数据传播的新高地。

3. 以"用户圈"为核心打造新媒体矩阵

"用户圈"，是借用商业营销中的一个概念，在传统主流媒体的新媒体矩阵建设中，要充分利用自己的影响力和权威性，通过深度融合来扩大传播的影响力和有效性，并开展各种营销活动。其本质是把新媒体作为社交的平台，把用户作为新媒体矩阵构成的核心。"用户圈"具体如何打造？即主流媒体发挥自身优势，联合有关政府部门和社会团体，充分利用已有的组织网络，在微信、微博、QQ、网站论坛、App上建立起一个个社交圈。

高校新媒体如何利用"用户圈"为核心，打造矩阵定位？首先，在架构设置上，要层层扩散、全面覆盖；其次，在内在关系上，要辐射联动、形成合力；再者，在具体运营上，要以学校文化为纽带，"抱团"发展，整体策划；同时，在内涵上，要加强高校新媒体矩阵平台的文化产品建设；并且，在机制上，要加强高校新媒体矩阵平台的长效机制建设；最后，在效能上，要加强高校新媒体矩阵平台的舆论引导能力建设。

在中央级媒体方面，《人民日报》以"用户圈"为核心打造新媒体矩阵成果显著，其

通过整合官方网页、微信、微博、新闻客户端、人民电视、电子阅报栏等多端资源，构建"数据中心"和"信息超市"，打造出一个现代化的新媒体矩阵，在移动传播上卓有成效。

在地方媒体层面，《成都商报》打造的新媒体矩阵值得关注，其依托其报纸主业，借助各种数字化平台，不断拓宽传播渠道。在微博方面，开通"成都商报""成都商报美食""成都商报旅游"等多个账号，与用户积极互动；在微信方面，精心运营"成都商报""成都伙食""成都四川名医"等微信公众号；此外，还先后推出"成都商报 App""悠哉"和"谈资"三大移动客户端，形成立体多元的新媒体传播矩阵。

2.4　实训与复习

实践训练

为了更好地理解电子商务的概念，并掌握相关的基础知识，下面我们将通过一系列实践训练来进行练习。

【实训目标】

（1）了解新媒体产品的概念模型和基本类型。

（2）掌握新媒体产品的运营思维和定位、设计方法。

（3）了解新媒体产品的发展周期与运营策略。

（4）掌握新媒体产品矩阵搭建的技巧。

【实训内容】

（1）注册一个新媒体账号，以个人或小组为单位进行运营，运营业绩可作为这门课程的学习成绩。

（2）对一个优秀新媒体账号进行调研，分析其产品定位与运营策略。

（3）对比两个新闻机构类公众号，对其运营定位和产品设计进行分析，并说说哪些地方值得借鉴、哪些地方有待提升。

课后复习

思考题

（1）为什么在产品运营中要有数据思维和流量思维？

（2）同一篇文章或视频发在头条号和微信公众号上，为什么效果会有差异？

（3）谈谈你觉得比较不错的一个新媒体矩阵，并分析其运营出色的原因。

第 3 章

新媒体用户运营

【学习目标】
- 了解新媒体用户的定义和用户思维
- 掌握新媒体用户运营体系的建构、分析用户行为
- 了解触达种子用户的方法，挖掘用户需求、提高用户体验
- 掌握新媒体用户留存以及用户增长与推广策略

【引导案例】

江小白是重庆江记酒庄生产的一种轻口味高粱白酒，目标用户定位于新青年群体，在一部分人感叹"年轻人不懂白酒文化"时，江小白则认为"白酒不懂年轻人"。它抛弃了传统白酒高档的包装，倡导简单纯粹，以印在瓶身的走心文案与消费者互动，在竞争惨烈的白酒市场硬生生杀出了一条血路。

1. 定位而生，为消费场景提供解决方案

小聚会、小时刻、小心情，这就是江小白的产品定位，为这样三种消费场景提供了多系列的产品。它提倡年轻人直面情绪，不回避，不惧怕，做自己。这种定位战略，是其取得成功的重要战略之一。

2. 品牌人格化，用户情感寄托

首先，江小白这个品牌名就是人格化的，很容易亲近人，也很容易被人记住。

其次，在视觉设计上，江小白正是靠着大量上图这样的瓶身设计和走心的文案，红遍社交网络的。这样独特的视觉设计，能够让用户在第一次看到它时就注意到它并且记住它。

江小白的品牌战略，依靠人格化的品牌俘获"80""90"后的心。

3. 用户倒逼渠道，改变行业价值链

江小白将大量的资源投入到营销上，直接和消费者接触。

【本章要点】

新媒体用户的概念　　新媒体用户运营体系　　用户行为、需求及留存　　用户增长与推广

3.1　新媒体用户运营概述

用户运营，指的是在新媒体条件下，以用户为中心，遵循用户需求设置活动和规则，制定运营战略与目标，搭建用户体系、开发产品、策划内容及活动，同时严格控制过程与结果，最终达到甚至超出预期目标。简单来说，用户运营就是建立在用户需求的基础上，通过一系列方式将用户的价值最大化。用户运营在新媒体运营过程中至关重要。因此，新媒体运营人员需要对用户进行精心管理。吸引新用户关注，减少老用户流失，同时想方设法激活沉寂用户。

一般地，我们从用户角度把新媒体产品分为三大类：To C、To B 和 To G。To C 产品面向的是个人用户（Customer），这类产品的本质就是挖掘人性。比如美团、饿了么等外卖软件满足的就是单一个体对吃的需求。To B 产品主要服务的是商企（Business），包括数据应用类和企业管理类，比如企业的 OA 系统、CRM 系统。To G 是从 To B 衍生出来的一种特殊划分，主要面向政府或事业单位（Government），比如各类政务 App，在此我们的用户主要是指个人用户。

3.1.1　新媒体用户思维

随着互联网的发展，不管是做产品设计，还是品牌运营，用户思维频频被提起。那究竟什么是用户思维呢？用户思维与产品思维、流量思维、客户思维又有哪些区别呢？

用户思维，顾名思义，就是"站在用户的角度来思考问题"的思维，或者更广泛地说，就是站在对方的角度，换位思考。用户思维是以用户需求为导向，关注的是用户的需求，深度解决用户需求和痛点。

而产品思维就是聚焦产品，一切以产品为核心。产品思维是先做产品，把一款产品研发出来，然后投入生产，最后找各种渠道去销售。流量思维就是通过各种方式吸引流量，流量越高越好。很多人认为只要有足够的流量，只要吸引足够多的眼球，不在乎吸引来的是什么样的人，只要可以售卖产品就行。流量思维可以说把人当机器看。

从运营层面考虑，用户思维不单单要站在用户角度去思考产品，思考性能，重要的是帮助用户去判断。任何产品的最终目的是帮助用户快速获取自己真正所需的，所以我们分析用户偏好的同时，更要强调帮助用户判断产品的好坏和真正价值点。

以大数据分析平台为例，用户的思维如下：

某日上线了一个活动，用户打开大数据分析平台，想看活动的数据情况。在这个思维模型里，用户的预期是直接获取上线后活动数据的情况，让他快速了解活动的效果，尽快做出决策。所以在这个过程中，我们所做的任何工作都是从用户的这个核心需求出发的，并且实现这个核心需求的目的路径越短越好，用户的整个思维体现可以用图 3 - 1 表示：

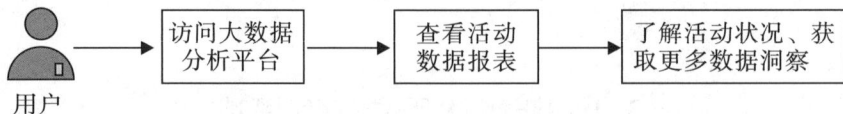

图 3-1　大数据分析平台的用户思维体现

如何掌握并熟练应用用户思维呢？首先，要在心里时刻想着用户，牢记用户的需求，以"小白"心态理解用户的需求，并在整个产品设计、推广过程中，复盘自己是否体现了用户思维，有没有以用户为导向。然后，融入用户真正的使用场景中，只有这样，你才会作为一个真正的用户体验产品和服务，当遇到一些痛点时，才会意识到产品需要改进的地方，才能真正体会用户思维。最后，要多和用户打交道，定期进行用户需求调研、访谈，这样才能准确地把握用户思维，真正做到以用户思维为导向。

在数据产品上线以后，数据产品的目标用户主要是公司里各个部门的同事。数据产品有给数据分析师用的，有给各个业务线的同事用的，所以，要听一听用户的声音，基于用户需求规划下一个版本的迭代路径。

3.1.2　新媒体用户运营体系的构建

在进行精确的用户画像后，运营者需要继续将用户细分并搭建用户体系，为不同的用户设计差异化运营方式。

在搭建用户体系时，运营者可以借助 RFM 模型设计管理层级。所谓"RFM 模型"，即通过最近一次消费（Recency）、消费频率（Frequency）、消费金额（Monetary）三个指标组成矩阵，评估用户价值状况。

根据 RFM 模型（图 3-2）的三个指标，可以将用户群体划分为一般保持用户、一般发展用户、一般价值用户、一般挽留用户、重要保持用户、重要发展用户、重要价值用户、重要挽留用户八个级别。

在利用 RMF 模型划分用户级别后，新媒体运营者需要设计相应的用户体系以面对不同的用户，进行差异化管理。在使用 RMF 模型时，运营者不能生搬硬套，而是要结合实际情况设计用户体系。

第一步，指标调整。对于不同的企业、不同的产品，RFM 模型中"最近一次消费、消费频率、消费金额"三个指标需要进行如下相应的变化（表 3-1）。

第二步，级别调整。虽然 RFM 模型的三个指标可以划分出八个用户级别，但是多数企业会将用户级别简化，由八个缩减为五个甚至更少。例如网易邮箱根据用户积分情况，将用户级别分为普通用户、白银用户、黄金用户、钻石用户四个层级。又如京东的用户级别共分为五个等级，包括注册会员、铜牌会员、银牌会员、金牌会员及钻石会员。会员级别由成长值决定，成长值越高，会员等级越高，享受到的会员权益越多。

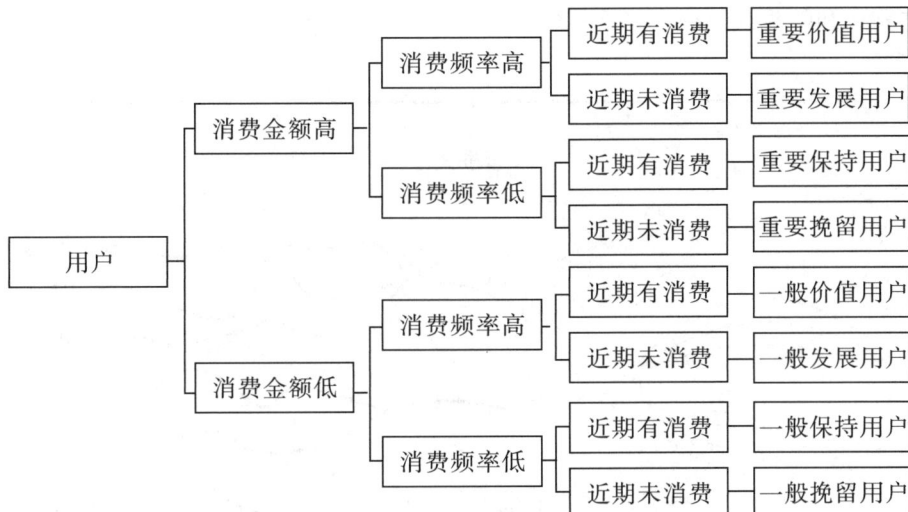

图 3-2　用户 RFM 模型

表 3-1　不同企业与用户的指标调整

企业产品	三大指标
官方网站	最近一次登录、登录频率、浏览时间
企业 App	最近一次登录、打开频率、浏览时间
官方店铺	最后一次下单、下单频率、订单金额

第三步，分级运营。划分出不同的用户级别后，新媒体运营者需要进行精细化用户运营尤其是将重点精力投放在优质用户上。

对于活跃度高、消费次数多或消费金额大的重要用户，可以设置服务专线、意见优先反馈、定期颁发荣誉奖章；当重要用户可能出现流失时，通过发放优惠券、推送邮件等形式，尝试进行用户激活。

3.1.3　分析用户行为

在产品运营过程中，对用户行为的数据进行收集、存储、跟踪、分析与应用，可以找到实现用户病毒式增长的因素、群体特征与目标用户，从而深度还原用户的使用场景、操作规律、访问路径及行为特点。

1. 用户行为的概念及类别

用户行为分析是对用户在产品上产生的行为及行为背后的数据进行分析，通过构建用户行为模型和用户画像来改变产品决策，实现精细化运营，指导业务增长。

辛向阳教授在《混沌中浮现的交互设计》中指出，交互设计中的行为路径可以分为渐进式、往复式和随机式三种（图 3 - 3）①。

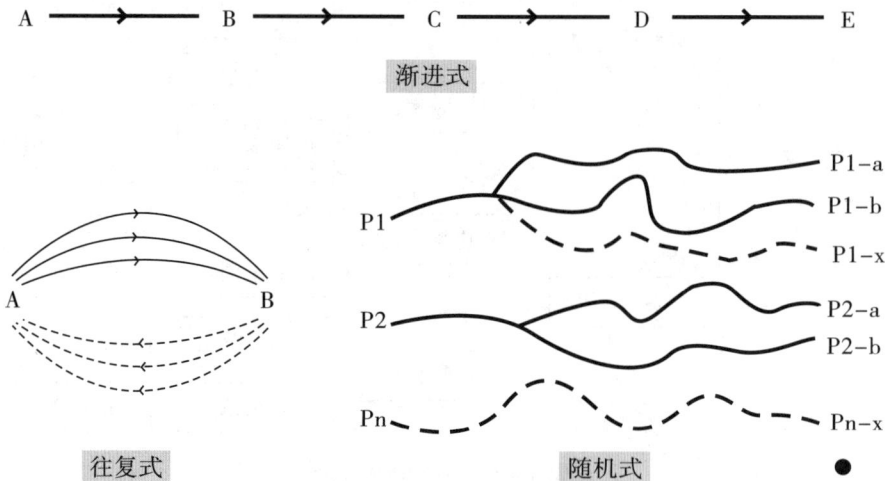

图 3 - 3　交互设计中的行为路径

基于此，我们可以把用户行为也分为三类：

第一，渐进式。用户为了完成某项任务时才会产生的行为。当某个用户的任务很明确时，例如打开京东购买一部某品牌手机，这时候他的行为路径便是"打开京东 App—搜索某品牌手机—浏览搜索结果—选择自营某品牌手机—浏览商品详情页—加入购物车—进入购物车—付款"，该路径是线性的，既渐进式的。

第二，往复式。当任务变成了用户想买一部手机，这个时候的任务是模糊的。用户会在搜索结果页和详情页之间来回切换，通过对比找到心仪的手机。这时候用户的行为路径则是"打开京东 App—搜索手机—浏览搜索结果—查看商品详情—返回结果页—查看商品详情—直到找到心仪的手机—完成付款，或者没有找到，放弃任务"。这种来回切换页面、对比信息的行为路径是往复式的。

第三，随机式。试想一下，你是否有购买目标不明确，只是想打开购物 App 逛逛的时候？相信很多人都有过这样的情况。再想想这个时候你会怎么做？打开 App，在各个页面寻找自己感兴趣的入口，几乎没有规律可言，看到哪就点哪，不停地浏览。这个时候我们的行为路径便是随机式的。

2. **常见的用户行为分析模型**

在数据分析的大框架下，通过对用户行为监测获得的数据进行分析研究的行为便是用户行为分析。

用户分析是用户中心设计流程中的第一步，是一种理解用户，将他们的目标、需求与商业宗旨相匹配的理想方法，可以帮助企业定义产品的目标用户群。在用户行为领域，数据的使用及挖掘是非常重要的，通过数据分析方法的科学应用，经过理论推导，能够相对

---

① 辛向阳. 混沌中浮现的交互设计 [J]. 设计，2011（2）：46.

完整地揭示用户行为的内在规律，以此帮助产品实现多维交叉分析。常见的用户行为分析通常分为以下几种：

（1）用户行为事件分析。

主要用于研究某行为事件的发生对产品的影响及影响程度。企业借此来追踪或记录用户行为或业务过程，如用户注册、浏览产品详情页、成功投资、提现等，通过研究与事件发生关联的所有因素来挖掘用户行为事件背后的原因、交互影响等[1]（图3-4）。

图3-4　用户行为事件分析（图片来源：知乎洛儿的数据分析）

（2）页面点击分析。

页面点击分析被应用于显示页面区域中不同元素点击密度的图示，可以精准评估用户与产品交互背后的深层关系，直观地对比和分析用户在页面的聚焦度、页面浏览的次数和人数，以及页面内各个可点击元素的百分比。颜色越深，点击越多。通过点击分析，能够直观地看出在这个页面中，用户的注意力都集中在哪些地方，用户最常用的功能是什么，方便产品经理对用户行为形成整体的了解，有助于产品经理引导用户往自己想要的方向去操作。此分析通常用于首页、活动页、产品详情页等存在复杂交互逻辑的页面分析。

（3）用户行为路径分析。

用户行为路径分析主要用于明确用户的现存路径有哪些，发现路径问题或优化用户行为沿着最优访问路径前进，结合业务场景需求进行前端布局调整。通过行为分析，能够帮助产品经理设计出来的产品直达用户内心。比如用户在淘宝买东西时的支付转化率不高，原因并不是用户退出放弃购买，而是返回了上一个页面，因此我们可以判断当前页面信息不足，导致用户在犹豫，想返回再了解一下产品（图3-5）。

---

① 神策张乔. 常见用户行为分析模型解析（1）——行为事件分析模型［EB/OL］. http：//www. woshipm. com/data - analysis/686576. html.

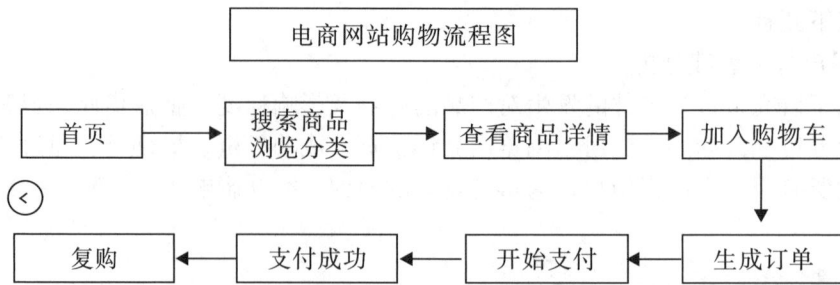

图3-5　电商平台用户行为路径分析（图片来源：人人都是产品经理）

（4）漏斗模型分析。

漏斗模型分析指的是从一个事件环节的最开始到最终转化成购买的整个流程中的各个子环节，用数据指标来量化每一个步骤的表现，通过异常数据指标找出有问题的环节并解决，最终提升整体购买转化率。涉及的数据指标包括转化周期和转化率。比如用户的注册过程、下单过程就需要用漏斗模型来进行分析，尤其要分析用户在哪个环节流失最严重（图3-6）。

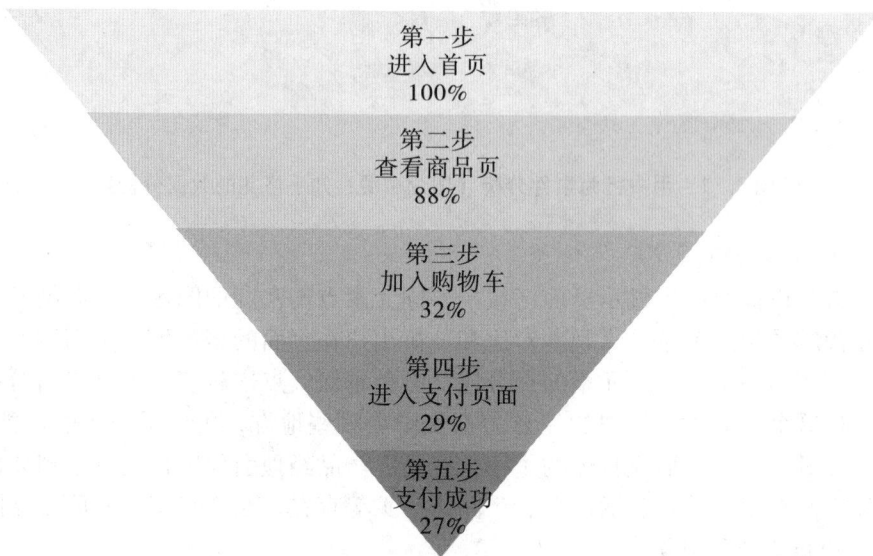

图3-6　漏斗模型分析（图片来源：知乎）

（5）用户画像分析。

用户画像分析指的是根据用户属性、用户偏好、生活习惯、用户行为等信息而抽象出来的标签化用户模型。通过高度精练的用户特征来描述用户，可以让人更容易理解用户，并且方便计算机处理。通过定义用户画像，可以帮助产品运营理解用户，产品设计从为所有人做产品变成为带有某些标签的人群做产品。产品能够更加精细化运营，且设计复杂度降低。涉及的数据指标一般包括人口属性（如性别、年龄）、兴趣特征（如浏览内容、收藏内容、购买物品偏好等）、位置特征（如用户所在地、居住区域、移动轨迹等）、设备属性（如使用的终端品牌、型号等）、行为数据（如访问时间、浏览路径等）以及社交数据（表 3 - 2）。

表 3 - 2　用户画像分析

人口属性	性别、年龄
兴趣特征	浏览内容、收藏内容、购买物品偏好
位置特征	用户所在地、居住区域、移动轨迹
设备属性	使用的终端品牌、型号
行为数据	访问时间、浏览路径
社交数据	用户社交相关数据

3.2　新媒体如何获取用户

当产品做出来之后，我们面临的任务就要将产品推出市场，而推出市场的第一步，就是获取用户。只有不断地有新用户愿意去访问这个产品、使用这个产品，才越有机会使这个产品更加完善，同时才能更有机会转化这些用户，让这个产品获得真实的收益，从而使得公司处于扩张中。接下来我们分析如何更快速地获取用户。

3.2.1　触达种子用户

种子用户是一个 App 最核心的一部分用户，从财务数据看，他们是最有价值的用户群体。种子用户往往有如下特征：高频使用产品、产品忠诚度高、勇于发表产品意见、愿意推荐产品给其他人。

所以，我们可以大概定义一下种子用户。种子用户，顾名思义，就是能"发芽"的用户，具备成长为参天大树的潜力。种子用户可以凭借自己的影响力，吸引更多目标用户，是有利于培养产品氛围的第一批用户。就是在消费了你的产品之后，对你的产品有很高的黏度，同时，又可以帮助你去做免费的宣传，甚至凭借自身的影响力去吸引更多的目标用户，从而培养第一批忠实用户。要理解种子用户，需要明确以下几点：

（1）种子用户不等于初始用户。种子用户要有选择标准。尽量选择影响力大的、活跃度高的用户作为产品使用者。否则，即使引进再多，也无助于目标用户数量的扩散。

（2）种子用户的质量比数量重要。引进种子用户要讲究精挑细选，用户的性格要尽量与产品的调性吻合，或者用户的影响力要尽量能波及目标用户群体。种子用户的质量比数量更重要，这个时候，少而精的用户并不是坏事，相反，低质量的用户引进的越多，不仅不利于产品性格的塑造，还会影响真正的种子用户对产品的认知，形成偏见，甚至离开产品，低质量的用户不如没有用户。换句话说，我们的目标是引进大量的种子用户，而不是大量的注册用户。

（3）种子用户能够反馈产品建议。优秀的种子用户，不仅会经常使用产品，还会活跃于产品社区，经常发表言论，带动其他用户讨论和互动，并且最重要的是，能够为产品开发者提供中肯的意见和建议，帮助产品不断提升性能和功能。具有主人翁精神的用户，是最好的种子用户。因此，并不是用户的互动越多越好，还要看互动的内容，如果仅仅是无意义的调侃、吐槽甚至抱怨，不仅不会给产品开发者带来有用的建议，还会影响产品的社区氛围。据说，豆瓣的创始人阿北招聘的最初的 5 名员工均来自豆瓣的种子用户，相信这几个种子用户一定是互动活跃并为阿北提供了许多中肯建议的人。

3.2.2　构建用户模型

本质上来说用户模型可以帮助我们将用户数据标签化，然后形成一个整体，从这个整体中发现特征，从特征中验证需求。一般构建用户模型需要以下几个步骤：

1. 确认产品定位

产品定位多数在初期已明确，产品定位决定了所处的行业，这个行业里面有多少用户与价值都是显而易见的。定位决定了最终的辐射范围以及对于整个范围内的用户群体中，产品所能带来的价值。

最简单的产品定位可以采用 SWOT 分析制定，找到自己的优势和价值点，然后建立一定的假设，了解用户会使用什么样的产品，多问自己几个问题，比如：用户为什么会选择你的产品而不去用竞品？你凭什么让用户放弃现有解决方案用你的产品？怎么改变现有用户的固化思维？

在对市场有一定了解时，而后也需要了解市场的规模以及存量增量空间。常见的数据平台比如艾瑞网、艾媒网、易观智库、腾讯大数据、360 研究报告……通过历史数据进行商业价值的评估。

一定要有最初的市场范围，否则定位不清晰，未来发展极易走弯路。然后对现有的竞品与市场现状进行合理分析，制定合理的产品定位。

2. 多维度收集相关数据

在建立用户模型前需要获取足够的真实用户反馈数据。如果没有一定的数据，尽量不要轻易去做用户建模，否则会偏离实际。

进行了定量的数据收集，可以使用专门的样本量计算器帮助计算。从数据来说，如果总量可控的情况下，理论值 1000 + 是最佳选择。上述是定量的数据收集，如果是定性的数据，那么我们要找出具有显著特征的用户群体，这个数量范围在 5 ~ 20 人。

通过以上收集方式并成功采集后，我们需要对用户的属性与需求进行剖析，在俞军老师的《产品方法论》一书中，对用户有一个最直观的定义：用户不是自然人，而是需求的集合。由于不同产品满足用户不同场景下的需求，当某个产品完全满足了某个用户在某个场景下的某类需求时，才可以说此用户是该产品的一个用户，否则该产品就只能说：此用户属于我，但又不完全属于我。

由于是多需求的集合，所以最终产生的用户也不会是一个，可能是多个样本用户，所以我们需要根据上述的产品定位，找到最核心的一批用户模型。

一个用户模型是基于不同的维度分析的结果，那么我们需要把控哪些维度呢？不同类型产品的分析维度是不一样的，比如一个 B 端的产品，我们不仅要掌握用户信息数据，还要掌握行为数据、消费数据，如图 3－7 所示：

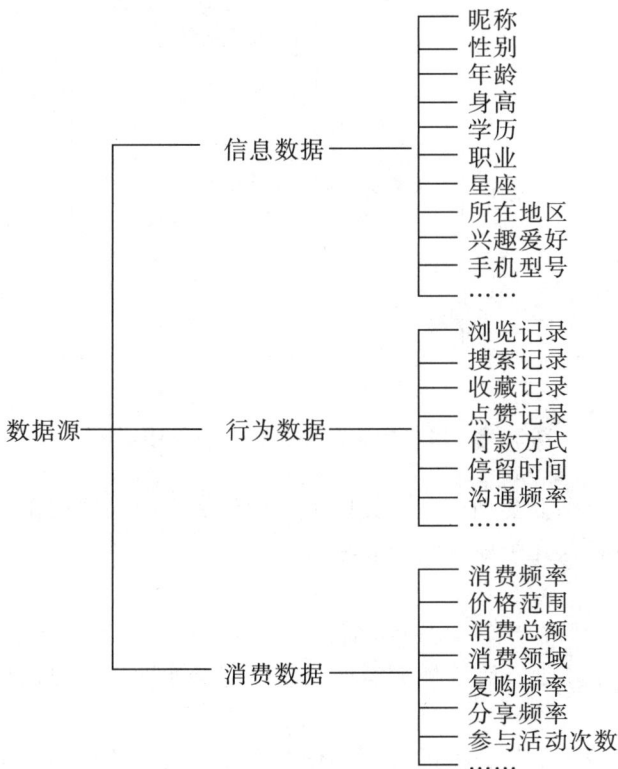

图 3－7　用户模型

3. 建立基础用户模型

在整理好用户基础数据后我们需要把数据进行打包归类，加上具体的描述文字，创建出基本的用户架构（用户画像），比如一款社交产品的用户信息提取出来后可以形成一个大致的用户状态，如图 3－8 所示：

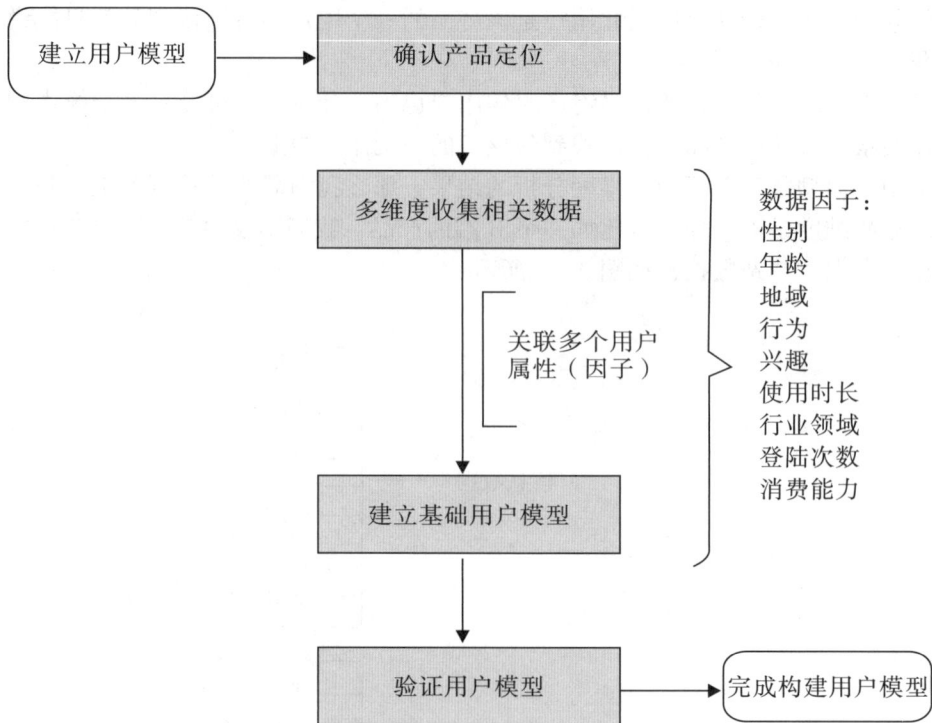

图 3-8　用户画像（图片来源：新媒体之家）

这里的用户画像原则上要列出用户数据中的相似属性，筛选去重，找出与自身产品契合的用户属性，然后将这几个属性结合起来（具体需要多少个要根据团队需求，一般 3～8 个核心属性即可）。

数据在模型中运行后，最终生成的画像可以用图等可视化的形式展现。对于 App 来说，用户画像并非一成不变，因而模型需要具有一定灵活性，可根据用户的动态行为修正与调整画像。

接着我们可以拿着手上的数据进行可视化的词图生成，数据在模型中会更加容易分辨具体的属性，综合用户特征，阐明目标。

4. 验证用户模型

有了具体的用户模型只是第一步，因为首次整理出的用户模型不一定是真实可靠的。接下来我们需要对用户模型进行校正，这里校正的标准是产品与市场群体的实际需求，因为产品在变化，市场的需求同样也在变化，每次修正过程就是重复上述过程。

那么如何验证呢？我们可以通过定向内容评估法来进行检验，简单来说就是在用户模型中投入一定的资源，找到样本群体范围，然后通过用户模型来满足他们的诉求。比如我们之前有一个初步的用户模型，然后针对这部分群体，推送与社交相关的活动，通过最终活动的参与率就可以了解是否偏离我们的实际用户。在不断调整后，我们可以通过用户模型挖掘优质的用户，通过平台的数据清洗，提供给优质用户更加精准的服务。

总之，建立用户模型的核心是为了帮助产品充分了解用户，在后续的决策与运营中提供相对可靠的信息支撑，而用户模型并不是一次性解决就可以不管不顾的，需要在不断的数据积累中完善和优化。

每个产品经理都应该了解用户心理和需求，而掌握一个领域下的用户模型恰恰是其中一种途径，它可以校正自己工作中的决策与方向。

3.2.3　种子用户带动

明确了种子用户的定义和选择标准之后，下一步就是如何采取手段找到这些优质用户。以下是一些常用手段。

1. 名人效应

即邀请有想象力的名人注册和使用产品，利用名人的知名度吸引草根用户。这些名人用户，不一定是意见领袖的代表，也可能不会产生太多的内容（名人一般都很忙碌，很少有时间泡在一个产品里面）。而如果名人本身的人格特征、品牌个性和产品的气质相吻合，也可以达到宣传产品的效果。比如知乎、新浪微博，这两款产品前期都是靠拉名人入驻产品，知乎早期邀请的用户有很多是互联网行业以及各行各业的专业人士，还有知名的企业家和评论家等。这些人在知识的专业性和广博性方面有一定权威性，而这和知乎知识分享社区的产品属性相吻合，因此有利于种子用户的聚合。而新浪微博，利用自己多年积累的媒体优势和人脉，为自己拉来了更多的知名人士和意见领袖，包括大量的娱乐圈名人。这些人和新浪微博早期的产品性格——敢说敢为、轻松娱乐——相吻合。请知名人士需要花费大量的资金，这种方式适用于资金实力和关系网比较雄厚的公司。

2. 口碑传播

相比名人传播，依靠种子用户的口碑传播则要低调省钱一些，但是这样一来，对产品的要求更高，除了要满足用户的核心需求，还要让用户用得值，用得开心，并找到归属感，这样用户才更有可能主动帮助你传播。豆瓣就是一个很好的例子，开发者并没有把太多的精力放在产品宣传推广上，而是一心一意地做好产品本身。阿北甚至没有为如何给网站取一个创意十足的名字煞费苦心，而是直接使用自己的居住地之名——豆瓣胡同。产品几乎每一两天就有一个新功能上线，每次上线，阿北都会用简洁而干练的文字向种子用户们阐述产品的新变化，并鼓励用户尝试。这里没有开发者夸张的宣传文字，也没有雇佣写手撰写产品软文，有的只是开发者对产品功能的精雕细琢和种子用户的热情互动。豆瓣很低调，从 2005 年 3 月上线，最初的半年内只积累了 2 万用户，且豆瓣依然只有阿北一名员工，而此后的几个月里，增长速度明显加快，例如，从 9 月到 11 月两个月就涨了 2 万用户，而 2006 年 1 月的单月份就增长了 2 万，这些数字的增长，一方面来源于知名人士使用后在博客上主动写的推荐，但是，相信更多的种子用户来源于口口相传。

3. 马甲运营

有些产品，尤其是社区类产品，需要引导种子用户形成符合产品调性的讨论氛围，这就需要开发者和运营人员批量注册一些马甲用户，一方面要生产符合产品性格的高质量内容，推荐给用户，另一方面要模拟真实的用户与种子用户进行良好互动，例如，可以向对方描述使用这款产品快乐积极的感受，可以将新发现的功能介绍给用户，也可以将他介绍给其他种子用户相互认识。相比客服人员冰冷僵硬、千篇一律的回答，人性化了很多。虽然这种方式一定程度上存在欺骗引导的嫌疑，但对于一个没有多少资金的创业团队来说，仍然是一种有效的运营技巧。

4. 邀请互联网从业者

邀请一些从事互联网行业的人士如产品经理、设计师、工程师以及互联网爱好者使用产品，这些人因为具有互联网的工作经验，对产品提出的观点往往要比普通用户更专业，甚至更愿意去试用产品。例如，产品经理可以从产品的功能方面分析这款产品是否满足了用户的使用需求，设计人员则根据自己的专业审美对产品的交互和界面提供一些有益的建议，而工程师也可以利用自己所学的专业技能对产品的实现机制进行评估，例如一些前端的 JS 呈现可以呈现更新升级的框架、降低页面加载速度、提高用户体验等。

但凡事都有两面性，由于这样的用户具有专业知识，因此也会以职业特有的偏见去看待产品。由于身份缘故以及长期的工作习惯，造成思维框架上存在一些局限性，甚至容易将自己的需求理解为普通大众用户的需求，有一种自以为然的成就感。因此，开发者也要谨慎对待这类用户的反馈意见。同时，还要提防这些用户中是否存在实力更强的竞争对手，以防止产品被抄袭。

5. 邀请码机制

知乎和糗事百科最早都使用邀请码机制完成初始用户的积累，近些年比较火爆的非典型互联网企业——小米科技，也用了类似邀请码的 F 码来推广自己的产品。首先，由于邀请码的数量通常有限，因此给人们造成资源稀缺的错觉。而在人们通常的意识观念里，认为稀缺的资源往往意味着品质的优良，于是也就自然激发了人们的好奇心和求知欲。其次，由于邀请码的稀缺性，获取成本比较高，所谓"一码难求"。而一旦获得，人们就会更加珍惜这难得的机会，更主动积极地使用产品，也会更好地宣传产品。淘宝上一度出现倒卖知乎邀请码的信息。但是这里也有一个风险，如果产品本身没有做好，这些用户的评价往往会更低，导致付出的努力没有得到预期的回报。

6. 交叉推广

这一招在游戏类 App 里用得比较多。游戏的生命周期比较短，新上线的游戏往往通过买排名和交叉推广等方式增大曝光率，进而提高用户量。目前很多应用类 App 都有一个模块叫"应用推荐"，此外游戏类 App 本身也会通过弹窗广告或 Tip 广告帮助推荐其他同类游戏 App。寻找这样的推广渠道有一个原则，就是要寻找那些在产品气质上相近的，目标用户群重叠比较多的 App 或 Web 网站。

7. 社会化媒体宣传

借助各种各样的媒体工具为自己的产品宣传，方法有很多，例如：

（1）行业网站报道：比如 36 氪、虎嗅、极客公园、快鲤鱼等专注于创业项目的行业网站，与他们合作，撰写软文或报道。由于这些网站本身在圈内有一定的知名度，因此他们的曝光也会带来许多圈内的种子用户。

（2）知名人士博客：知名人士撰写博客时提到产品及其使用体验，这有点类似前面讲到的名人效应。只不过名人得主动为产品做宣传，而这里更多指的是使用者自己主动发布的，因此更有利于产品的口碑。例如，豆瓣就曾出现在博客名人的博文里，并且主动为产品做了宣传。

（3）微博营销：首选平台是新浪微博，其次是腾讯微博。一方面，与大 V 账号合作，协助转发，利用大 V 的公众影响力，迅速引爆知名度；另一方面，可以开通企业微博账号，做微博运营，用人性化的方式与粉丝们互动。

（4）微信营销：即开通微信公众账号。但是微信更多是用于产品的运营和服务，且由于微信偏向于熟人社交，私密性比较强，推广能力有限，对种子用户的引入可能作用不大。

（5）目标用户重叠度高的 SNS 社区、QQ 群和论坛：注意，一定要选择那些目标用户聚集的社区，而不是任意社区，只有目标用户在的地方，才有可能拉来种子用户。为了降低种子用户的进入门槛，可直接用 QQ 和微博账号登录，并导入 QQ 和微博关系链，充分利用社交红利。

8. 线下宣传

上面 7 种都属于线上推广，此外还有线下推广。第一种是鼓励周边的亲朋好友注册。第二种是和传统纸媒合作，例如豆瓣早期在《读书》杂志上做广告，由于豆瓣的文艺气质（主打影音书）和《读书》调性相仿，因此这是个不错的选择，此外还有早期的凡客诚品，主要在《读者》和《青年文章》上做推广。第三种就是通过雇佣大量的线下推广人员，比如基于地理位置的送餐订餐 O2O 软件——饿了么（需要和餐馆一家一家的谈），打车软件——滴滴打车和快递打车（需要对每一个司机进行软件教学），以及各种团购网站（线下商家洽谈），这种推广方式比较适合 O2O 类产品，该方法需要耗费巨大的人力成本，见效慢，对于有经济实力的企业比较适合。

3.3　新媒体激发用户活跃

一般来讲，活跃用户就是跑到你的产品来"溜达"的用户。移动互联网时代，流量被垄断，入口越来越集中，很难单纯地通过线上获取流量。然而网民数量越来越庞大，营销越难精准化。除了使用各类线上推广方法突出企业品牌，推广公司产品，还应该提升用户活跃度，快速让产品的价值翻一番。本节主要讲述通过分析用户行为、挖掘用户需求、提高用户体验来进一步激发用户活跃度。

3.3.1　用户活跃的指标体系

活跃指标在运营范畴上可拆分为运营、业务两个活跃指标。运营活跃指标：日活跃用户数（DAU）、周活跃用户数（WAU）、月活跃用户数（MAU）。业务活跃指标：与产品核心业务直接挂钩的，如买单次数、支付频次、持仓金额等。大多数用户每天都打开的应用如新闻 App、社交 App、音乐 App 等，其产品的 KPI 考核指标均为日活跃用户数。但对于某些低频消费需求的 App 比如旅游、婚纱摄影，可能会关注月活跃数，甚至更长时间周期内的活跃数。

　　活跃指标通常是搭建用户激励体系的入口，常用的第一运营手段是用户签到。签到形式就是日常打卡，是一种用户习惯行为养成的方式。

　　比如在支付宝 App 上，围绕提升活跃指标，支付宝从三方面入手：①用户通过日常签到、买单、支付，额外获得"可用积分"；②用户通过"消费购物，生活缴费类，金融理财类"，直接获得"等级积分"；③用户在蚂蚁森林、蚂蚁庄园，持续参与公益活动。

1. 大数据视角下的用户活跃行为分析

　　用户行为分析可以让产品更加详细、使企业清楚地了解用户的行为习惯，从而找出网站、推广渠道等产品营销环境存在的问题，有助于产品发掘高转化率页面，让产品的营销更加精准、有效，并且通过对产品的不断优化，驱动产品创优和用户增长。

　　在新媒体运营中，数据挖掘的作用在于清晰地描述用户画像，而数据分析则是从中发现用户需求。让数据说话的关键在于如何去分析，因此，数据思维的核心要义是数据分析。

　　由点击流数据衍生出了很多使用和消费行为指标，比如访问频率、平均停留时长、消费行为、信息互动行为、内容发布行为等，但是这些指标过于复杂。本着简洁又系统的原则，我们可以将用户行为数据分为三类：黏性、活跃和产出（图3-9）①。黏性主要关注的是用户在一段时间内持续访问的情况，比如访问频率、访问间隔时间等。活跃考察的是用户访问的参与度，比如页面停留时长、访问页面数等。产出则是用来衡量用户创造的直接价值输出，比如页面浏览数 PV、独立访客数 UV、消费金额等。这些指标可以共同衡量用户在网页及 App 中的行为表现，进而区分用户的行为特征，对用户打分，再对不同类型的用户进行差异化营销推广，提升营销价值。

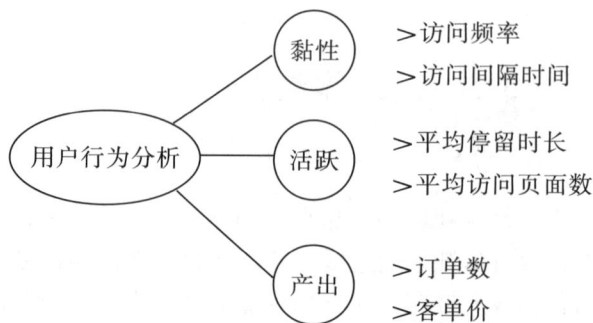

图3-9　用户行为分析分类指标

　　比如，互联网信息技术的日趋成熟，加速了在线"自由行"行业的发展。旅游消费的整体升级以及在线旅游产品品类的日趋丰富，使得自由行成为未来主要的出游方式。针对自由行用户的使用行为和消费行为数据，爱好自由行的群体以年轻人为主，男性比例略高于女性，且多来自经济发达城市的高学历人群，自由行用户的职业排在前三位的是自由职业者/个体、白领/一般职员、学生。这类人群拥有可支配的假期时间和收入（图3-10）。

---

　　① 听象数据. 在做用户行为分析时，我们需要用到哪些应用指标［EB/OL］. http：//www. woshipm. com/user-research/562362. html.

男：53.41%

女：46.59%

自由行用户中男性比例用户稍高于女性

北上广等城市：60%以上

其他：40%以下

自由行用户中来自北上广深等经济发达城市比例高

75%
35岁以下

40%
本科学历以上

1 3 稳定收入

2 4

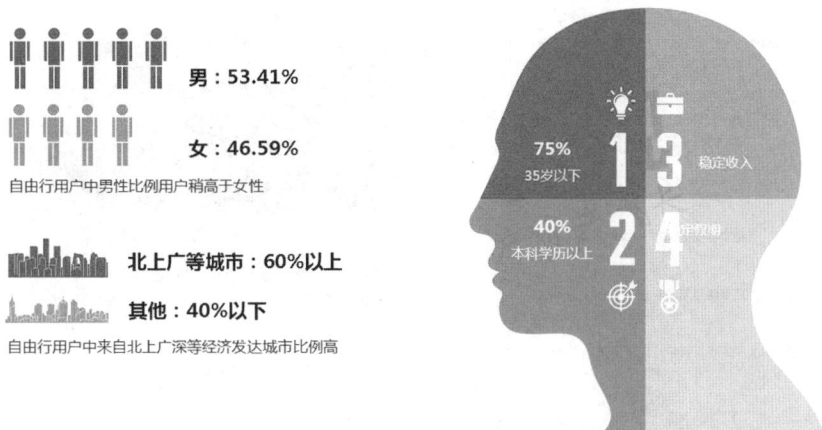

图 3 – 10　自由行用户画像（图片来源：易观数据）

2010 年，马蜂窝正式开始公司化运营。经过十多年的发展，马蜂窝已经成长为拥有海量 UGC 数据和高度活跃忠实用户群的知名旅游社群。马蜂窝成功的背后离不开对用户数据的分析。通过大数据技术对 UGC 数据进行结构化处理，挖掘出用户的兴趣点和旅游需求，以精准匹配用户的个性化预订需求。通过移动端的旅游攻略和行程决策功能，再结合自由行实时在线预订，马蜂窝已经为用户搭建了一个从旅游攻略、信息提示、消费决策、产品推荐和游记分享的线上线下一体化的"决策—交易—分享"闭环。

因此，数据分析在用户行为分析中起到了关键作用。我们在数据分析的过程中应该注意以下四点：

第一，用户行为分析不是形式化，不是为了分析而分析，哪怕是核心用户提出的需求，也要通过数据来验证，任何人都无法代表真正的用户。

第二，产品经理要有自我革新、自我否定的意识。不能太过于依赖过往的经验，过往的经验不可靠，只有数据最可靠。

第三，用户分析调研只是一方面，目的是为产品提供思路，但是否有利于产品的长期发展还是要通过数据说话。

第四，用户端产品要以用户体验为核心，以数据为导向。

2. 设计用户行为时的原则

（1）减少用户的行为数量。当我们在使用地图 App 时会发现，起始点的位置默认为"我的位置"。产品通过给出默认值的形式，省略了用户输入起始地点的行为。当输入地址时，会通过下拉列表将搜索结果展现出来，用户不用输入完整的地址字段就可以在下拉列表中选择目标地点。又比如滴滴的最新版本可以根据用户的行程记录预判本次行程的起点和终点（图 3 – 11），也是通过给出预设值的形式来减少用户的行为次数，从而降低操作成本。

图 3 – 11　滴滴路径数据

（2）对行为以及时反馈。交互是人和系统互动的过程。当用户通过点击、滑动、输入等操作方式告诉系统正在执行的操作时，系统也会通过切换页面、动态 icon、toast 等形式来反馈用户的行为。比如当我们在使用 App 时，若因网络不佳而无法呈现内容，则系统会提示"网络正在开小差"或者"亲，您的网络好像不太给力，请稍后再试"。这些及时又有趣的提醒增加了用户和系统的互动。

（3）降低行为难度。在新媒体产品中，我们经常用选择项代替文本输入，用指纹来代替密码输入，用第三方登录代替邮箱登录，将操作区域放在拇指热区，将可点击区域做得比 icon 还大，用滑动代替点击等，都是为了降低用户的行为难度，方便达成目标。

（4）减少用户等待时间。当用户做出某个行为时，总是希望得到及时的回应，若等待时间过长，很容易出现焦躁的情绪，从而放弃任务，影响产品的用户体验。但是在现实中，由于硬件性能、网络情况、技术故障等原因，难免会出现反应时间过长的情况。这个时候就可以通过异步处理和预加载的机制去减少用户的等待时间。倘若实在减少不了，则可以通过有趣的动画和文案提醒用户，以减少用户在等待过程中产生的负面情绪。

（5）不轻易中断用户行为。我们可以试想一下这样的场景：周末放假在家的你嗑着瓜子，晒着太阳，美美地看着电影，却突然因网络不好导致视频卡顿，这时候的你是不是很烦躁？为什么会产生这样的情绪？因为看电影就是你此时正在经历的行为，由于网络不好导致行为中断，用户体验当然不好。

同样的情景放在使用产品上，当你正在新闻客户端上阅读一则新闻时，突然弹出个临时框提示你软件可以更新，或者让你去应用商店评价软件，估计也有不少人会抓狂吧。如果一定要通过临时框提示用户去执行某个操作，一定要选择一个合适的时机。例如将软件更新的提示放在用户打开 App 的时候，此时用户并没有开始执行某个任务，所以不存在中断任务流程的说法。如果只是提示用户，并不需要用户执行某个操作时，可以用 toast 的形式来代替对话框告诉用户需要升级，用户可以自行选择，这样既告知了用户也没有中断用户行为。

3.3.2　挖掘用户需求

用户需求指的是用户需要解决的问题或达到的目标，比如饿了就要吃饭，路途遥远就需要一辆车，想要获取资讯或娱乐放松，可能就需要各种类型的新媒体。可以说，任何一款产品都是为某一类或某几类人服务的，而这些不同类型产品的出现，从某种角度上来说，也是建立在不同的用户需求基础上的。

值得注意的是，用户需求往往并不能被用户清楚明确地表达出来，又或者用户表述的是浅显的伪需求。福特公司的创始人亨利·福特曾说过："如果听用户的，我们根本造不出来汽车，用户需要的是一批更快的马。"因此，用户需求源自现实问题，也就是用户遇到了现有产品无法解决的问题时才产生的。用户往往融入自己的经验与理解，提出他认为的需求点和解决方案，但这并不一定代表真正的用户需求。只有了解用户在不同场景中可能遇到的不同问题，才是明确用户需求的正确途径。

如果一个产品运营者不了解用户的需求，那么对产品的营销宣传将无从下手。即使花大价钱做了广告也是浪费资金，很难达到理想的效果。只有深入挖掘用户需求，将用户需求与产品卖点、品牌定位等相关因素结合在一起，才能制作出精美且精准的营销。

1. 发掘用户需求的步骤

用户需求一定是依附于用户，存在于场景，验证于假设，终结于验证。在这里引用"用户需求研究所"整理的发掘用户需求的三个步骤（图 3 – 12）：

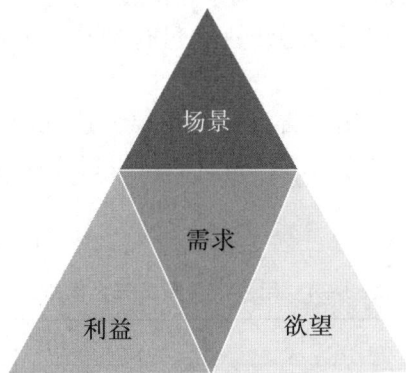

图 3 – 12　用户需求三大步骤

（1）场景分析。所谓场景分析，即通过对用户需求场景的描述进行分析，包括用户类型、时间、地点、关系背景、情境、动机和目的（表 3 – 3）。

表 3 - 3　场景分析

用户类型 1	什么时间	什么地点	什么样的关系背景	什么情境下	产生什么动机	想达到什么目的
场景 1						
场景 2						
场景 3						
……						

例如跑步 App 的一般使用场景是：用户想去户外跑步→寻找适合跑步的场地→查看确认跑步场地的天气和空气状况→去户外跑步→查看跑步成绩→分享跑步成绩。通过对以上一系列的场景进行分析，可以知道你的产品为什么没能打动用户，在哪一步出了问题？在这个过程中，切记要用平常心去客观地观察分析问题，不要被自己的思维定势所影响。

（2）利益分析。结合场景分析、用户反馈、用户调查、用户访谈以及各种细节，找到群体特征以及需求场景产生的原因，再找出既得的利益和背后的逻辑。有一个经典的法则就是要永远和顾客的另一个自我去交流。只有通过和别人进行真实的自我交流，才能发现顾客究竟想要什么。

（3）欲望分析。将上面的信息串联起来去寻找目标用户的情感缺口，也就是人性层面中精神上的满足，以及这个缺口是如何产生的。我们收集来的信息能够得出什么结论？会激发目标用户什么情感？什么欲望没有被满足？进而找到真正的用户需求点。而个人化的一些情绪、习惯和爱好，却恰恰能在无意间暴露潜在的欲望。没有被满足的欲望正是真正的用户需求，我们最终的目的就是要想出一个可行的补偿办法，来满足用户未被满足的欲望。

以瘦身减肥为例，如果一个用户告诉你他想要快速减肥，那么他反映出的场景、利益、欲望分别对应如下需求（表 3 - 4），那我们就可以根据这三个步骤来为他制订需求方案。

表 3 - 4　用户瘦身减肥三大需求

用户反馈	我要快速减肥
场景	想要一个能快速减肥的产品或者服务
利益	一个诱人的身材，良好的体态
欲望	虚荣心、赢得尊重

2. 产品开发前的用户需求挖掘

在产品开发前，用户需求挖掘的渠道包括市场调研、市场分析、产品分析以及数据分析。

（1）市场调研。任何一款产品的出现都是因为这个市场有需求，需求在哪，大旗就得往哪里挥，所以市场调研毫无疑问是发掘需求最重要的事情。设计好调研的问卷，利用网络渠道如 QQ 群、帖吧、社区、微信群进行分发。线下则可以通过深入目标用户群体进行走访调查，深入了解目标用户的需求。

（2）市场分析。利用 SWOT 模型进行市场环境分析，比如网易云课堂的优势（strength）在于网易本身拥有海量的用户、较深的播放器技术积累和一定的教师资源；劣势（weakness）在于优秀师资的资源较为缺乏，而竞争对手充沛；阿里云、百度云等相对成熟的云计算厂商的壁垒越来越强；机会（opportunity）在于目前大学教育与公司岗位的需求脱节，缺乏相关培训课程，同时网易本身诸多良好的产品已在用户心中有了一定的品牌信任基础；威胁（threat）在于各大互联网公司巨头在拥有优质教师资源的基础上，也在争夺这块蛋糕。

（3）产品分析。现在移动市场上的商品已经很多，所以拟开发的产品难免会遇上类似的竞品，这时候就需要我们去进行竞品分析，找到共同点，即已经被满足的需求，以及差异点，即未被满足的空白区。比如当你要开发一款社交软件，那么就要同微信、QQ 等一系列社交产品进行竞品分析，在这些竞品中找到社交软件已有的通用功能，以及目前还没开发但用户又有需求的功能作为产品的差异点。

（4）数据分析。随着大数据时代的到来，数据在决策中的作用越来越大。用户的很多潜意识或者有意识的行为都可以通过大数据体现出来。很多情况下，用户很难清楚地说明他们的实际需求，更不要说那些用户觉察不到的隐藏需求。所以数据可以很好地帮助我们去分析需求。通过对用户数据的分析，需求可以较为清楚地被表现出来。在产品未开发之前，数据的来源可以有很多方面，比如各大搜索引擎的关键词排行榜、微博热搜榜以及相关的数据报告。

3. 产品上线后的用户需求挖掘

在产品开发后，用户需求挖掘的渠道包括搜索记录和用户行径、收集用户日志和用户数据以及获取用户反馈。

（1）搜索记录和用户行径。产品上线后，用户的搜索记录和用户行径是分析用户需求的一个重要来源。用户在搜索过程中提及的关键词，比如在婚恋产品中，如果搜索词中"35 岁以上""北京户口"的搜索频率很高，那么我们就可以知道用户对婚恋对象的筛选有需求，那么我们在产品中就可以考虑加入"信息筛选"这个功能。另一个是用户行径，哪个功能是用户的重度使用功能，哪个功能的使用率不高，哪个功能让用户在中途的放弃率最高，都是需求分析中的重要数据。

（2）收集用户日志和用户数据。如果拥有大量的用户日志和用户数据，那么要好好地利用这笔难得的资源。选择一个用户 ID 抓取相关数据，很快就能获得这个用户的完整访问和操作轨迹，分析用户的操作行为，设身处地理解用户的心情和处境，从而理解自己在产品和运营中是不是有不合适或不妥当的地方，真正把自己代入用户的体验中，理解用户的不满和挣扎，以及用户在使用中的困惑和障碍。

（3）获取用户反馈。产品经理可以在产品上线后通过各种渠道获取尽可能多的用户反馈，或者邀请用户面对面进行产品评测。通过用户反馈了解产品还没有满足的需求以及产品中的伪需求，这是改进产品体验最直接、最有效的方式。

3.3.3 提高用户体验

1. 用户体验的概念

俗话说，"产品始于需求，立于价值，久于体验"。用户体验（User Experience，简称UE/UX）是一种在用户使用产品过程中建立起来的纯主观的感受，是人们在使用一个产品、系统或服务时的预期和反应，涉及人在使用过程中的行为、态度与情绪，如产品的实用性、易用性和效率。用户体验是动态的，会随着不断变化的产品功能和用户对产品使用的不断加深而变化。

随着互联网的发展，企业也越来越重视用户体验，但什么才是用户体验？很多人把用户体验归纳为"满足用户需求、超出用户预期、完善用户细节、提升服务质量、简化互动流程"等，但这些仅仅是用户体验中的微观价值，如果单看其中任何一点，都无法满足用户的需求。用户体验应该是整体体验，即环境体验，也可以看成我们常说的场景体验。如果用户在某个场景会自然而然地使用某个产品，那就说明该产品已经成为用户不可缺少的一部分，这才是我们所说的用户痛点。

2. 用户体验的到底是什么？

任何一款产品都具有多重价值，而不是单一价值。我们习惯性地认为手机就是手机，衣服就是衣服，其实不然。在我们购买手机、购买衣服时也会挑选品牌和服务质量，而这就是除物品本身以外人们会重点考量的因素。

用户体验本身是一个很庞杂繁复的系统，用户对整个使用过程中的预期和反应（情感和生物反应）构成了整个用户体验系统。但其中又包含了很多分支，比如人的经验系统和使用场景决定了产品的预期、人在感知和体验中决定了人的行为等（图 3 - 13）。

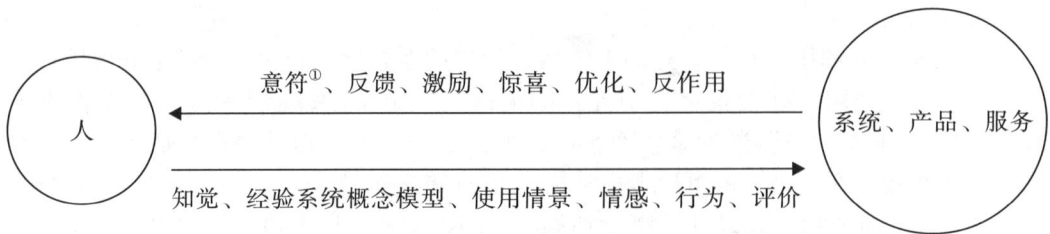

意符[1]、反馈、激励、惊喜、优化、反作用

人 ← → 系统、产品、服务

知觉、经验系统概念模型、使用情景、情感、行为、评价

图 3 - 13　用户体验概念[1]

---

[1] 意符是一种提示，告诉用户可以采取什么行为，以及应该如何操作。

因此，用户体验不单是体验产品，还有产品背后的一系列价值以及与用户产生情感共鸣的部分。用户对产品的体验可以归纳为以下五点：

（1）视觉设计。没有人会拒绝好看的东西，这是人对美好事物作出的本能反应。十几年前，淘宝还是一个人人不懂设计，随便上传几张图片就可以开店的电商平台。而现在的淘宝店家都会专门聘请设计师或设计公司为店铺和产品进行美化。产品图片足够好看，消费者才可能产生足够的购买欲望。

（2）听觉体验。听觉是人重要的感官体验之一，我们可以通过各种声音感受其中的情绪和氛围。欢快的音乐能让人感受到热闹；舒缓的音乐能让人感受到轻松和自在；而跌宕起伏的音乐则能带来紧张和刺激。以短视频为例，不难发现，抖音、快手等平台上的短视频内容通常都会配上与场景和情感表达相适应的音乐。试想一下，如果短视频缺少音乐，带给人的效果是不是会差很多？所以听觉上的享受也很重要。

（3）故事感。我们从小就喜欢听各种各样的故事，故事的神奇之处在于能够让人产生联想，或者产生情感共鸣。比如当我们聊起褚橙，它便不再只是平时常见的一种水果，而是会让人自然而然地想起 85 岁老人褚时健的励志故事。

（4）交互。交互就是通过交流互动增进彼此间的感情。当我们在点击 App 页面上的按钮和文字时，不注重用户体验的 App 一般只会做简单生硬的跳转，而注重体验的 App 则会根据用户的指令做出有趣的反馈，提升互动感，从而增强用户体验。

自从二维码开始普及，便出现了越来越多的互联网餐厅。这种餐厅的模式是让顾客自主扫描餐桌上的二维码进行点餐，点餐过程中和餐厅服务员完全没有交流。这种自助点餐的方式虽然在一定程度上方便了顾客，但也减少了顾客和面带微笑的服务员之间的交流，未免会让人觉得有些冷清和失落。

（5）售后服务。售后服务是商品在出售以后所提供的服务，既是一种促销手段，也是一种用户体验。商品出售后难免会出现各种各样的问题，而商品问题并不是用户能够解决的，一个好的售后服务能够让用户获得良好的购买体验。比如我们在网上购买了一件衣服，但收货时发现尺码不合适。倘若卖家无法及时提供退换货的具体要求和地址，则会影响用户的购买体验，从而可能影响用户后续的消费选择。

3. 好的用户体验应具备的四大要素

（1）控制感。就是让用户做自己想做的事情。这个问题就好比目前 Web 页面大多数弹窗都有确认键或者取消键，但页面右上角依然保留了关闭按钮。这是因为在多年的使用习惯下，用户心智已经建立，习惯了点击关闭按钮来结束当前页面。即使这个按钮可能是多余的，但保留它才会让用户有好的体验。因为无感知的用户体验才是好的用户体验，而无感知体验的背后就是用户拥有绝对的控制权。

（2）归属感。什么是归属感？抽象地说是一种意识形态上的认同感，是一种精神认同与精神依赖。这种认同感体现在产品上，就是一个人的意识、喜好与信仰在产品本身或者在使用产品的过程中得到释放与寄存。一个好的用户体验能让用户的爱得到寄存，让用户找到心灵栖息的地方。即使这种归属感可能是无感知的，但它的确存在。

（3）惊喜感。惊喜感的本质就是对体验的一种奖励机制，《上瘾》这本书中提到，让用户在不知不觉中依赖上产品的一个有效机制就是即时反馈机制，也就是对用户的某一步或者每一步操作都提供正向的反馈。惊喜感的第二层理解就是产品能在不经意的某一步超出用户的心理预期，触达用户心里最柔软的地方。根据峰终定律，人们只会记得某一个过程的巅峰时刻，而这个巅峰时刻就是超出用户预期的时刻，也代表了绝佳的用户体验。

（4）沉浸感。抖音在产品设计上最值得学习的一点就是提供了一个让用户完全沉浸的操作：只需要简单地向上滑动，用户就能得到及时的反馈——自动播放下一个短视频。在这种操作下，用户看不到状态栏，也看不到时间，只是带着沉浸感一次次地向上滑。这种沉浸感就是一种好的用户体验。

4. 提高用户体验的策略

（1）不断进行产品升级。据腾讯用户研究与体验设计中心介绍，自 2003 年起，腾讯的产品大多一月一个版本。虽然每个新版本可能都有或多或少的缺陷，但好处是市场反应速度快，能迅速把握用户需求。与传统媒体相比，新媒体的优化并不复杂，通过技术升级、完善补丁的渐近方式即可完成。比如《经济学人》的苹果应用程序，在半年多的时间里陆续通过增加音频播放功能、改进页面呈现方式以提升用户体验，同时释放出自己不断求新求变的信号，有效提升了用户和市场对这家媒体的信心。反观国内，现在大多数媒体在产品设计方面重开发轻维护、重大改轻小补，不妨借鉴国外同行的经验转换思路，做到平衡发展。

（2）加强多平台融合。新媒体时代的用户体验是复合式的，包括网站、移动终端、传统纸媒等多种渠道。如果能加强不同媒介间的相互合作，互为补充，将能照顾到更加多样化的体验需求。举例来说，《金融时报》和《经济学人》目前都在推行多版本一体化策略，用户既可以通过传统方式在邮局订阅，也可以凭借邮箱登录网站订阅，或者下载安装应用程序订阅。根据所选订阅方式及缴纳费用的不同，用户可在纸质报刊、网络版和手机版之间自由切换，选择全部功能或部分功能满足自己的实际需求。

（3）集中资源打造核心竞争力。以 Facebook 为例，它既不做游戏也不做广告，而是与 Zynaga 等大型游戏厂商开发者和中小企业广告主合作，提供平台参与分成。在降低风险、获取收益的同时，将更多精力集中到其核心的 SNS 业务上。对新闻媒体来说，其核心业务就是新闻信息产品。比如在网站建设方面，提供更简洁专业的新闻展示页面，更多有力度的报道、更贴心的交互体验；在客户端建设方面，丰富产品的功能，缩短用户获取产品的路径，使用户能够通过更简洁的方式完成订阅。

（4）以个体为对象，加强用户识别意识。各大新媒体平台之所以建议用户登录账号后再使用，很大程度是为了聚合用户的使用习惯。这样一来，平台一方面可以为用户提供更精准的产品及服务，节省用户的时间和精力，优化用户体验；另一方面，也为自己赢得更多广告主的青睐打下基础。

目前，国内新闻机构往往更关注批量用户的开发，比如通过自上而下的方式将某个行业或某个单位集体纳入。这种推广模式的特点是用户的绝对数量在短期内增长快、规模效益明显，但是从某种程度上来看并不符合市场化的发展规律，难以精耕细作，在可持续增长方面有所欠缺。在数据技术日新月异的今天，或许分散的个体才是未来汇聚成强大市场的基础。

3.4　新媒体用户如何留存

用户黏性是指用户对某一平台的使用频率和依赖程度，它决定用户的留存。用户黏性一般以用户的访问频率和访问时长作为评价指标。那么，影响用户留存有哪些因素？又该采用什么办法来增加用户黏性呢？这是下面要讲的。

3.4.1　增加用户黏性的影响因素

1. 平台提供的内容

提供有价值的产品或服务是每个网站的核心功能，差异化的产品和服务可以构建产品的核心竞争力。博客提供广泛的信息来源和观点分享，社交网站提供人际关系在互联网上的延伸和拓展，图片和视频网站允许用户上传和分享自己的图像及视频，这些平台提供的产品或服务是极具个性化的，且不可被其他类型的网站所取代的。因此，只有提供了对用户有用的产品或服务，才会建立起用户黏性。具体来说，可以分为以下三点：

（1）内容的深度。内容的深度和用户黏性呈正相关。以购物平台为例，销售商品的数量越多，商品的描述信息越详尽，购物指南越完善，买家的用户黏度就越容易增加。一个提高内容深度的办法是为平台用户提供第三方相对客观的评论和信息。例如，在智行网上购买机票时，会同时显示携程、去哪儿网、飞猪网上的价格，使得用户觉得在智行网站上购买的是最优惠的机票。

（2）内容的宽度。内容的宽度同样也和用户黏度呈正相关。电子商务交易平台在买家支付时提供的多种可选的银行、购买成功后提供的商品物流配送信息等，都增加了平台内容的宽度，可以为用户提供更加便捷的服务，从而提高产品体验，提升用户黏性。

（3）更新的频率。以电子商务交易平台为例，平台提供的服务除了商品交易信息外，还可以包括一些购物指南、流行趋势以及一些专业领域的知识普及（如摄影器材的介绍、母婴保健知识）。这些信息的更新频率也是吸引买家再次访问交易网站的影响因素之一。

2. 用户信誉积累

对于电商平台的用户来说，平台上买方和卖方的信誉积累是影响彼此之间黏度的最大因素。绝大多数人在进行网购时都会查看商品及店铺的好评度，但由于我国目前还没有较为权威的个人信用评价和管理机构，因此各个网站一般都对自有用户进行独立管理。同时，由于不同平台的评价和管理体系各不相同，平台与平台之间很难做到信用的共享，这就造成了"信用孤岛"。

3. 社区的力量

社区的力量首先体现在每个用户在社区中拥有虚拟身份。用户想要在虚拟社区中活动，就必须注册一个账号，这个账号便是用户的虚拟身份，虚拟社区的用户之间的黏度就是建立在这个账号的基础上的。在很多论坛里，有许多账号 ID 甚至比现实生活中的用户本人更有号召力。比如小红书上人们都会被很多博主种草，其内在原因就是基于人们对这个账号ID的认同。卖家在虚拟社区中积累的影响力可以大大降低买家在购买决策时的感知风险，从而提高成交的可能性。

其次，体现在用户之间的在线友谊。社区之所以能够吸引用户，在很大程度上是因为社区提供了一个因趣缘而结识朋友的场所，拥有相同兴趣爱好的人可以在社区上交流，久而久之，用户便会在社区上找到归属感。蜂鸟网是一家在线销售摄影器材的B2C电子商务网站，其通过在论坛上为客户解答摄影器材和摄影技术问题，将一大批摄影爱好者聚集于此，在一定程度上增加了用户对平台的黏度。

最后，是社区用户的线下活动。随着人们不断地在线上交流，用户与用户之间的友谊也在不断加深。除了虚拟的交流方式外，用户还渴望通过线下活动实现面对面的沟通。如果平台能够定期组织一些线下活动，将对增加用户黏性有积极的作用。例如淘宝的"淘宝大学"就会定期在全国各地组织卖家进行线下培训活动，既能提高卖家的在线销售技能，又能为同一地区的卖家提供一个良好的线下交流机会。

4. 辅助工具的影响

每个平台都会嵌入不同的第三方以提升产品功能，消费者选择在某个平台进行交易时，就必须使用该平台提供的这些工具，而工具的使用范围和流行程度也会影响用户黏度。

（1）第三方支付工具。目前我国的第三方支付工具约有11种，其中支付宝、财付通、银联电子支付依托各自的资源和实力占据了市场的主要份额。用户在进行在线支付时，面临着一个安全风险的感知预期。为保护用户的交易账户安全，交易平台提供了各种类型的安全保障方法，包括但不限于银行卡认证、数字证书和身份认证。这些措施的采取，一方面可以增加用户的交易安全，另一方面也减少了其转移交易平台的成本。同时，由于支付工具和电子商务交易平台的紧密耦合性，用户对第三方支付工具的黏度在很大程度上影响了其对电子商务交易平台的黏度。

（2）通信工具。腾讯的微店等各种购物小程序之所以能够迅速崛起，其中的一个重要原因就是依靠腾讯自身的通信工具——QQ的力量。QQ在我国在线即时通信领域一直占据领先地位，经过多年的积累，其活跃用户约有2.3亿。使用QQ的用户无须安装其他软件，通过对方的QQ号码就可以直接进行交易。用户群体对其通信工具的黏度影响着对电子商务交易平台的黏度。

5. 其他因素

首先，在品牌方面，大家都较多的习惯在品牌旗舰店购买商品，品牌影响力对买家感知风险的降低有着积极的作用。其次是隐私的保护。就目前我国的电子商务发展水平而言，消费者选择在线交易模式更多考虑的是相对于线下购买的价格优势。随着经济水平的不断发展和在线交易模式的不断完善，如何更好地保护在线交易用户的隐私也将成为影响交易平台用户黏度的因素之一。目前，许多交易平台已经意识到这一点。例如当用户购买商品时，可以选择匿名购买。最后是激励制度。在目前的交易平台上，买家进行消费时也向卖家一样会积累信誉评价。对于卖家而言，信誉积累是对商品质量和服务的保证，也是卖家的核心竞争力。而对于买家而言，信誉积累基本上没有太多的意义，因为几乎没有卖家会因为买家的信誉度低而选择中止交易。因此，针对买家的激励制度是增加交易平台用户黏度的一个积极因素。

3.4.2　用户留存的 9 种策略

在互联网中，路人指的是浅层次接触的用户，他们可能只是关注了企业微信公众号、转发过企业活动，也有可能关注后从没看过公众号里的文章。路人有助于提升企业的品牌知名度，但无法产生实际的运营价值。有效运营价值来自深度接触的用户，也称为忠粉。深度接触的用户不仅会关注企业账号或浏览企业文章，更会加入企业社群，参与企业活动，甚至推荐给身边好友。

获取一个新用户的成本往往高于挽留一个老用户，因此新媒体运营者必须提升用户活跃度、降低用户流失率，想方设法将路人变为忠粉。常用的策略包括 9 种，即内容、活动、资源、社群、功能、积分、奖励、投入和提醒。

1. 内容

内容是最稳妥的促活方式。好的内容会让用户从接触账号时的"随便看看"转变为"求更新"，完成活跃度的初始积累。通过内容增加用户活跃度不是偶尔刻意为之，而是需要新媒体运营者持续地发出高质量的内容。

今日头条之所以能在短短几年内迅速扩张，与它的算法推荐技术有着很大的关系。通过追踪用户的网络行为，如点击的页面内容、页面的停留时长等，运用大数据和算法技术推算出用户可能喜欢的内容，进行精准推送。正是在这样的技术加持下，用户会觉得今日头条越来越了解自己，从而加深对平台的归属感。

而头条搜索也完美地呈现了字节跳动搭建的内容矩阵有多么强大。搜索结果中的短视频内容来自抖音短视频和头条视频，问答内容来自悟空问答，UGC 来自微头条，资讯来自头条文章，车辆信息来自懂车帝，图片、音乐则来自全网搜索。由此可见，字节跳动旗下产品的演进路径大致如下：内容上从分发到生产，类型上从聚合到垂直，传播介质上从文本、图片到短视频、视频。以内容为例，第一步是爬取各个信息源，不做内容的生产者，只做内容的"搬运工"；第二步是解决内容版权的问题，采取合作或者购买版权的方式；第三步则开始独立生产内容。如今，"内容为王"这句话似乎依旧有它的道理，与其爬取别人的信息，不如自己创造信息，从而创造更多可能。根据 2019 年的数据显示，头条共有 160 万头条号创作者，共发布 4.5 亿条内容，同时字节跳动的其他产品（图 3-14）也有非常多的 UGC 和 PGC 产出。

图 3 – 14　**字节跳动产品全景**（图片来源：人人都是产品经理）

2. 活动

运营者可以定期策划与组织企业新媒体活动，通过富有创意的活动吸引用户参与，提升用户活跃度。例如借助法定节假日或自创节日组织全平台的活动，较典型的主要有天猫"双十一"、京东"618"、聚美优品"美妆节"、网易云课堂"全民充电节"、喜马拉雅"123 知识狂欢节"等。

3. 资源

运营者可以在部分新媒体平台上分享学习资料、成长工具、工作素材等资源并引导用户下载，用资源促活。以微博为例，最常见的方法就是当转发超过一定数量时便将全部资源打包发送给用户。

4. 社群

现阶段新的公众号、富有创意的新媒体产品层出不穷，即使新媒体运营者每天推送有用又有趣的文章，用户的热情仍然有可能随着关注时间的增加而逐渐减弱。新媒体运营者可以尝试组建用户社群，将企业与用户的关系从冰冷的"账号对人"变为带有温度的"人对人"。

5. 功能

微信之所以能够成为中国最大的社交软件，坐拥 7 亿日活跃用户数，与其枝繁叶茂的生态体系有着很大关系。微信通过不断开发各种新功能，已然打造出了一个信息服务平台（图 3 – 15）。

同时，用户对不同互联网产品的使用频率各有不同。像微信、QQ、微博就属于高频产品，用户打开次数较多；而滴滴出行、高德地图这类产品则属于低频产品，一般在特定的场景如打车、导航时才会打开。

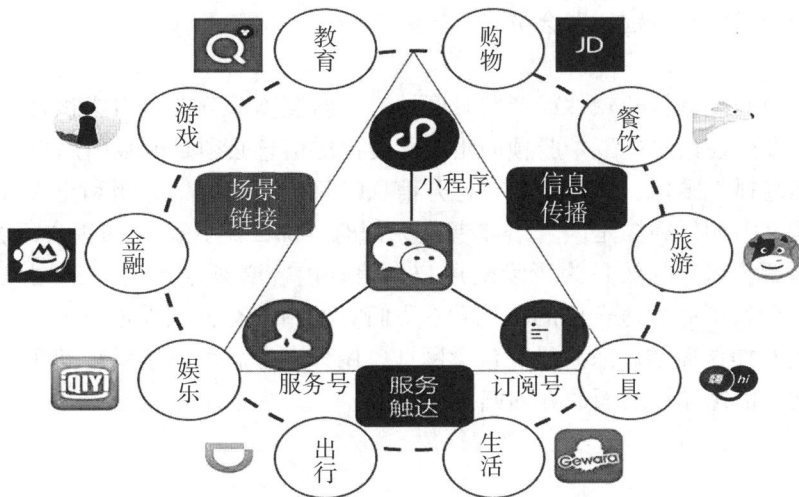

图 3 – 15　微信公众平台生态（图片来源：Talking Data）

低频产品想要提升用户活跃度，可以尝试增加高频功能，从而增加用户的在线时长或打开频次。例如智联招聘是一家人力资源服务机构，其开发的手机软件"智联招聘"的主要功能是职位搜索和简历投递。对多数职场人而言，更换工作只是阶段性的，当用户找到新工作后，打开智联招聘软件的频次便会大幅降低。为提升用户活跃度，智联招聘在已有的求职功能基础上增加了"智联小秘书""发现""行业问答"等功能。"智联小秘书"每天推送与职场相关的文章；"发现"聚合了优秀 HR 的经验分享以及职场测试功能；"行业问答"实现了同行之间的交流与互助。增加了高频场景下的功能后，用户不再是"只有找工作才用智联招聘"，日常也会打开 App 浏览行业经验、学习职场技能。

6. 积分

新媒体运营者可以参考 RFM 模型设计对应的用户层级并设置相应的积分体系，每个用户层级享受不同的待遇。例如，滴滴出行将会员分为"普通会员""皓银会员""焕金会员"三大类，每一类可以享受不同的福袋、抢兑、折扣等福利，用户必须保持一定的活跃度才能升为下一级别。

7. 奖励

积分体系完成的是精神层面的奖励，满足用户的尊贵感。新媒体运营者也可以设置物质奖励，进一步提升用户活跃度。例如，百度知道用"财富值"代表用户积分，拥有一定财富值后，用户可以进入"知道商城"兑换抱枕、积木、书籍等。

8. 投入

以线下饭店为例，如果消费者提前预订并且缴纳定金，往往不会轻易取消预订；但如果只是电话预约，则很有可能出于各种原因取消预定。同样，新媒体用户往往对已经付出了时间或资金的产品会更加忠诚，因为人们通常不愿轻易放弃"沉没成本"。新媒体运营者在进行用户管理时，也可以引导用户进行适当投入，降低流失率。例如腾讯 QQ 的"Q等级"就进行了时间与资金的双向引导，在 Q 等级后注明"××天后升级"，提醒用户持续登录以获得更高的等级；另一方面，通过柱状图让用户直观地看到不同付费用户的加速比例，引导用户成为高级别付费会员。

9. 提醒

当用户长时间没有打开软件或者登录网站时，新媒体运营者可以尝试推送提醒，引导其尽快打开。要想在诸多提醒中脱颖而出，此类提醒信息必须足够吸引用户。

首先是信息抓人眼球。用户在没有打开信息时只能看到信息标题和正文部分的前二十几个字，这些文字如果纯粹是广告语或者毫无创意，那么绝大部分的用户不会打开来看。其次是内容强调价值。既然是为了唤醒用户，信息内容必须准确地表述用户回归后的价值，如"我们新增了一款适合你的功能""我们对老用户有福利发放""今天有免费优惠券"等。最后是操作简洁。信息最好包含网址，用户点击后可直接跳转到相关页面，否则用户很有可能会因操作烦琐而放弃回归。

3.5 新媒体用户如何增长

用户增长就是，通过分析用户的痛点，利用产品、渠道、内容、技术等方式实现用户的拉新、促活、留存、变现。用户增长与推广主要包含以下几种方式：

3.5.1 基于内容的用户增长与推广

用户运营最重要的一个环节就是用户增长，有足够的用户才能保证后续的顺利运营。用户增长是指以始为终，利用一切资源让更多用户更高频率地使用核心产品功能。在获客成本越来越高的今天，用户增长是不少企业关心的重点。基于内容铺设带来的用户增长，其背后的逻辑是这样的：很多人在突然产生了某个问题时，通常都会通过搜索引擎、知乎、百度文库、其他垂直社区等渠道来进行搜索查找。

这个时候，要是对方查找到的大量信息都与你有关，那对方天然就会对你产生更强的信赖感，从而有更高的概率转化成为你的用户。比如，在 2015 年的时候互联网人的在线大学《三节课》刚刚起步，但到了 2017 年年初，知乎上很多跟产品和运营有关的问题下面，或者是通过搜索引擎一搜跟产品和运营相关的很多话题，都能看到三节课的相关文章或回答，而且质量都还不差，这个时候用户更有可能直接被转化成为三节课的用户了。

所以，这就是内容铺设的意义，要做好内容铺设，需要定位好精准的内容渠道，通过发帖、发稿等形式来让你的相关内容出现在对应渠道上，并能够在用户搜索时占据更高的权重（比如在知乎获得更多的赞）。当然，基于内容的用户增长，短期内不见得能带来立竿见影的效果，但长期来说，可能会给你带来巨大的回报。

3.5.2　基于其他的用户增长

1. 通过私域流量带来用户增长

私域流量是相对于公域流量而言的概念，简单来说是指不用付费就可以在任意时间、任意频次直接触达用户的渠道，比如自媒体、用户群、微信号等，也就是 KOC（关键意见消费者）可辐射到的圈层，是一个社交电商领域的概念。

根据定义可以看出，所谓私域流量类似自媒体，就是借助各大内容分享平台及社交媒体打造官方账号，通过平台能力触达粉丝，将用户转化为产品的用户。私域流量的载体一般为公众号、微信群、QQ 群、个人公众号、独立 App。

私域流量有三大优点：①流量可控：私域流量可将平台的用户沉淀为自己的用户，后续针对用户的服务或者换量才有可能发生。②性价比高：一般在各大流量平台获得曝光是要付费的。③用户深入运营：用户引入私域流量后，可以将用户精细化运营，有更多的时间和机会将用户引导转化。

2. 依靠第三方渠道推广或广告投放带来的用户增长

所谓第三方渠道，就是指除了你自有的渠道之外的其他所有渠道。比如用户找微博大号、微信大号发推广文，用户要在百度投关键词广告，用户要投放腾讯广点通或朋友圈广告等，这些都可以被称为"第三方渠道推广"。

要做好第三方渠道的推广，需要考虑到：

（1）第三方渠道上的信息展示规则是怎样的，如何能够让你的推广信息被展示到这个渠道中。比如说，你要是在论坛做推广，自己去发帖就可以了，但要是想在某个应用商店让人找到、看到你的 App，可能你就需要去提交应用的上架申请并通过审核。

（2）是否能够利用规则本身，通过你自己的某些行动来加强你的信息在该渠道中的曝光量，或者让你的信息展示变得更精准。简单来说，每个渠道都会有自己的信息展示规则，一定存在一个"符合××条件即可在该渠道下获得更多展示曝光量"的逻辑。比如，豆瓣小组和论坛，顶你的帖子越多，或者你的帖子被管理员置顶加精了，这个内容的曝光量就会更大；而在百度这样的地方，有可能是花钱买了更多的关键词，关键词排名更高，你获得的曝光量会更大，包括你选择购买什么样的关键词，选择什么时段、哪些地区来完成你的投放，都会影响到投放精准度。

这里可以针对付费推广的两类常见方式做一下简单介绍，供大家参考。

（1）媒介购买式推广。基本逻辑是购买某个渠道的某个媒介资源，比如说一个广告展示的时间、一份报纸的头条广告、一篇微博推文、一篇微信推文等这些媒介资源，买完后怎么用基本上是你自己说了算（某些渠道对于广告内容可能也会有些要求，比如部分微信微博大 V），但渠道方本身不会对效果负责。

（2）效果类广告。这类广告的基本逻辑是——广告主按照效果付费，不过付费标准也有很多，比如有 CPM（按照每千次广告展示付费）、CPC/CPA（按照点击/用户特定用户行为如安装等来付费）、CPS（按照成功完成购买次数来付费）等各种方式。效果类广告，在广点通这样的平台或其他线上广告联盟中比较常见，对于很多需要较大规模用户增长的产品来说，这样的广告推广方式是更值得考虑的。

3. 通过营销活动带来用户增长

营销活动的目的是以目标为前提的情况下，激发核心用户的参与积极性。采用营销活动带来用户增长要注意以下几点：①物质激励法：以物质奖励为刺激点，激励用户参与和完成某个特定的行为的意愿，要注意激励奖品，一定是要对用户有价值的，而不是不痛不痒的奖品。②具有概率性（抽奖逻辑）：人性天生喜欢赌，憧憬自己的运气不会差，很多平台的营销活动背后的逻辑实际上都是抽奖逻辑，比如常见的集卡、砍价等。③营造稀缺感：用户对于充裕的东西无感，稀缺的东西往往能给用户带来强烈的刺激。④竞争意识：人性的需求包括求生、性冲动和渴望伟大，可以在活动的基础上加入一些竞争意味的内容。⑤利用炫耀、猎奇心理：好奇心、炫耀是人性的特点，在策划的活动中抓住用户的好奇心，更容易形成传播效应。⑥认同感：同理心，通过一系列的细节描述和内容刻画获得用户的认同，激发用户的某种强烈情绪。⑦被尊重、被重视：人是一种社会型动物，受人尊重，那是一种十分令人愉悦的交际关系，能让人精神上很满足，能增进自尊自信。⑧对比超值感：通过一系列对比，突出产品或者服务的超值感，帮助用户进行决策，比如视频的会员可以享受视频免广告服务、高清视频资源、会员专属内容等。

4. 通过品牌效应带来用户增长

品牌效应是指由品牌为企业带来效应，它是商业社会中企业价值的延续。

在当前品牌先导商业模式中，品牌效应意味着商品定位、经营模式、消费族群和利润回报。

树立企业品牌需要企业有很强的资源统合能力，将企业本质一面通过品牌展示给世人。广告、日常行销、售后服务对品牌效应的树立都有直接影响。

因为品牌的这种效应的背后是给用户带来舒适的体验，因此会有长期经营而沉淀下来的一定的粉丝群。这部分用户对于品牌具有好感，是品牌的核心用户，通过品牌效应可快速地将该部分用户转化。如我们所熟知的"米粉"和"果粉"。

3.6　实训与复习

实践训练

为了更好地理解用户运营的概念，并掌握相关的基础知识，下面我们将通过一系列实践训练来进行练习。

【实训目标】

（1）了解新媒体用户的定义和用户思维。

（2）掌握新媒体用户运营体系的建构。

（3）了解触达种子用户的方法，分析用户行为、挖掘用户需求、提高用户体验。

（4）掌握新媒体用户留存以及用户增长与推广策略。

【实训内容】

（1）对一个新媒体账号进行调研，分析其用户运营的策略。

（2）对比两个短视频 App，对其用户运营体系、用户画像和用户行为进行分析。

一、做一个用户调查（应用网络调查软件）

和平面设计需要 PS 软件、工程人员需要测绘仪器一样，想要做好互联网市场、运营，也需要掌握一些工具的使用方法。在这些工具的帮助下，你会快速地获取信息，更好地判断你接下来的运营方案是否可行。

问卷调查作为收集信息和意见的重要手段，在日常工作和学习中非常普遍。在国内通常使用问卷星，问卷链接稳定，统计方便，可满足正常需求。其主要应用场景有：市场调研、用户服务满意度调研、员工满意度调研、产品调研、课程调研、创意调研、用户信息收集等。问题一般有几个类型：用户、行为、产品、态度等。

·用户类：描述用户属性，方便我们了解用户群体。比如：职业、性别等。

·行为类：了解用户具体的行为、操作或者场景。比如：了解渠道、使用产品的目的等。

·产品类：了解用户使用自己的产品或者竞品的情况。比如：使用过什么类似产品、使用反馈。

·态度类：用户对产品的个人看法。比如：评价、好感、想要的功能；尽量避免提一些无法判断、没头没尾的问题，一方面对优化产品没有帮助，另一方面会降低用户的期望。

量表问卷，要求比调查问卷制作更为严谨，由专业人员根据量表设计规范和经典模型，绘制问卷测量表，其结果更具分析和参考价值，是一种专业的测量工具。量表应用场景非常广泛：针对用户某一特性、习惯、能力、态度、行为等进行问卷测评，都属于量表问卷范畴。

二、基于用户增长与推广的数据检索（应用第三方数据平台）

各个平台指数工具是以该平台用户行为作为数据基础，可在平台上研究关键词搜索趋势，用以洞察用户需求，并定位受众特征。一般常见的有百度工具的百度指数、今日头条的头条指数、微博的微指数、淘宝相关的阿里指数等。

可以通过热度趋势理解用户需求、了解关键词搜索的人群属性，需求分析、相关排行、用户画像、地域、相关搜索词都能够进行查询。

> **课后复习**

思考题

（1）如何验证用户模型是否可靠？

（2）同一篇文章或视频发在小红书和微信公众号上，用户行为会有怎样的差异？

（3）假设一个电商平台上的销售产品种类达到 100 种，试分析该选择怎样的商品进行营销推广？并说明理由。

第 4 章

新媒体内容运营

【学习目标】
- 了解新媒体内容运营的相关概念
- 了解新媒体内容运营的核心环节
- 了解 MCN 新内容革命和内容 IP 开发
- 掌握各类新媒体内容运营

【引导案例】

2020 年 3 月，K 董团队联合《人民日报》精心制作了长卷漫画《中国抗疫图鉴》，致敬我国在抗击疫情中涌现的可歌可泣的人物和故事。完整版《中国抗疫图鉴》长卷总长度1 480 厘米。团队在前期做了大量资料收集工作，整理了 100 多例典型人物故事，超过8 000张新闻图片，通过层层筛选，挑出新闻最终呈现在长卷上的画面。

《中国抗疫图鉴》一经发布，便在互联网形成刷屏之势。截至 2020 年 10 月 1 日，《中国抗疫图鉴》全网阅读量破10 亿，被"共青团中央""中国新闻网""科普中国""中国教育报"等 4 000 多家媒体转载，收获千万网友的点赞。

【本章要点】

新媒体内容的概念　新媒体内容运营构成　各类新媒体内容运营

4.1 新媒体内容运营概述

新媒体运营工作中最重要的是做内容运营，也就是"内容为王"。只有精品和优质的内容，才能吸引用户，更好地为用户服务。可以说新媒体运营是以内容来驱动的，而内容运营又以服务来驱动。

4.1.1 何为新媒体内容运营

1. 新媒体内容运营的含义

谈到新媒体内容运营，首先要清楚这里的内容是指什么。内容的定义有很多种，一般来说内容是指事物所包含的本质和意义，是相对形式而言的。新媒体内容是指由新媒体生产或传播的新闻、知识、娱乐等各种信息，比如今日头条上的新闻资讯、抖音上的娱乐类短视频内容、知乎上的知识类信息等。再比如说新媒体内容的形式的载体有图片、文字、音视频等。新媒体内容与形式的关系是相辅相成，不可分割的。内容是形式的主导，形式是内容的载体。新媒体内容运营不只是内容生产，还有内容传播、消费和经营，新媒体内容运营就是通过运营者的运作实现这些内容的传播价值和市场价值最大化。

2. 新媒体内容类型

为了让新媒体内容生产更专业，内容运营更集中且容易定位，可以根据不同的用户需求进行内容分类。新媒体内容分类对新媒体内容运营起到举足轻重的作用，新媒体运营者可以根据不同类别的内容进行生产、传播和经营管理，进而强化服务的针对性并提升内容的传播力。内容按其属性进行分类，大的类别下还可以细分，新媒体内容主要分为以下五大类：

（1）新闻资讯类。这类内容是新媒体上最有影响力的内容，主要有三种存在形式，一种是内容聚合平台上的新闻频道，如今日头条上的要闻等；一种是新闻类 App，如网易新闻、澎湃新闻等，不过这里面也有非新闻的内容；一种是在各大平台上的新闻类账号，如抖音平台上的央视新闻、四川观察等。在我国，新闻监管相较其他内容更严。

（2）生活服务类。这类内容丰富多样，形成各种细分领域。主要有两种存在形式，一种是在内容平台上可以根据用户兴趣划分为不同的频道，如美食、生活、旅游、收藏等，这里面的内容大多是由自媒体提供的，即 UGC，比如美食类的"品城记"、时尚类的"黎贝卡的异想世界"等。另一种是各个垂直领域的 App，如大众点评、携程等。这类内容运营竞争十分激烈，但也要有底线，遵守法规。

（3）娱乐类。这类形式以网络视频为主，内容以影视产品为主，长视频有爱奇艺、腾讯、优酷三大视频网站，短视频有抖音和快手两大平台，此外，还有 B 站、央视频等。就生产方式而言，长视频和央视频是 PGC，并开启付费模式；抖音、快手和 B 站是 UGC 或PGC。娱乐类以影视内容为主，内容来源主要有两方面：一方面是把传统影视公司生产的内容放到新媒体上；另一方面是由互联网公司专为新媒体生产的内容，如网络综艺、网络大电影。此外，还有大量图文形式的娱乐资讯和影视评论，如豆瓣。

（4）知识教育类。这类内容是近几年发展比较快的，在线教育几乎遍及所有行业。既有像知乎那样的知识类网站，也有存在于各大平台的知识教育内容，运营模式五花八门，有免费的也有付费的，有线上线下结合的，近年来短视频和直播成为其最主要的运营模式。

（5）政务类。这类内容主要是提供政府信息，一般由各级政府和传统主流媒体合作来提供，但政务新媒体不进行商业运营。政务内容运营模式分两种，一种是自建政务新媒体平台，如南方报业传媒集团的"南方＋"客户端。一种是入驻各大平台的政务号，如今"两微一端"成为政务新媒体的标配，随着短视频的兴起，政务新媒体也纷纷入驻抖音平台，"两微一端"变成了"两微一抖"。

4.1.2　新媒体内容分发

内容分发是通过平台和算法做内容推送，也叫内容分发。内容分发，是通过数据分析为用户提供个性化内容推荐，即由机器了解你的兴趣爱好，利用算法推荐来推送内容。推送是指内容的直接投放，这是一种面对点（多对一）的精准传播。内容分发就是我们要去想如何把你的内容呈现在读者面前，所谓"酒香也怕巷子深"。内容分发有两个主体，一是平台，对于平台来说数据很重要，因为算法是建立在用户数据之上的。二是平台使用者，对于他们而言熟悉和利用算法很重要。另外，内容分发一般指聚合类内容平台，如头条、抖音等，内容分发是一个技术质量很高的工作，不是简单地把内容放在网上，而是不同平台采取不同策略，不同终端采取不同方式。如何做好内容分发？内容分发需要从三个方面着力：平台推送、数据分析、把握时机。

1. **平台推送**

没有足够广的分发传播渠道，再好的内容也不可能迅速地转化。比如抖音的算法推荐＋人工识别的内容分发形式进一步优化了用户与内容之间的连接，你在抖音上喜欢看萌宠的短视频，平台就会记忆，然后优先推送相关的短视频内容。又比如你写了一篇知识教育类的文章，你可以把这篇文章推送到各大平台，微博、今日头条、知乎、UC头条、简书等。今日头条、UC头条、简书是根据系统的推送，比如一篇贴有互联网标签的文章，该标签下的用户就会看到你的文章——假如说某读者之前一直在看互联网相关的文章，那么这些平台在记忆他的阅读习惯之后，会优先向他推送相关文章。再比如说新闻，头条号与抖音的传播规律就大不一样，所以需要把握各个平台不同的传播规律，否则传播链可能会中断，事倍功半、得不偿失。

2. **数据分析**

数据分析可以帮助新媒体运营人员更好地了解用户，主要分为两种：一是通过不断地测试和分析内容数据，比如抖音上短视频的播放量、评论数、转发数、收藏量、点赞数等，在运营过程中及时调整方式方法，增加用户黏度；二是分析用户习惯，与粉丝加强互动，让粉丝感受到自己时刻被关注。比如抖音上某网络主播回复用户留言时，用户会惊呼

"没想到×××给我回复了"，运营者的亲和力会让用户关系保鲜。

3. **把握时机**

把握时机也就是所谓的"时机逻辑"，这种时机大致可分为三类：第一类是根据社会热点、重大事件组织相关内容生产并乘机而发；第二类是各种重要的节假日、周五晚到周日晚，这些都是用户有较多阅读兴趣和阅读时间的时候；第三类是根据用户阅读习惯选择内容发布时间，一般来说分别为：早上 8：00—9：00，中午 12：00—2：00，晚上8：00—10：00，当然，不同的平台略有不同。

内容生产与内容分发是一种什么样的关系呢？只有把内容做好才有分发的前提和基础。一般来说，好的内容会导致好的分发，但也不尽然。互联网时代是一个重新定义的时代，什么是好的内容？是媒体公认的精品，还是用户需求的内容？我们需要找到一个平衡点，我们需要重新界定内容的内涵与外延，我们需要认真研究内容与分发之间的关系。在新媒体语境下，内容是一个相对模糊的、集成的概念，是一个发展的过程。世界风云变幻，纷繁复杂的信息充斥在我们身边，各式各样的内容层出不穷，然而，内容的边界是模糊的，我们进入了一个泛内容的时代，而内容主客体的变化使得内容生产于传播之中。

分发的本质是连接，连接人，连接服务，连接设备。如何更好地连接？我们需要转变观念、转换思维，以互联网思维来改造传统的内容生产与传播。同时，充分利用人工智能、5G、区块链新技术的融合实现内容传播的创新，而内容分发不仅推动内容生产流程再造，而且推动媒介组织形态的变革，智媒时代的新兴媒体呼之欲出，时不我待。

4.1.3　内容定位与运营价值

网站（产品）中能够吸引用户并且延长用户停留时间、促进用户转化的展示均可称为内容。内容形式可能是文字、图片，也可能是视频、音频，或者是身体传播、肢体动作。而内容运营的至关重要的一步就是通过内容明确互联网产品的内容定位。

1. **内容定位**

内容定位就是说你究竟要做一个什么样的内容产品？做给谁看？当我们把重要的用户群体确定后，接下来就是确定为用户提供什么服务内容了。360 行每个行业各不相同，我们要根据不同的行业来设计与之匹配的内容，当然在设计内容前，我们首先要对自己的行业、自己的产品了如指掌，至少要对产品的特点、行业的特点了然于胸。当然，如果说你对到底如何设计服务内容仍然不清楚，那么最好的办法就是去了解你的竞争对手，其原则无非是"人无我有，人有我优"。从他们的自媒体平台中，你一定能看出一些对自己有利的东西，当然这是叫你去分析，而不是一味地模仿，一定要避开同质化的内容，不能人云亦云、墨守成规，模仿是毫无新意可言的。

内容发展总是在媒介变革之后的，内容的定位在新媒体内容运营中占据着举足轻重的地位，如今移动互联网的时代，人们所看到的内容形式不尽相同，无外乎三种：文字、图片或者音视频。如何做好内容定位？首先，内容要尽可能做到垂直，这样较易做深耕垂直领域；再者，通过内容标签化，让大家对内容的定位记忆犹新。

比如你要做一个公众号，你首先要明确做一个什么内容的公众号。旅游、美食、时尚还是健康，要有明确的内容标签。以微信公众号为例，定位是运营公众号的第一步也是最重要的一步。明确的定位就是当大家提起你的时候，知道你是做什么的，可以提供什么有价值的内容。在注意力经济的影响下，受到用户的青睐至关重要，他们通常只记住最简洁的信息，这个信息的载体就是品牌。而好的品牌是需要精准的定位和搞笑的营销才能发挥其作用的。例如，"凯叔讲故事"是国内最大的童年故事品牌，致力打造"快乐、成长、穿越"的儿童内容；"谭天论道"关注传媒界前沿动态，聚焦新媒体研究成果。

又如在抖音平台，你制作一条短视频，首先你要进行内容定位，深耕垂直领域的内容，比如抖音上很火的萌宠系列，小猫、小狗、羊驼等内容就是做到初步垂直，再次你可以借助道具拍摄小猫、小狗、羊驼，进一步做到深度垂直。同时抖音短视频还有视觉标签以及动作标签等。

2. 内容运营的三重价值

（1）社会价值。

社会价值包括文化价值，文化价值是超越物质价值之上的精神力量，在各个领域都能起到多角度全方位的引领功能，表现为价值导向建构和精神力量凝聚等方面。内容运营往往承载着文化价值，引领整个社会发展，而如今新媒体内容是文化价值得以实现的重要载体和通道。社会主义核心价值观引领就是其中重要的一环，比如不少短视频平台为了增加流量，不断出现炫富、恶搞、色情、暴力等低俗内容吸引用户关注，挑战社会伦理道德底线，这是应该加强治理的。在内容运营中，社会价值主要体现在影响力。例如"央视新闻"抖音号中有《一禹道两会》《岩松有话说》《有你真好》等内容选题，《岩松有话说》系列是白岩松对社会热点话题进行新闻评论，《有你真好》系列是在疫情期间奋战在一线的白衣天使以及工作人员等相关新闻，传播积极向上的内容。截至 2021 年 4 月 24 日，央视新闻获得 45.9 亿的点赞量，1.2 亿粉丝，具有巨大的社会影响力，承载着深远的社会价值。

（2）商业价值。

商业价值以用户需求为市场，主要做传播力。以公众号为例，为了实现商业价值，有些运营人员通常会采取一些极端的手段涨粉，比如举办让用户转发分享到几个微信群就有可能获奖的虚假抽奖活动。一个微信公众号如果具有足够多的用户，用户黏度也足够强，就可以利用微信公众号强大的传播力发布品牌合作内容进行广告营销。又比如你的微信好友里都是世界 500 强老总，那你的微信朋友圈本身就是一个强大的广告阵地，蕴含着无可比拟的商业价值。

（3）品牌价值。

品牌价值主要指内容上要做到"人无我有，人有我好"，主要做竞争力。品牌价值是很难评估的，内容品牌最重要的内容要有辨识度，在此基础上做影响力。打造品牌实际上是制造一种偏见，让用户对你的内容产生一种偏爱。新媒体内容所赋予的品牌价值可以叫品牌资产，也可以叫知名度或美誉度，最终目的是为品牌的建立和传播做推动服务。正如微信的口号："再小的个体，也有自己的品牌"，公众号"黎贝卡的异想世界"就是如此，主要为用户提供时尚美妆的相关内容，持续不断地输出优质内容，培养了用户高强度黏性，实现内容的品牌价值。

4.1.4　新媒体内容审核与运营规范

互联网与新媒体不是法外之地，因此内容监管不可缺少。新媒体内容监管可以细分为三个方面：①政府对内容的监管和治理；②互联网平台对内容的自我审核；③公众对内容的监督。

1. 新媒体内容审核

内容审核就是对内容存在的问题进行把关，以确保内容安全、降低运营风险。内容审核是由机器审核和人工审核相结合的方式进行。现在一般新媒体公司都会设置这个部门，根据所承载的内容形式的不同，一般内容审核被细分为四类：图文、音视频、商业产品以及直播。图文比如微信公众号、今日头条等；音视频比如抖音、快手、B 站、喜马拉雅等；电商平台比如京东、天猫、淘宝等。根据不同的新媒体内容，审核的标准也不一样，新闻审核要比非新闻更严格。而且规定自媒体是不允许做新闻的，同时会对敏感内容或不合适发布的内容做删帖处理等。例如 B 站内部对于低俗内容的处理也执行了一套非常严苛的制度。不仅在审核上以技术＋人工的方式进行多重筛选审核，而且一旦发现有不合法规的内容被举报，那么公司必定会有人因此而卷铺盖走人。然而，为何在如此严苛的内部审核和处罚机制下，B 站依然会不时爆出内容丑闻。究其原因，一方面视频平台的审核还没有完全达到政策监管的要求，让这些二次元的年轻人去审核本身在尺度上就很难拿捏得当；另一方面，这也与某些内容提供者"三观"不正，打"擦边球"，受利益驱使为博眼球不择手段有关。

公众的监督，即对不当内容网民是可以向平台举报的。在资本的驱动下，内容平台追逐商业利益最大化的本性不会改。如何让内容平台响应更高层次的需求，这恐怕需要政府、平台和网民三方努力，对于平台运营者，既需要他们有社会责任感，也需要他们有足够的智慧。然后就是政府对内容的监管，公众对内容的监督。例如，我们看到国家有关部门对今日头条、新浪微博的约谈，体现了政府对内容的监管，因此一定要重视公众对内容的监督，它在新媒体内容运营中起到举足轻重的作用。

最后，原创内容还涉及版权问题。传统媒体曾起诉今日头条侵犯他们的版权，今日头条解释自己没做内容，只是通过抓取和链接做内容分享，这就是侵占传统媒体内容的传播权，于是今日头条输了官司，不得不跟传统媒体签订使用内容的版权付费协议。为了获取更多的内容，今日头条由此意识到除了购买传统媒体的内容外，还可以让自媒体来为平台提供内容，于是有了头条号。

2. 新媒体内容运营规范

新媒体内容运营规范是指新媒体内容运营者在内容生产、内容发布、版权保护等各个环节要做到符合规范，力求不违规、不犯错。在内容生产上，主要存在的问题是网络语言乱象和标题党，都需要治理和规避。在内容发布上主要是要加强内容审核，做好把关。为了鼓励原创内容生产，目前各大媒介平台都加强原创内容的版权保护，但侵权和洗稿的现象仍然存在。这要求新媒体运营者要提高版权意识，在转载他人原创文字、图片和视频时要得到授权，坚决杜绝抄袭、洗稿等侵权行为。但在现实中还是有人打"擦边球"，侵权与否也有模糊地带。目前，对于一些有争议的侵权行为，平台邀请专家进行合议评判。

4.2　新媒体内容运营构成

没有运营的内容是没有价值的，问题是如何运营？内容运营又是由什么构成的？

4.2.1　内容运营的核心环节

1. 确定选题范围

内容运营的核心环节首先是确定选题范围，说到确定选题范围，不得不提到 Bingbon 冰棒理论，Bingbon 冰棒理论理解起来并不困难，和我们现实生活中吃冰棍的过程联系起来，冰棍融化的时间是非常快的，也就是说任何事情都会有一个黄金发展期，只有抓住这个时机才能避免损失，获得更好的发展。作为新媒体运营工作的重点内容，确定的选题内容需要受到社会各界广泛关注与认可，通过日常新媒体运营工作的开展，逐渐实现运营内容的曝光率与点击量的增加。也就是说运营基础工作非常重要，如果基础工作没做好，就会影响文章的阅读量与点击量，影响实际传播效果，因此，运营人员要结合当代热点新闻与话题，提前确定选题内容与范围，做好基础工作。例如，微信公众号"洞见"在2021年3月8日女神节推出的两篇推文《做个灵魂有香气的女人》（图4-1）、《女人对钱的态度，决定了她的人生高度》（图4-2），迎合了当前女神节的节日热点进行内容选题基本工作的运营，满足了用户需求，这两篇推文都获得10万+的点击量。

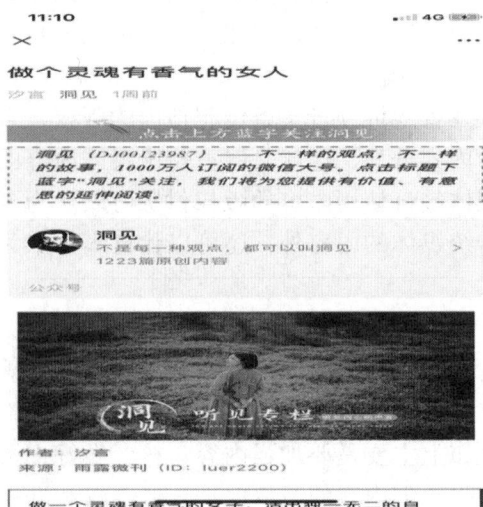

图4-1　"洞见"《做个灵魂有香气的女人》

图4-2　"洞见"《女人对钱的态度，决定了她的人生高度》

2. 策划运营内容

选题确定是前期阶段性的工作内容，主要是确定选题的范围与方向，内容策划则是要保证内容设计得更加具体与新颖。Bingbon 冰棒理论认为，在编辑情感类文章或者资讯热点话题时，运营团队要展开必要的思考与研究，讨论文章安排的细节与结构，从而完成文章的策划工作。例如：微信公众号"洞见"的情感美文在结构安排上经常会采用名人名言作为文章的开头引入和结尾总结，其中一篇推文《人到中年，请收起你的大方》开头引入梁实秋在《人生不过如此而已》中的文字，结尾用蔡康永的话进行总结（图 4-3）。再比如文章《位置不同，不必解释》开头通过庄子有云："夏虫不可语冰"引入，又如文章《墙，推倒了就是门》结尾采用老子的经典语录。

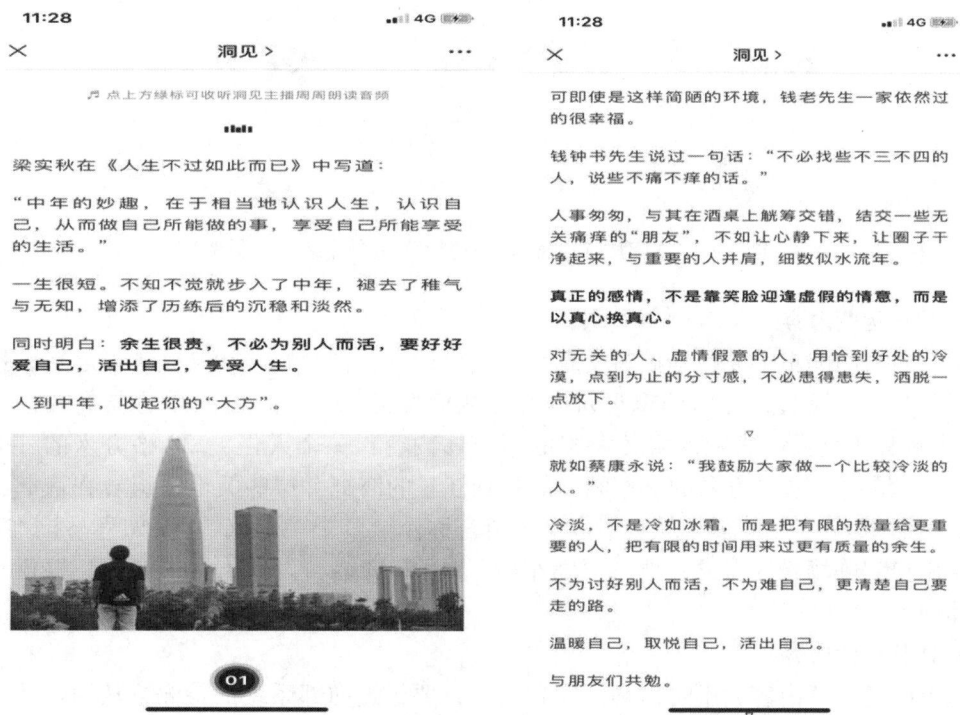

图 4-3　《人到中年，请收起你的大方》（图片来源："洞见"）

3. 创新媒体形式

内容策划工作完成之后，工作人员还要考虑相对应的宣传方式。Bingbon 冰棒理论认为，广大用户会对创新的文章形式比较感兴趣。因此，工作人员在发布文章时要充分考虑这个因素，分析好文章中的内容形式与结构，适当在文章中添加视频、图片以及音频等，不断思考与研究创新媒体形式。例如："洞见"微信公众号情感类推文在文章开头部分会添加原文音频内容，并在文中插入图片，合理安排文章的内容以及结构形式，提升内容的整体呈现效果。

4. 整合宣传素材

企业宣传素材主要包括行业素材与内部素材两类。其中内部素材主要指一些产品理念、产品图片、活动流程以及数据信息等内容，行业素材主要指行业新闻信息、热点话题以及社会舆论导向等。在实际工作过程中，运营工作人员要做好素材的分类与整理，养成随时记录的习惯，从而不断积累大量素材，为工作扩展奠定基础。例如：微信公众号"洞见"中的一篇推文《11 岁天才少女备考清华：优秀的孩子背后，都站着一个会"放手"的妈》从一部中国的教育纪录片《中国少年故事》中一位 11 岁女孩准备在 14 岁的时候考清华这一教育行业新闻引入，引出猿辅导打造的少儿编程品牌——猿编程，产品理念"帮孩子抢先提升竞争力"，并附上产品图片猿辅导在线教育品牌矩阵（图 4 - 4），进行线上课程辅导，以及参与活动流程。

图 4 - 4　猿辅导在线教育品牌矩阵（图片来源：洞见）

5. 编辑运营内容

运营内容的编辑主要包括撰写文章与海报设计等，在做好一切基础工作之后，按照完整的思路与框架模式，合理编辑运营内容，从而保证编辑工作的简单化与高效性。例如"黎贝卡的异想世界"官网的宣传海报的新媒体内容：一个人住、230 平方米的、能看到广州"小蛮腰"、29 平方米的衣帽间，能看到江景的浴缸，这些关键词组合在一起，让黎贝卡的家在 2017 年一经曝光就被很多女生留言称作"梦想中的家"。又如喜马拉雅 FM 为了满足用户驾驶场景的需求，提供"随车听"，开车即播，设计出宣传海报，提供相应的新媒体内容。

6. 优化运营内容

编辑好的文章内容，不可以马上发布出去，要经过内部系统的检测，从而优化文章质量。如果在测试中反馈效果不理想，就需要对文章内容进行适当的调整与优化。编辑将事先编写好的文章发布在朋友圈或者粉丝群中，然后设置仅好友可见，从而观察文章的浏览量与反馈情况，之后再对文章进行有针对性的调整与完善。例如在微信公众号发文章之前，可以借助微信公众号文章违规检测的工具检测，看看你的微信公众号文章有没有违规。可以将你编写好的文章分享到朋友圈，分组仅好友可见，从而看看用户的反馈，以此适当调整优化文章内容。

7. 宣传推广环节

文章编辑成功并发布到各大平台上并不算完成任务，还要进行宣传与推广。通常粉丝量少的账号只有很少一部分的粉丝可以看到文章内容，传播具有一定的局限性。因此，编辑人员要扩大宣传方式，丰富文章传播模式与形式。例如有些新媒体不仅有微信公众号、微博号，还有短视频账号，可以将优质内容发布在各大平台上，再通过促进用户转发引流。此外，还要通过用户互动、社群运营促进转发，增加文章的阅读量和转发量。

8. 效果复盘

复盘，这个词最早来源于围棋界，指下完一盘棋之后，重新摆一遍，就是对过去的事情再重新演绎一番，看看哪里下得好，哪里下得不好，对下得好和不好的地方进行分析和推演，从而获得对这件事更深刻的理解。在新媒体的内容运营中，一般内容发布完后，在一定周期内会根据后台数据作效果复盘分析，比如用户反馈、市场竞争情况等。通过复盘和总结运营活动取得的成绩和存在的问题，以便提高运营水平并指导后续内容运营工作。

4.2.2 新媒体内容运营维护

1. 新媒体内容运维定义

讲到新媒体内容运维，很容易与新媒体内容运营混为一谈，新媒体内容运维其实是指新媒体内容运营的日常维护，有点像客服。比如说查看后台数据以便做出新媒体内容运营的微调、对用户留言和意见的回复，对日常新媒体内容运营中出现的各种问题及时进行处理。内容运营＝生产内容（需熟悉用户和产品）→用户传播（引流）→用户互动（促活、留存）→建立黏度（转化）。作为一名合格的运营人员，文案写作、营销功底、活动策划、社群维护、数据分析都是必不可少的能力。

新媒体内容运维包括三方面工作：一是确保优质内容的持续稳定生产，充分利用数据对内容进行调整。"黎贝卡的异想世界"根据季节分享穿搭的经验，持续不断地生产优质的内容，从而吸引用户关注；同时根据用户的点赞数，了解用户喜欢关注的内容。二是利用社群及各种互动进行用户管理。例如"黎贝卡的异想世界"经常与粉丝互动，经常把大牌化妆品的小样通过抽奖的方式分发给粉丝。三是通过线上线下推广进行品牌管理。例如黎贝卡"2021 异想手帐"为故宫宫廷文化携手黎贝卡推出的联名手帐，是双方第六次展开的跨界合作。2020 年 12 月，双方的联名手帐正式进驻广州、深圳、佛山各大书店和商场，"2021 异想手帐"线上一开售便 2 小时内售罄 20 000 册。

2. 新媒体运营工具

当我们知道了新媒体运营入门需要什么能力，也知道了应该怎样培养这些能力，还要得心应手地使用各种新媒体运营工具。新媒体运营必备工具有：运营学习平台：办办学苑；文章编辑：秀米编辑器；二维码制作：草料二维码；图片网站：花瓣网；视频制作：爱剪辑；PPT 模板：第一 PPT；问卷调查：问卷星；付费推广：百度推广；行业数据：艾瑞（图 4 - 5）。

```
        ┌── 运营学习平台：办办学苑，从0到1系统学习运营精髓，让运营更简单
        ├── 文章编辑：秀米编辑器，网页端模块化的图文编辑方式，是新媒体编辑的心头好
新       ├── 二维码制作：草料二维码，国内专业的二维码服务提供商
媒       ├── 图片网站：花瓣网，一个帮你收集、发现网络上你喜欢的事物的网站
体       ├── 视频制作：爱剪辑，国内首款全能免费视频剪辑软件
运       ├── PPT模板：第一PPT，不断从国内外PPT同行网站收集各类资源，免费提供给网站用户
营       ├── 问卷调查：问卷星，覆盖超过2万家企业，是各行业领导品牌最为信赖的企业数据平台
必       ├── 付费推广：百度推广，凭借强大的用户产品优势，为客户提供全系列产品广告资源
备       └── 行业数据：艾瑞，互联网数据资讯聚合平台
工
具
```

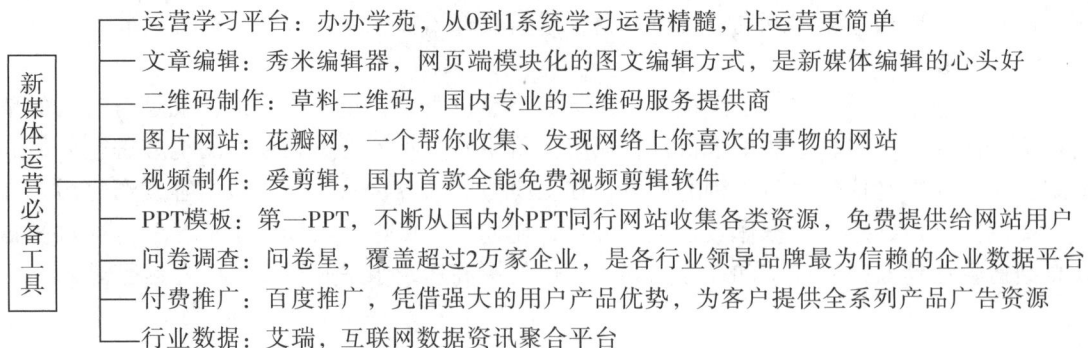

图4-5　新媒体运营必备工具

3. 案例分析——如何用秀米编辑器做既好看又引人注目的推文

（1）首先在百度上搜索秀米编辑器（图4-6），进入秀米的官网，然后登录，可以通过微博、QQ、微信三种方式登录（图4-7）。

图4-6　秀米编辑器

图4-7　秀米登录

（2）新建一个图文。这里我们进入图文的编辑页面，我们可以看到大概的页面结构，中间就是编辑的地方，可以直接预览，然后进行操作，左边是提供模板的地方。这里有标题、卡片、图片、布局、引导等模板（图4-8），秀米通常建议大家使用谷歌浏览器。

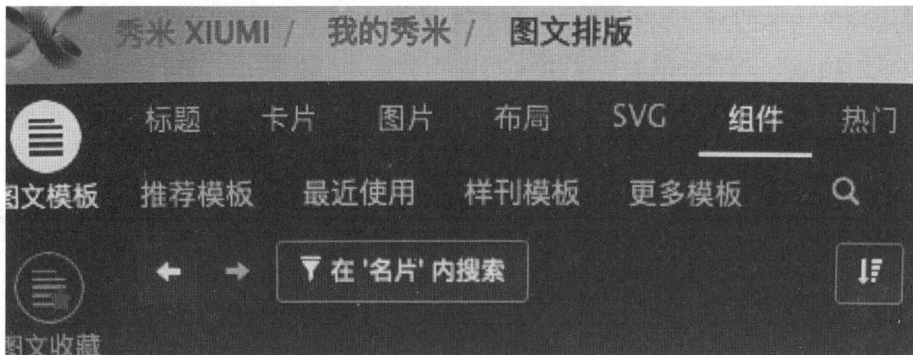

图 4 - 8　秀米图文编辑页面

（3）封面、标题和摘要。在左边第四栏点击上传图片（图 4 - 9），把你的图片上传到秀米里，单击一下封面，然后在你的秀米的图片库里选择你要修改为封面的图片，就可以实现修改封面的操作，我们输入标题，标题前面是一个类别，比如生活服务、知识教育，后面才是你正文的标题。下面是摘要，你可以在你的文章里选择一句经典的语录，或者选一段比较新颖独特的内容，你在微信朋友圈分享这篇推文的时候，摘要内容可以起到吸引用户的作用。

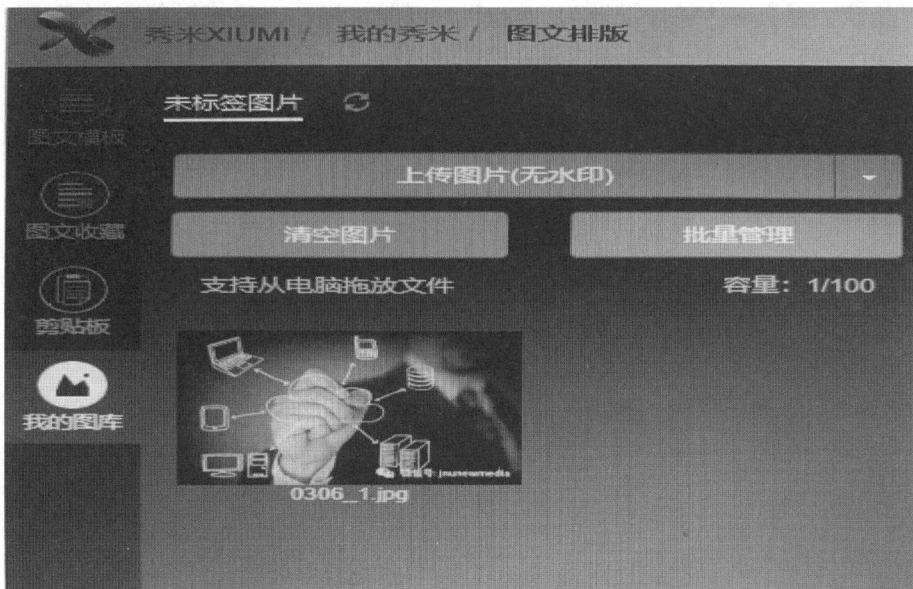

图 4 - 9　在"我的图库"上传图片

（4）组件内容。引导内容第一部分是开头，第二部分是结尾。开头我们点击"关注原文"中"点击蓝字，关注我们"（图 4 - 10）放在推文的最开头，选择你想插入的地方直接插入。中间正文的模块运用 20 个相同的卡片，将正文内容插入里面。更多模块可以搜索"国庆节""毕业季"直接得到。在排版内容时，色系要统一。文章的末尾是另外引导，引导用户关注你的微信公众号，也就是二维码名片，二维码名片和图片修改是一样的。旁边写明出品，文案、摄影、审阅等相关人员都要在最后进行标注。

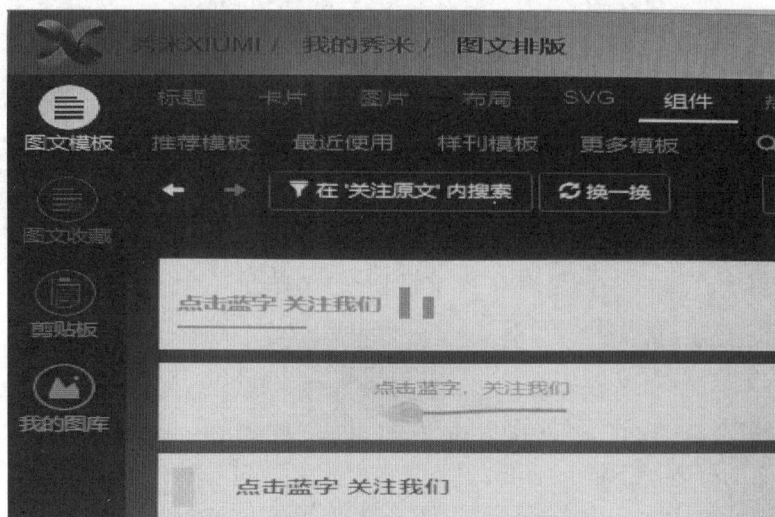

图4-10 组件里的"关注我们"

（5）格式。正文字体最好设置为15，颜色设置为黑色，格式设置首行缩进，在间距里可以设置行间距是2、字间距是0，在旁边空白部分点一下，进入"基础格式"（图4-11），页边距左右可以设置为20。大家可以根据需求进行调节。

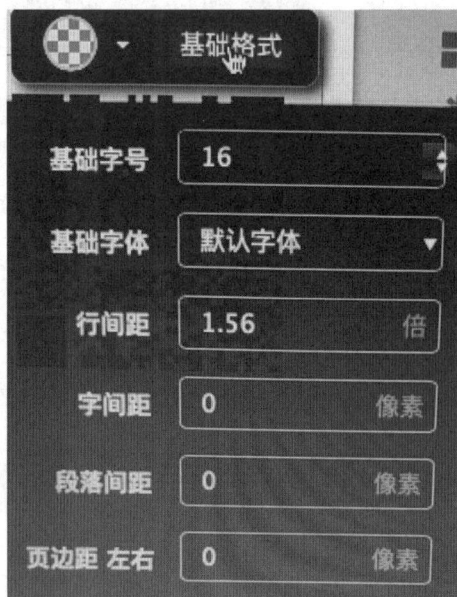

图4-11 基础格式

（6）保存、预览与发布。上面一行就是保存、预览、发布，预览就是秀米可以进行发布推文前的全文预览，也可以进入微信公众号进行预览。点击最后小箭头标记可以另存图文并发给另外的用户，比如自己以及粉丝。点击对钩（图 4 – 12），选择整个正文部分，按"Ctrl + C"。在百度上搜索官方微信公众平台，在微信公众平台输入账号密码登录，点击"图文素材"，点击新的创作，点击图文消息，按"Ctrl + V"将内容粘贴过来。标题重新输入，输入你的微信公众号昵称或者姓名，上传封面，将秀米里的摘要直接复制过来，文章设置下面点击一下"原文链接"可以设置你的原文链接，也就是文章最后可以设置成你想跳转的页面的链接。点击预览可以把这篇图文信息发给单独的微信用户，输入你的微信号，就可以在手机上收到这篇公众号的消息。这个预览是有时效的，别人是看不到的，只有该微信用户可以看到，如果没有问题，就可以保存并群发了。

图 4 – 12　保存、预览与发布

4.2.3　MCN 助推内容变现

MCN 是舶来品，是一种多频道网络的产品形态，将 PGC 内容联合起来，在资本的有力支持下，保障了内容的持续输出，从而最终实现商业的稳定变现。但 MCN 在中国有不同的定义和发展，目前中国的 MCN 整体规模、业态及呈现形式等都远超国外，整体市场规模已达百亿级。

1. MCN 的发展

2016 年，微博、优酷纷纷向 MCN 机构抛出橄榄枝。以 papi 酱的出现和走红为分水岭，短视频行业在 2016 年呈爆发式增长。资本大量涌入、头部 PGC 谋求扩张，MCN 成为一种风潮。有关数据统计，短视频 MCN 数量在 2019 年近万。但业内普遍反馈，算上潜伏水下的中小玩家，赛道里至少有四五万家 MCN。

有投资价值的 MCN 项目有着较强的内容判断及制作能力，有自己的模式化、工业化的生产机制；同时有很强的流量采购能力，对流量有着水龙头一样的控制力，能够从内容生产和消费两端实现调控，形成匹配。同时，公司对红人的服务能力也很重要，要让红人们甘心做个单纯的内容生产者，从而产生对红人的控制能力，这需要非常细致而体系化的服务。MCN 发展到今天，最现实也最被资本市场认可的模式一定是在一个垂直领域做深，然后把成功的经验扩展到更多的细分市场。

美国 MCN 不涉及内容生产，只是将内容创作者联合起来建立频道，助其解决推广和变现问题。中国 UGC 环境和美国相比差异较大，成熟的内容制作者相对较少，因此生产支持就变得更加必要。因此中国 MCN 的孵化功能非常突出，有着较为近似的"网红制造模式"。通过从网络上挖掘有潜力的红人，与其签约合作。签约之后，MCN 机构结合红人的特点，对其进行精准定位，建立人设。这之后为红人提供创意、内容形式、制作方法上的建议和帮助，提升内容质量和生产速度。再将出产内容放在相应的平台进行投放，通过自家头部网红的宣传为其提供充足曝光。当红人的粉丝量达到一定程度时，为其提供广告、电商、商业活动等流量变现方式。

内容与电商的挂钩让中国的 MCN 机构找到了快速变现的方法，也让中国的 MCN 机构超越了美国的 MCN。目前90%以上的头部网红都已签约 MCN 机构，MCN 将成为网红不可或缺的合作伙伴。不过 MCN 机构虽然看上去风风火火，但日子并不像很多人想象得那么好过。行业内孵化一个可变现网红的成本在300万左右，目前只有不到30%的 MCN 短视频机构实现了盈利，大部分处于盈亏平衡或持续亏损的境地。

随着各领域的内容和创作形式趋于饱和，MCN 机构的生存环境变得艰难。加之优质内容匮乏，内容同质化越来越明显，生存难度也会随之加大。规模较大的 MCN 机构也并非高枕无忧，对于顶级网红依赖过大的问题非常突出，头部流量一旦"跳槽"，对平台而言可谓"灭顶之灾"。而且很多网红的议价能力很高，有些 MCN 机构甚至干脆放弃分成，只求其流量带来的影响力。红人出走、契约问题、核心账号管控问题等，为 MCN 机构带来了很多不确定性风险。

尽管中国的 MCN 机构变现方式较为多元，但优质内容缺乏、账号管理不规范、造血能力不足等问题，也使得大部分的 MCN 机构依然面临着巨大的财务压力，无法实现盈利。而且行业乱象比较严重，有些 MCN 的内容低劣、打擦边球等问题严重，生死可能就在一瞬间。曾经红极一时的《暴走大事件》高达40亿元的估值，却在一个调侃雷锋的段子里轰然倒塌。随着行业的高速增长，各类参差不齐的入局者进入，MCN 行业的弊病也逐渐显露。

通常来说，一家 MCN 公司的业务范围包括：KOL 筛选、孵化、内容开发、对接平台、用户运营、商业变现、IP 开发等。其中，最重要的环节，就是筛选与孵化 KOL，MCN 机构会在各个平台上寻找合适的创作者。而在与创作者的沟通中，一些机构会利用信息差忽悠博主。从2019年到2020年，已有多位 KOL 与签约 MCN 机构发生摩擦，法律纠纷愈演愈烈。除了头部机构，大部分 MCN 的专业程度和效率并没有大众想象得那么高，精力也有限。当创作者满怀期待地签约后，可能会发现 MCN 机构提供的帮助主要是拍摄场所和对接一些商务资源，完成程度和承诺效果天差地别，成为"宇宙博主"的梦想破碎。而即便是头部机构，在 MCN 这个以人为主的行业，不可控的因素依然很多，无法保证复制顶级 KOL 就能获得成功。

2. MCN 的升级

据艾媒咨询的报告，2015年，国内约有160家 MCN，2020年达到28 000家，增长了100多倍。MCN 行业经历了高速发展的几年，如今终于走到了大浪淘沙的"进化期"。行业分析师裴伊凡认为：电商、视频网站、短视频 App、影视公司、广播电视机构纷纷布局MCN，但无论是平台还是主播，资源大部分都集中在头部，二八效应显著。资本也越来越不看好 MCN，近年来国内 MCN 融资数量已呈下降趋势。一方面是因为行业的神秘性、神圣性、魅惑性逐渐消解；另一方面，MCN 机构也迎来了一个发展进化期。MCN 机构头、腰、尾收入规模差距较大，头部 MCN 机构开始收购尾部 MCN、小型工作室及内容账号，"大鱼吃小鱼"形态加剧。

大浪淘沙，MCN 靠什么赢？在 MCN 最重要的 KOL 资源上，复制顶流是伪命题，中腰部网红才是主流存在。MCN 对网红的附加值主要体现在商业化接单、日常运营等方面，是相对容易被取代的角色，强势 MCN 会挤掉一些机构的位置，红人也会择优签约。除了依赖红人，MCN 机构也依赖平台，是生态链上的一环。而在互联网世界里，平台总是整个生态链中最强势的一方，过分依赖平台的 MCN 很容易被掣肘。如今，平台的内容生态已经形成，补贴逐渐减少，不管是老牌机构还是新机构，都没有了早年的红利和资源。

MCN 其实没有什么培养头部网红的"公式"，就算真的出了一个自己的头部网红，又怎么样呢？MCN 仍然面临着与艺人经纪公司相同的困境：网红个人的话语权太强，只要红了就会索取更高的报酬，甚至直接变身为所属 MCN 的大股东。总而言之，MCN 的商业模式与艺人经纪公司没有明显区别，也继承了艺人经纪公司的全部缺点。无论以图文形式还是视频形式，无论在娱乐领域还是电商领域，网红经济的马太效应非常显著。由此可见，一方面 MCN 的红利期已过，入局者须慎重；另一方面 MCN 也正在升级换代，与互联网商业生态互为影响、共同进化。在激烈的竞争和频繁的淘汰中，MCN 们逐渐意识到，仅仅做"流量中介"没有前途，自身也应进行革新以适应变化。近几年，MCN 的发展，正好赶上了消费互联网向产业互联网转型的过渡期。得益于已经成熟的基础设施，MCN 直接站上风口，并且根据自身基因和风格升级转变。MCN 不再是单一网红机构，而是从这个角色转身，搭建起涉及供应链、营销端、服务线的上下游商业组织，最终他们成为产业互联网的重要一环。当下 MCN 在摘帽，在去 MCN 化，也在做互联网新基建。

国民 IP 李子柒背后是一家基于旗下时尚、美食 KOL 做垂直类开发的新消费品牌的公司。李子柒同名品牌早就上线天猫，2019 年"双 11"成交量突破 8 000 万元，可见把红人 IP 打造成品牌，并通过产品研发落地为螺蛳粉、咸蛋黄等具体商品时，消费空间和周期才有了更稳定的延展。

MCN 现在有一块重要业务是以培训课程赋能行业。通过对个体网红孵化到方法论的总结，洋葱视频通过一套商业模式的建构样板让更多机构落地变现。当 MCN 有了更清晰的运转逻辑，所能做的营销服务、供应链平台、自有品牌，以及垂直产业融合，线下实体的延伸，以及与资方业务的融合，都有了更大的进阶空间。MCN 2.0 来了，新玩家：从明星等社会各界入局 MCN、传统媒体打造矩阵到企业品牌成立 MCN 部门。品牌方：品牌方需求升级，品宣之外更重视 ROI（投产回报率）。用户：用户习惯的跃迁带给了这个行业更大的影响。资本：相较之前基金、投资公司等一级市场的资本，现在很多机构更期待来自二级市场的资本或者平台投资。工具：各方对于内容、电商等要求的提高加快了 MCN 自建数据工具的步伐，从热点抓取到数据监测反馈，数据工具不仅助力于机构红人规划、运营效率等的提高，还为营销服务的提升不断加码。第三方机构和服务方的加入，加速了 MCN 工业化的进度。虽然广告仍然是核心营收方式，但电商变现增量和增势都很明显。电商变现成为 MCN 机构 2020 年重点布局的营收方式，反超广告营销。

尽管平台对分发渠道有强势占领，但如今的发展势能已悄然改变了其与 MCN 之间的供需关系。谁能生产优质内容，谁就更有话语权。从这一点来说，MCN 既是平台的用户、内容生产者,也是平台价值的延伸与部分体现。机构依托于平台生存,也是平台产品生态中的一环,双方互为依存。因此,在这套更为平衡的生态话语体系里,多方的互信和协作能够创造最大价值,这套话语体系会反哺于协同体系中的规则制定者和参与者。当前MCN面临的挑战来自变现、管理、内容、流量4个方面。2019年,内容的形式不断丰富与扩充、对流量获取与转化能力的要求一再提高,这背后所带来的营收变现压力,迫使MCN从多个维度对内外进行调整。一是"疯狂"提升内部竞争力,二是改变外部市场认知,努力去MCN化。虽然MCN继续拉高门槛,但近两年还是有新入场的跨界玩家,他们本身拥有强大的现金流、供应链和红人资源,对本就羸弱的中部、腰部MCN机构来说就是降维打击。MCN的未来趋势:①基于自身核心能力构建新的"网红经济商业体";②资本投入加剧,MCN出现更多的组合;③以经纪人为主要模式的MCN即将被淘汰。

4.2.4 智能推动新内容革命

说到新内容革命,也许你就会问到底什么是"新内容"?其实,新内容革命不是指新内容的革命而是指最新的内容革命,这个内容革命不只是在内容生产领域,还涉及传播、消费、经营以及与其他行业的跨界融合。比如直播带货就是营销与销售的融合,现在还有人提出内容零售业,那就是内容业与零售业的融合。

新媒体经历了两次内容革命,第一次内容革命是由数字化引发的,第二次内容革命是由智能化所推动的。"今天,智能化技术正在全面进入内容行业,并促使内容生产、分发、消费等全面升级,其主要表现为:以智能化驱动的内容生产2.0,以算法为核心的内容分发2.0,个性化与社交化交织、消费与生产一体的内容消费2.0。智能时代也重新定义了三者的关系,生产、分发与消费三者之间的界限日益模糊,三者相互渗透、相互驱动。而集成了内容生产、分发与消费的平台,也在逐步构建全新的内容生态。"[①] 比如说机器人写稿、AI主播就是人工智能在内容生产上的应用;推荐算法改变了内容分发,让人找信息变成信息找人;在内容消费智能化上,通过用户画像可以实现内容的精准营销。像今日头条、抖音这类内容聚合平台正是新内容革命——智媒时代的产物。

由于这场由智能驱动的新内容革命才刚刚开始,这里就不展开讲了。但这是一个方向,它将深刻影响新媒体内容运营,今后我们要多加关注。

4.2.5 新媒体内容IP的开发

1. IP及文化IP

这里说的IP,并非指互联网上的IP地址,而是Intellectual Property的缩写,即知识产权,也称智力成果权,它指的是通过智力创造性劳动所获得的成果,并且是由智力劳动者对成果依法享有的专有权利。IP的概念被借用到文化影视中是指代原创内容及版权,我们把它叫作文化IP。

---

① 彭兰. 智能时代的新内容革命 [J]. 国际新闻界, 2018 (6): 89.

如今，文化 IP 也不仅仅局限于文学、动漫、影视作品，诸如《清明上河图》、曾侯乙编钟等国宝重器，敦煌飞天壁画、秦兵马俑等景区文物古迹，马拉松、世界杯等顶级赛事均可成为文化 IP。随着文化产业和互联网的发展，文化 IP 不只是原创内容，还包括围绕它的一系列的商业开发，围绕 IP 资源的开发利用，不少文化企业还制定了 IP 战略。比如抖音上坐拥 3 000 多万粉丝的 papi 酱就是特色鲜明、吸引眼球的原创内容，都是文化 IP。

文化 IP 的"知识产权"准确地应该叫"文学潜在财产"。好莱坞对"文学财产"的定义非常简洁明了：可以改编为电影的文学作品；而"潜在财产"的所指则更为宽泛，包含了文学作品之外的可以开发成电影项目的其他作品，如图书、戏剧、故事大纲、故事梗概和原创剧本等。

2. 新媒体内容 IP 的开发

内容 IP 就是内容的品牌。真正提升新媒体运营水平的方法还是 IP 化，打造优质内容 IP 并借此进行 IP 开发。如国资委官方微博"国资小新"的"萌力量 + 方法论"，2012 年 6 月，"国资小新"开通微博，随后入驻微信、头条、人民号、抖音、快手、微视等近 20 个新媒体平台，粉丝总量逾千万。在"国资小新"的带领下，截至 2019 年，已有 25 家央企打造了自己的卡通形象，培养网上虚拟代言人。

那么，如何做好新媒体内容 IP 的开发？可以从四个方面发力：

（1）提升内容运营者本身的能力，例如"黎贝卡的异想世界"的内容运营者黎贝卡，毕业于暨南大学新闻与传播学院，曾担任《南方都市报》首席记者。在《南方都市报》工作期间，8 年跑时政，6 年跑娱乐跑电影，其间还当过制片人，曾策划过南都"星光大道"系列，邀请明星到报社客串编辑、记者，因此黎贝卡本身具有超强的内容运营能力。

（2）做好内容定位进行 IP 定向开发，也就是说你的内容究竟是让谁看，做好精准的内容定位；建立你的内容用户数据库，筛选并扩大；例如"黎贝卡的异想世界"不仅介绍中高端品牌，还介绍大众品牌，内容目标用户从女性中产阶级扩大到一般女性用户。

（3）打造优质内容 IP，实现内容价值最大化。对于用户来说，你的内容从值到超值，到无可替代，只选择你的内容；优质内容的目的就是吸引用户直到产品成交，从吸引到成交，内容形式多样化，让内容来帮你实现。例如黎贝卡联合宝马 MiNi，2017 年 7 月 13 日，黎贝卡×MiNi 预定的内容推文发布，获得 10 万 + 的阅读量，粉丝需要提交预约信息，才有机会抢到这款限量版 MiNi，到了真正发售那天，"黎贝卡×MiNi 限量加勒比蓝"100 辆，5 分钟售空，50 分钟内付款完毕。从内容推文到内容产品，内容形式多样化，从而实现内容价值。

（4）做内容运维，实现内容品牌战略。品牌有用户，IP 有粉丝。例如"黎贝卡的异想世界"生产优质内容的同时，总是回复用户的留言，培养粉丝黏度，维系经营其内容品牌。下面的图鉴案例可以提供参考。

3. 案例分析——打造新媒体内容 IP，"图鉴"是如何出圈的？

2020 年 3 月，K 董团队联合《人民日报》精心制作了长卷漫画《中国抗疫图鉴》，致敬我国在抗击疫情中涌现的可歌可泣的人物和故事。截至 2020 年 10 月 1 日，《中国抗疫图鉴》全网阅读数据破 10 亿，被"共青团中央""中国新闻网""科普中国""中国教育报"等 4 000 多家媒体转载，收获千万网友的点赞（图 4-13）。

图 4 – 13　《中国抗疫图鉴》

（1）内容形式多样化，新媒体矩阵传播。

除了长图外，《中国抗疫图鉴》视频版同样深受好评。从公众号"出圈"，《中国抗疫图鉴》以多种形式席卷各大互联网社交平台。精美到位的内容，打动自己的同时，也打动了用户，《中国抗疫图鉴》带动官媒转发潮以及大量自发式的分享。除了优质内容自带流量的第一层传播，以及各大媒体自发的第二层传播外，"微果酱"联合易简集团旗下的大健康矩阵、科技数码矩阵、情感文化矩阵、体育娱乐矩阵、财经矩阵等 30 多个公众号"深度参与"进来，实现了第三层面的"内容联动"传播。

好内容加上强大的资源，该图鉴的影响力不断扩大。2020 年 9 月 30 日的央视国庆晚会《"中国梦·祖国颂"——2020 国庆特别节目》上，《中国抗疫图鉴》被设为节目背景墙（图 4 – 14）。

图 4 – 14　2020 年央视国庆晚会（图片来源："微果酱"）

好的内容会发声，也会收获掌声。在 2020 年 9 月 29 日的十三届中国国际漫画节开幕式暨第 17 届中国动漫金龙奖上，《中国抗疫图鉴》荣获"抗击疫情"特别奖（图 4 - 15）。

图 4 - 15　《中国抗疫图鉴》荣获"抗击疫情"特别奖（图片来源："微果酱"）

不可否认，《中国抗疫图鉴》的影响力早已跨越公众号，延伸到线上线下各个场景。

（2）打造新媒体内容 IP。

与此同时，"微果酱"新媒体矩阵开启了一个以"图鉴"为核心的新型原创优质内容创作形式，现象级的"出圈"效果让他们决定趁热打铁，将这个模式打通打透，成为一个内容品牌 IP。

2020 年 4 月 8 日，推出《今天，一起为武汉按下播放键》，与《人民日报》二度合作，向武汉解封致敬。

2020 年 7 月 23 日，推出《中国人的一天》，全网覆盖 1 200 万人次，微信、微博总阅读量 1500 万 + 。

2020 年 6 月 9 日，推出《互联网大佬摆摊图鉴》，全网总阅读量达 3 000 多万，在微信、微博等平台引来不少大 V 转发。

2020 年 8 月 26 日，推出《深圳，生日快乐!》，与"人民日报""广东共青团""深圳发布"联合出品，全网 200 家微信公众号转载，阅读量破 1 500 万。

（3）内容实体化，新媒体的终极目标。

公众号产业的核心价值是"内容 + 连接"。公众号媒体产业的立足之本是内容生产和输出，而商业创新之源则是连接的无限可能。此前，《中国抗疫图鉴》与中国邮政合作，发行明信片（图 4 - 16）和 40 米纪念长轴。

图 4 - 16 　《中国抗疫图鉴》明信片（图片来源："微果酱"）

以传统媒体的思维理解，内容体系像做杂志、电视和出版，渠道像做传统媒体的发行，就是将内容实体化。在新媒体时代，实现内容实体化的方式不同于传统媒体。让内容拥抱实体，回归零售渠道应用，图鉴的应用场景被无限放大。

目前，关于图鉴有两大应用体系：

（1）快消体系应用

简言之，就是图鉴内容跟快消品的各种结合，让商品拥有故事温度。

举个例子，"微果酱"的最新中秋图鉴《团圆，我们的故事》，可以授权给品牌方作为月饼礼盒外包装设计，同时配合"微果酱"线上线下资源的传播渠道，给品牌带来更大的影响力。这可能只是快消体系应用的一个小点，但图鉴内容的天生优势让这种融合变得更简单直接，不落俗套。

（2）礼品体系应用

小到红包、台历，大到收藏品，图鉴应用的伸缩性非常强。

接近年关，相信不少企业都会定制红包（图 4 - 17）与台历，这是礼品体系里面最常见的应用。图鉴，具有极高的观赏价值，画质达到收藏级别，店铺、街景、广告牌等均可做品牌露出。集观赏性和收藏价值于一体，同时又具备实用性。并且，台历也是企业用于广告宣传的好载体，具有成本低、宣传广泛、持久性好的效果，能真正做到天天见。企业可以图鉴为内容版权制作台历，植入品牌信息，触达更多用户，完成品牌曝光。以啤酒品牌——百威为例，展示在图鉴中可作宣传的位置（图 4 - 18）。或按需求在适当位置添加适合的广告牌等。

图 4-17　《中国人的一天》图鉴应用于红包示例（图片来源："微果酱"）

图 4-18　植入图鉴的百威啤酒品牌（图片来源："微果酱"）

除单一品牌植入图鉴，多品牌植入也可实现齐齐联动（图 4-19）：

图 4-19　《中国人的一天》图鉴中植入的品牌

好的内容不该止步于平面。内容拥抱零售，零售也必须深耕内容，才能最终达到提高内容品牌 IP 商业文化价值的目的。目前，"微果酱"新媒体矩阵已经摸索出一套新型内容创作模式以及内容应用体系，在完成内容体系迭代的同时，借力原有的资源体系，打通线上线下的商业应用体系。

4.3　各类新媒体内容运营

4.3.1　政务新媒体内容运营

说到政务新媒体内容运营，如何增强政府的网络传播力？如何做好政务新媒体的内容运营？

1. 政务新媒体内容运营的途径

首先，各级政务机构在短视频的利用中，应做到结合职能，打造特色内容。当前，政务微博对短视频、直播的运用还处于粗放阶段，同质性高，精品少。随着短视频和直播的继续发展，不具特色的内容，势必会被淹没成为无效流量。政务机构应该结合自身职能，打造本职化、本地化的特色视频。以中央气象台主管气象科普杂志《气象知识》官博"@气象知识"为例，通过手绘动画的形式呈现气象小知识，趣味十足，广受关注。

其次，加强策划，打造系列内容。目前大部分政务机构对移动短视频、直播的运用具有随意性，并未形成常态化发展。政务新媒体应加强策划，推出系列内容，形成 IP 效应。比如哈尔滨铁路局"双微"从 2017 年开始到 2022 年累计推出 100 多期"铁妞来了"微视频，铁妞用诙谐的语言、夸张的表演，介绍乘坐火车的相关规定，调侃不文明乘车习惯，网络播放量高达两亿多次。

最后，加强合作，打造优质内容。短视频和网络直播市场的众多垂直领域内，都涌现了一批优秀的 PGC 创作者。相较于 PGC 创作者和专业媒体或机构，政务新媒体的创造能力稍显不足，因此两者可以适时合作，打造优质内容。

2. 政务新媒体运营者需要具备的五种能力

（1）敏锐的政治鉴别力。政务新媒体编辑在日常工作中应认真学习政治理论和党的路线、方针、政策，努力提高自身政治素养，时刻保持头脑清醒，不断增强政治敏感。

（2）专业的文字能力。工作性质决定了政务新媒体采编既要牢固掌握扎实的理论知识，又要具备丰富的新闻专业知识和基础知识，把高超的文字驾驭、恰当的文字表现视作看家本领，面对海量的文字信息，娴熟把控选题，精妙组织文章，不仅能熟练生成流畅的文字，更能写出好看、撼动人心的文字，确保每一个发布、每一次推送及每一次传播都是美的展示、文字文化的享受。

（3）综合的策划能力。政务新媒体在立足行业业务基础上推送和发布怎样的信息、采取何种方式推送和发布，不仅直接展示出网络媒体采编人员个人水准的高低，也最终体现政务新媒体的思想和方针。因此，政务新媒体采编人员需善于从海量的政府部门行业信息中敏锐地捕捉到有用信息，结合受众需求，按照一定的价值标准进行信息归纳、信息分析、信息鉴别、信息选择与信息整合。

（4）快速的反应能力。面对突发性事件，政务新媒体采编人员必须具备较强的快速反应能力，做到不误判、不误导。如果信息判断错误，或仅凭感情办事，就会造成信息发布失误或舆论误导。为切实加强民政系统政务新媒体编采队伍舆情应对能力，民政部多次组织召开会议，就民政新闻宣传、民政舆情应对等工作进行专项部署、专门培训、专题讲座，全面提升面对复杂舆情的综合应对能力。

（5）全方位的创新能力。政务新媒体的活力在于创新，政务新媒体的创新依赖于采编意识、采编思维、采编手段、采编方式等采编综合能力的培养与创新。一方面以开阔的视野和思路，多侧面、多层次、多维度挖掘政府部门行业业务信息的深度，有意识地面向广大受众，创造性地提炼信息，切实实现内容创新；另一方面以全新的理念和思维积极拥抱新技术、掌握新手段，不断研究创造受众欢迎的信息传播新形式，立体化、全方位地进行信息发布传播，切实实现传播方式创新。

4.3.2　企业新媒体内容运营

企业新媒体内容运营需要围绕四个层面展开：内容定位、内容呈现、内容传播、数据评估，四者缺一不可。

1. 内容定位

企业新媒体的内容运营，首先就是内容定位。要对自己的用户了如指掌。比如企业产品目标受众是谁？具体到他们所处的地域、年龄、性别、爱好、职业、收入等特征，具体到他们喜欢什么样的内容，都是企业在做内容运营之前应该了然于胸的。

2. 内容呈现

大部分人在做新媒体内容的时候，都很随意，随心所欲、任意而为。想到哪写到哪，什么热写什么。这样呈现出的企业新媒体内容一定是杂乱无章的，粉丝属性也是参差不齐的。企业的新媒体内容运营一定要围绕产品的品牌做系统开发。同时你呈现的内容还要考虑到用户体验。比如你的文章是否能和他达到情感上的共鸣，实现"共情"。你的文章是否提供给他独一无二、与众不同的阅读体验，似乎是为他而写。你写的文章一定要回归场景，究竟是在吃饭、看电影，还是旅游，一定要让用户沉浸其中，一定要让用户觉得和他息息相关。你想让谁去分享、去关注你的内容，那你的内容就要进入他的场景中。你要让你的用户身在其中，他们不是被动的观看者、阅读者、倾听者，而是主动的内容的参与者、创造者。

3. 内容传播

做企业新媒体内容运营，不管是哪一个渠道平台，都不仅仅是简单的内容呈现，重要的是结合内容的传播特性，让产品获得足够的曝光度。做企业新媒体内容运营不能把内容投放局限在某一个单一的平台，而需要拓展流量。根据不同平台的特点将文章加工推送，尽可能实现全网传播效果的最大化。以数据为依托的内容运营才具有传播价值。

4. 数据评估

如何评估企业新媒体内容运营是否成功？有的人认为文章阅读量高就是成功；有的人

认为粉丝量增加快就是成功，无论是何种评估方式，都是根据数据反馈得到的。无论是阅读量还是粉丝数，归根结底都是数据。真正评估内容运营好坏的数据是最终的转化数据，也就是粉丝的变现能力。10 万＋的阅读量带来 100 个购买量和 1 000＋的阅读量带来 100 个购买量，哪一个转化效果好显而易见。

4.3.3 自媒体内容运营

1. 什么是自媒体

自媒体有广义和狭义两种，广义的自媒体指凡是入驻互联网平台的所有账号，包括政府、企业和传统媒体开设的新媒体账号。狭义的自媒体即个人媒体，又称"公民媒体"或"个人媒体"，是指私人化、平民化、普泛化、自主化的传播者，以现代化、电子化的手段，向不特定的大多数或者特定的单个人传递规范性及非规范性信息的新媒体的总称。自媒体平台包括博客、微博、微信（微信公众号）、快手、抖音、视频号、百度官方贴吧、论坛/BBS 等网络社区。

2. 自媒体内容运营

（1）明确自身能力和内容定位。

自媒体要想做好内容，一定要重视自我的底层能力，明确自媒体内容定位，底层能力主要体现在你的认知能力、写作能力、沟通能力、营销能力等。好的自媒体的内容运营，有的需要把自己培养成一个全才，例如谭天教授的"谭天论道"，公众号简介就是"这是暨南大学新媒体研究所所长、中国社会科学院特聘研究员谭天教授的自媒体，关注传媒业界前沿动态，聚焦新媒体研究成果，同时也谈论传播、教育、生活、文化与思想。"有的则是专才，深耕垂直领域。例如 Sir 电影、广州房产、"十点读书"、教摄影等。同时，自媒体内容运营要有人设，一个账号有清晰明确的人格化特征往往能更好地吸引用户关注，培养用户黏度，比如"谭天论道"凸显学者公众号的学术追求。在这里切记，人设不合适可以根据用户反应进行修改。

（2）结合热点增强互动。

2020 年 8 月 21 日，管虎导演的《八佰》上映，作为疫情后的第一场电影，微信朋友圈不禁刷屏。而"洞见"结合当前热点，发布了一篇文章《〈八佰〉揭露的 8 个人生真相，虐哭千万成年人》，通过一部电影《八佰》，联系到疫情，进而将内容高度上升到人类是命运共同体。阅读量达到 10 万＋，而且时刻与用户互动，用户互动的作用在于信息反馈、服务用户和维护形象。比如"洞见"每一篇文章后面都有"长按二维码关注"和"3 秒加星标"动态操作步骤，又如"洞见"精选的置顶留言中，基本上用户都提到了"洞见"两字，"洞见"文章贴近生活、值得收藏等。在回复用户留言、时刻与用户互动、培养用户黏度的同时，无形中又免费为"洞见"微信公众号做了宣传。在信息反馈、服务用户的同时又维护了形象，一石三鸟，何乐而不为呢？

（3）自媒体内容规范管理。

说到自媒体的内容运营，自媒体做的内容大多并不是新闻。其实，在今日头条、一点资讯、UC 头条等聚合类新闻客户端上，也只有 10% 左右是新闻，其他都是娱乐和资讯，还有一些评论。如"罗辑思维"做的知识传播，papi 酱则是吐槽，还有许多自媒体卖各种服务。衣食住行，吃喝玩乐，只要用户有需求，自媒体都可以提供。当然，自媒体里的内容也会良莠不齐，也会鱼目混珠，还会有造谣诈骗者。自媒体内容运营也需要规范管理，自媒体还需要迭代升级。因此，一方面自媒体人应该是一个通晓自媒体内容的传播规律和运营游戏规则的高人；另一方面自媒体人还要会应用大数据和人工智能，通过大数据洞悉用户需求，通过人工智能提高自媒体运营水平。

或许有人认为自媒体内容运营的自主权比传统媒体更大一些，是自媒体的优势所在。其实如果涉及新闻方面，自媒体监管和传统媒体并无两样。而且根据现行新闻管理法规，自媒体是不可以做新闻的，对自媒体的评论也有严格的限制。自从加强内容审核以来，对时评也加强了管控。也就是自媒体的自由度是有严格限制的，并不是为所欲为的。在自媒体内容运营上仍然如传统媒体一样需要"把关人"。

（4）自媒体功能设置不断更新换代，服务于内容。

为了提升用户体验，自媒体功能设置不断更新换代，服务于内容，例如 2020 年 8 月"微果酱"公众号更新了文章标签功能以及问答功能，其中标签可以把平台内相同的标签集合为文章聚合页，可以去蹭一些大号的标签增加曝光。关于问答功能，作为与读者互动的补充，对新注册没有留言功能的公众号来说，能更有针对性地进行互动话题征集。

（5）形成自媒体矩阵。

除了内容和服务之外，自媒体的连接和推广也十分重要。在互联网时代的社会化传播中，自媒体也是社交媒体，它有很强的社交属性。自媒体除了做内容产品之外，它还要做服务产品和关系产品。连接是自媒体的一大功能，有些自媒体不止一个公众号，它可以把多个公众号和微博号连接起来，它还可以进入各大自媒体平台，如头条号、一点号、大鱼号等。形成内容分发、相互导流、品牌共享的自媒体矩阵。例如，"谭天论道"除了公众号之外，还陆续入驻了头条号、一点号、大鱼号、企鹅号，还有新浪微博和新浪看点，还有数十个微信群和 QQ 群。

4.3.4　传统媒体的新媒体内容运营

1. 什么是传统媒体的新媒体

何为传统媒体的新媒体呢？首先要弄清楚什么是传统媒体。传统媒体是指电视媒体、平面媒体、户外媒体和电波媒体。简单来说，传统媒体的新媒体主要有两种形式：一种指的是传统媒体入驻新媒体的平台，比如《人民日报》有自己的官方网站、官方微博、头条官方账号等；另一种指的是传统媒体与新媒体的融合，即"融媒体"。例如：H5 超文本标记语言，实现了图片、视频、音频等兼容性，使得内容呈现更直观、更立体、更具有趣味性，给用户提供了良好的沉浸式体验。

2. 传统媒体的新媒体内容运营

说到传统媒体的新媒体内容运营，主要分为三个方面：

（1）内容审核。

传统媒体的新媒体内容运营，内容审核是至关重要的，把关和内容审核成为它们的试金石。内容审核水平既是传统媒体的新媒体的试金石，也是其竞争力。然而，内容平台要做到这一点并不容易，因为内容审核需要消耗传统媒体和新兴媒体大量的人力成本，据说今日头条遭遇史上最严整顿后招聘了上万的审核人员。且不说审核人员素质如何，这本身就是一笔巨大的开支。腾讯借助平台和资本的强大实力可以扛得住，纯内容平台的今日头条就未必了。总而言之，传统媒体的新媒体借助平台优势，如能把内容审核与资本运营结合好，未来才有可能打造成为真正受用户欢迎的媒体。

（2）技术加持。

传统媒体的新媒体内容运营，还需要技术加持。比如说发力人工智能（AI）的百度，他们拥有不少世界级科学家和工程师，在 AI 的各个领域展开研发，无人汽车、语言自动处理等。那么，它能否应用人工智能对付互联网公害——假新闻和谣言呢？诚然，用 AI 来识别假新闻并不是互联网企业必须做的事情，却是传统媒体的新媒体内容运营值得做的事情。例如，《人民日报》新媒体中心率先通过实验室接入热点发现、智能摘要、内容审核等 AI 功能。2018 年 3 月，《人民日报》入驻百家号，开启了与百度的内容合作。2018 年 6 月，百度技术赋能、助力《人民日报》搭建起移动新媒体聚合平台——"人民号"。基于合作关系，人民号和百家号账号打通、内容共享，百度 App 日活 2 亿的流量融入生态。用人工智能等新技术服务企业利益还是服务公众利益，那是能否让传统媒体的新媒体受到公众认可的关键。而这些公益性质的事情对于传统媒体的新媒体来说，不是能不能做的问题，而是想不想做的问题。传统媒体的新媒体进行内容运营，技术加持是重中之重，内容为王，技术为翼，技术为内容服务。技术加持让传统媒体的新媒体内容运营如虎添翼。

（3）"去媒介化"。

事实上，传统媒体的新媒体内容运营还要力求"去媒介化"，因为做媒体有风险，做内容要受监督，自由度较低。但仍有一些互联网企业没有放弃内容入口，例如阿里不仅收购了 UC 头条，还想入主今日头条。传统媒体的新媒体内容运营应加强内容平台之间的合作，实现联动效应。加强传统媒体与新媒体之间的融合，例如政府与腾讯之间的合作。

4.4　实训与复习

实践训练

为了更好地理解新媒体内容运营的概念，并掌握相关的基础知识，下面我们将通过一系列实践训练来进行练习。

【实训目标】

（1）了解新媒体内容运营的相关概念。

（2）了解新媒体内容运营的核心环节。

（3）了解 MCN 新内容革命和内容 IP 开发。

（4）掌握各类新媒体内容运营。

【实训内容】

（1）调查身边熟悉的新媒体公司，掌握公司的基本运营情况，并分析公司现有的新媒体内容运营模式。

（2）举例说明目前主要的新媒体内容类型与发展趋势，并说说你的想法。任选某一内容类型（如生活服务类、知识教育类、政务类），尝试做一个新媒体内容运营策划案。

（3）分析一个 App，如何进行新媒体内容的 IP 开发。应用思维导图分析任意一个政务新媒体（具体案例请关注下方的思维导图）。

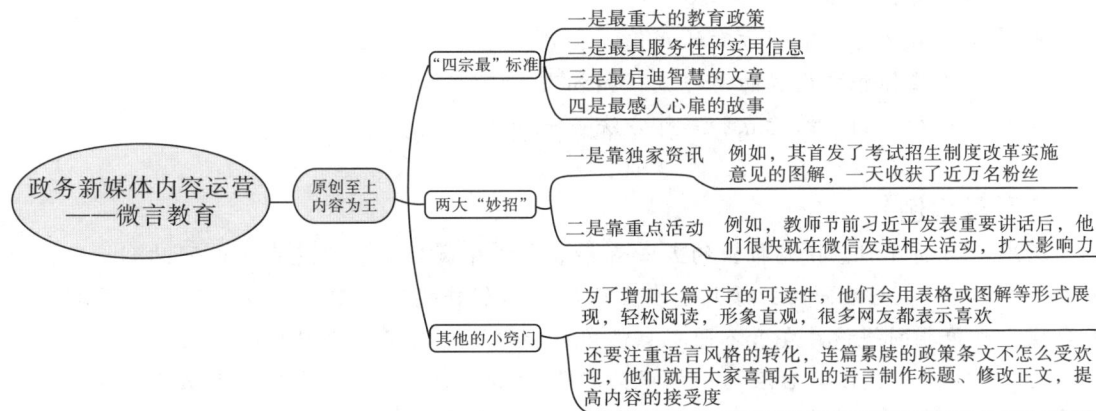

图 4-21　政务新媒体内容运营案例——微言教育思维导图

课后复习

思考题

（1）讨论在新媒体时代，如何做好内容运营？

（2）传统媒体的新媒体内容运营，分为哪三个方面？

（3）如何做好政务新媒体的内容运营？需要具有熟练驾驭政务新媒体的哪五种能力？

第 5 章

新媒体文案写作

【学习目标】

- 了解新媒体文案的主要类型
- 掌握新媒体运营策划方案的写作方法
- 掌握新媒体推文内容的写作流程和方法
- 学习短视频脚本的特点和写作方法

【引导案例】

2020 年 5 月 4 日，B 站推出的五四青年节宣传片《后浪》迅速在各大网站刷屏，成为现象级"爆款"。与此同时，该片也在互联网内容创作领域掀起了一股"后浪"风潮，各大自媒体都争相围绕该片发表不同观点，争议和讨论在社交媒体中此起彼伏。该片不仅助推 B 站"出圈"，也让"后浪"一词成为 2020 年度网络热词。《后浪》成功的背后是一个优秀的文案：有创意的策划思路、富有时代感的话题和极具感染力的演讲词。

【本章要点】

新媒体文案　　新媒体运营策划　　新媒体推文　　短视频脚本

5.1 新媒体文案写作概述

新媒体运营离不开文案写作，新媒体文案可以说是新媒体运营的内容、策略、思路等的文字（包括图表）表达，也是一个创意的呈现过程，它分别服务于新媒体用户、运营者和管理者。

5.1.1 何为新媒体文案

文案本义是指放书的桌子，现在是和广告相关的概念，属于广告文案的简称，多出现于广告公司、企业宣传与新闻策划工作中；也指公司或企业中从事文字工作的职位，就是以文字来表现已经制定的创意策略的内容形态。对于新媒体文案的概念，叶小鱼、勾俊伟在《新媒体文案写作与传播》一书中这样界定：“新媒体文案是主要基于新型的媒体而重点输出广告的内容和创意。”其实，输出的不只是广告，还包括新媒体运营中所需要的各种文体和方案。

在新媒体运营工作中，文案是分别为用户、运营者（生产者）和管理者（决策者）服务的。对于用户，要把新媒体内容更好地用文字（包括图表）呈现出来；对于运营者，则要把运营的思路整理出来，使之可执行、可操作；对于管理者，则要提交一个有创意的策划方案，使之对于决策者具有说服力。

5.1.2 新媒体文案的类型

新媒体文案主要分为三种类型：第一种是新媒体运营工作方案，就是企业开展运营工作之前需要形成的活动计划和工作方案，例如互联网平台各种大型推广活动，如天猫“双十一”购物节的筹备工作，都需要制订完善详实的工作方案，实现对所有工作内容在方向性和规范性层面的总体设计和把控。运营策划文案首先必须是具有较强专业性和可行性的，因为它的写作对象并不是普通的用户，而是企业内部的从业人员，它的写作目的也是为各项工作的推进提供较为清晰的脉络。由于新媒体运营属于综合工种，很多时候需要开展跨部门合作，因而运营策划还需要根据不同的部门和职位，提供不同内容的策划实施文案，便于所有部门和人员明确各自的工作方向并开展具体的工作。一份合格的运营策划至少需要具备以下两个特点：任何人都能看懂、相关人员都要执行，这样才能在团队内部合作和外部对接的过程中减少沟通和合作成本，提高项目推进的工作效率。运营策划主要由企业内部专业的策划团队负责，而一名优秀的策划者不仅要具备较强的战略思维和规划能力，还要具备不走寻常路的创新能力。

第二种是新媒体图文内容，即面向用户进行图文内容的生产和传播，其主要形态是新媒体推文，目前广泛存在于社交媒体和各类资讯平台中。例如《人民日报》公众号在

2021 年 5 月 15 日发布的《叮咚！你有一封来自火星的邮件待接收》、头条号北戴河桃厂电影修士会的文章《刘亚仁有什么值得喜欢的?》等，都是 10 万 + 的推文。从内容形态来看，推文首先属于公开传播的信息产品，即传媒机构和自媒体生产的内容产品，通过向不同用户提供满足需求的产品对他们施加影响。因此，推文需要具备清晰的内容定位。例如《人民日报》公众号属于传媒机构的自媒体平台，其专业媒体的身份和传递客观真实信息的定位深入人心；而北戴河桃厂电影修士会的定位则是影视娱乐内容的分享和评论。从用户的角度来看，推文面对的是具备不同特征、拥有不同需求的新媒体用户，因此除了推文内容的创作之外，推文的推送也同样重要，这也是推文中的"推"所强调的。用户互动和用户反馈既是推文创作者获得用户需求和喜好的来源，也是衡量新媒体推文传播效果的重要指标。因此，推文内容的创作者除了需要具备良好的文字功底之外，还需要对社会焦点问题有较为准确的把握，对用户心理有较为深入的洞察，因为其最终的目标不只是向用户传递高质量的内容，而是通过话题引发用户关注和自主传播，最终实现推文传播效果的提升和流量的最大化。近年来，随着推荐算法的应用，推文写作也要懂得根据算法逻辑调整写作方法，才能得到更好的内容分发。

第三种是视频制作文案，主要包括脚本和拍摄计划。脚本是导演的工作台本，它是将视频拍摄的内容通过书面文案予以完整呈现的形式。脚本最主要的功能是通过视频内容创意的书面呈现为视频拍摄提供指导，因为视频拍摄涉及导演、摄像、灯光、布景、演员、编剧、场记、后勤等多个工种的团队分工协作，脚本就是他们各司其职又彼此配合的主要依据。有些纪录视频是无脚本的，但也需要准备一个拍摄提纲，大致确定要拍摄什么内容。拍摄计划则是围绕脚本制订的工作计划，主要是为制片人服务的，制片人根据拍摄计划安排摄制人员的衣食住行、拍摄场地的准备以及其他相关事务处理。

5.1.3　新媒体文案写作

新媒体文案写作有很多方法，但最重要的有两种：互动式写作法和头脑风暴写作法。

1. 互动式写作法

可以充分利用互联网的互动特性来进行推文写作。在选题确定阶段，可以通过自己建立的专家群进行选题遴选，通过听取各方意见，集思广益找到最佳选题。在推文写作发布阶段，可以先在小号上发布，看看反应如何，然后根据反馈意见，进一步完善推文，再在大号上正式推出。也就是说从选题到写作有一个互动、酝酿、完善的过程，这样更容易产生爆款文案。此外，还可以通过与粉丝互动迸发出新的选题，进而续写新的推文。

2. 头脑风暴写作法

普通文案一般由个人完成，但重大运营项目往往需要集体智慧，于是一种智力激励法——头脑风暴写作法出现了。头脑风暴写作法是一种专家会议形式，目的是进行决策预测和策划方案设计。这种专家会议是在一种非常融洽和轻松的气氛下进行的，人们可以畅所欲言地发表自己的看法。头脑风暴写作法的心理基础是一种集体自由联想而获得创造性设想的方法，它可以创造知识互补、思维共振、相互激发、拓展思路的条件，因此，可收到思考流畅、思考领域扩大的效果。

运用头脑风暴写作法须遵循如下原则：

（1）互不批判原则。为了消除每个与会者的心理压力，创造一个融洽、自由、轻松、活泼的气氛，保证思维的发散性和流畅性，会议上不得对任何人提的任何设想有丝毫批判的意思，任何人也不得做出判断性结论。为了确保互不批判原则彻底实行，在会上也禁止吹捧、溢美之言。

（2）自由发挥原则。就是使人的主观想象力得到充分的发挥，让与会者的思维保持在自由奔放的状态，以便提出各种新鲜奇特的构想，突破各种束缚和障碍，形成富有创造性的设想和方案。

（3）数量最大化原则。会议上所提出的各种设想不在乎质量的高低，其目的在于获得最大数量的设想。这要求鼓励与会者自由大胆地展开想象，踊跃发言，提出的方案越多越好，在各种设想大量增加的条件下，各种优质设想就会蕴藏其中。

（4）借题发挥原则。就是善于结合别人的意见来提出自己的设想，目的是鼓励对他人的设想加以改善或将他人的设想加以结合，巧妙地利用他人的设想，从中提出更加新奇的设想，这就是要促成思维的连锁裂变反应。

头脑风暴写作法具体运作大体有如下几个步骤：

（1）会前准备

①确定会议主题。也就是确定策划所要集中解决的问题。

②选择主持人。主持人关系到会议的成败。主持人必须十分熟悉会议的主题，熟练掌握 BS 技法，同时要求平易近人，头脑灵活，健谈幽默，善于启发和提示，善于制造气氛和保持气氛。主持人不一定是群体中最高权威者或最高领导者，可以是群体中地位、资历、学识属于中等水平且符合以上标准的人员。

③小组成员可以是各方面的人员，一般以 8～15 人为宜。

小组的成员选择有三个原则：

第一，如果参加者相互认识，要从同一职位（职称或级别）的人员中选取，领导原则上不应参加，否则可能对参加者造成某种心理压力；

第二，如果参加者互不认识，可从不同职位的人员中选取。这时，不论成员的职称或级别的高低，都应同等对待；

第三，参加者的专业应尽量与所讨论的策划的中心问题一致，同时专家组中最好包括一些学识渊博、对所论及问题有较深理解的其他领域的专家。

④确定会议时间。实践证明，头脑风暴会议的最佳时间要控制在 20～60 分钟。

（2）会议召开

①会议开始。主持人宣布讨论课题，申明四项原则。

②自由发言。必须把自由和集中统一起来。自由指的是会议气氛轻松，大家言论无拘无束；集中指要有重点地针对问题，而不是漫无边际地夸夸其谈。此时如果出现冷场，主持人可抛出事先准备好的设想，以达到抛砖引玉的作用。

③随时公布方案。应有两名记录员参加会议。一人做书面记录，另一人随时整理发言，利用黑板或投影仪反映出来，以相互启发，相互激励。

④适时宣布休会。会议已达到预期效果或已超过预期时间，应宣布散会，同时请大家

继续思考，有了新的构想，予以补充。

（3）加工处理

会议结束后，会议主持人和记录员要及时把会议讨论的问题归纳分类，进行全面技术性分析、可行性论证及评估和系统化处理，有的方案还可以建立数学模型。然后一并送策划者优化选择。

5.2　新媒体策划写作

新媒体运营是一项系统工程，需要通过运营策划来推动运营工作的有序开展，那么策划文案怎么写？

5.2.1　策划的内涵和特点

策划是指个人、企业、组织机构为了达到一定的目的，在充分调查市场环境及相关联的环境的基础之上，遵循一定的方法或者规则，对未来即将发生的事情进行系统、周密、科学的预测并制订科学的可行性方案。

策划主要有如下特点：

（1）目的性。无论何种策划都带有一定的目的性。策划是根据目的来构思创意，制定策略，安排、实施方案的。这种目的性既能够让运营工作变得更加有序，使得整个工作流程更加清晰和可控，也能强化策划的针对性，提升策划和执行的效率。

（2）创新性。策划的本质是一种思维智慧的结晶，其具体表现为"点子"新、内容新、表现手法新，创意就是策划的核心内容。而失去了创造性的策划活动就不能称为策划，只是固有行为模式的照搬，是一种简单的模仿。这样的策划很难在市场竞争中取胜。

（3）前瞻性。策划是一种具有前瞻性的文案，它的形成需要建立在大量资料的收集、调查和分析的基础上进行科学预测，这样才能保证整个策划能够以目标为导向定义未来的活动并进行有序安排。

（4）风险性。前述提到，策划既然是一种预测性的内容，那么在实际执行的过程中就有可能遇到系统内部和外部环境变化而导致的各种变动，这些变动会影响到原有策划内容的执行，甚至有时会形成较大的阻力。例如最近两年因为新冠肺炎疫情在部分地区的反复，会导致出现部分线下活动策划无法执行的情况。这种风险性也需要策划人员在策划过程中提前做好预案。

（5）综合性。和普通的文章以及视频脚本不同，策划是一种综合性文案，它既需要明确定位，也需要准确把握策划的方向，同时还要兼顾策划的创新性和可执行度，并且还要考虑到不同部门之间的配合以及具体的落地执行的各项事务。例如一个大型线下推广活动就需要考虑到活动本身的内容创意策划和执行方案规划，以及具体负责活动物资准备、人员分配、对内对外的沟通协调、活动的整体宣传工作规划等，要求策划者考虑到每一个环节，因为任何环节的疏漏都会影响活动举办的效果。

5.2.2　运营策划的执行方案

执行方案就是根据运营目标和策略制定出来的能够具体执行的内容的总和，我们需要按照制定好的运营策略，制订详细的执行方案，包括需要做什么活动、是线上的还是线下的；活动的创意是什么？推文怎么写？视频怎么拍？H5 怎么做？海报怎么画？等等。执行方案写作需要重点突出，逻辑合理，一方面说服老板支持这个方案，另一方面让所有参与成员都能对自己在什么时间需要做什么工作一目了然。只有满足了这两个基础条件，执行方案才是完整的、有价值的、可执行的。运营策划的执行方案主要包括以下四部分内容：

1. 运营策划的创意

创意是策划的核心，创意的构思有七种方法：①关键词关联法；②夸张假设法；③主题联想发散法；④十万个为什么法；⑤主题接力法；⑥功能发散思维法；⑦远距离联想法。

2. 推广渠道

运营活动的创意和设计完成之后，我们还需要把它们推广出去，让目标用户看到这些内容并且参与到活动中来。于是，选择什么样的渠道来做推广就非常重要了，也就是说，流量从哪来？

3. 执行节奏

对于大的运营策划而言，其往往涉及的都是一个系列的活动，例如"6·18"电商年中大促，包括领红包、赚积分、满减优惠、预售、付尾款等各类营销活动，这些活动的重叠推进都需要提前在运营策划的执行方案中安排好执行节奏，也就是提前安排好每个活动运行的时间周期。

4. 风险预案与预算

一个深度思考过的执行方案，一定会在每一个分层的转化点上做好"预案"，什么叫预案呢？你设计了一个活动或者某一个分层，你认为在这里应该要有20%的转化率。如果真实运行下来，只有1%，那怎么办？如果变成了80%，又该怎么办？这就需要我们提前做"预案"。实际上制作风险预案的过程也是对运营策划进行优化的过程，我们需要随时根据运营数据来及时调整方案的内容。此外，策划者还要想清楚整个方案中会遇到哪些风险，什么事情会导致项目无法往预设的结果发展，把这些风险和对应的解决方案写好，以防万一，如果在执行过程中一旦遇到了风险，马上启动应急方案，及时降低损失。

最后，还要将整个策划执行方案的预算列举出来。流量都不是免费来的，所有的活动都需要成本。有了金钱和人力的投入，就得算清楚完成目标之后能带来多少收益，算出整体的运营成本。让老板知道，我们需要多少钱来办这个事情，是否有优化的可能。"预算"指的就是为了达成这些目标，需要花费多少钱，根据方案可以达到一个什么样的投入产出比，也就是 ROI。投入产出比需要将预期目标、总预算和单用户成本的定量目标和定性目标列举清晰。

5.2.3　运营策划方案的写作

1. 策划文案写作

策划文案又叫策划书或策划方案。编写策划文案就是把新媒体运营策划的构思用文字和图表确定并表述出来，形成一份可操作的"施工图纸"。一份通用的策划书的构成要素可归纳如下：

（1）What（什么）——策划的目的。

（2）Who（谁）——策划牵涉的组织和人员。

（3）Where（何处）——策划的实施地点。

（4）When（何时）——策划的实施时机。

（5）Why（为什么）——策划的缘由。

（6）How（如何）——策划的方法和实施形式。

（7）How much（多少）——策划的预算。

（8）Effect（效果）——策划结果的预测。

具体内容和写作要求如下：

（1）目的意义：运营策划的目的和意义主要是给决策者和相关参与人员看的，要让他们明白为什么要做这个活动，开展这个活动的预期目标和效果是什么。目的和意义需要通过思考和归纳之后以简明扼要的文字呈现，让人一目了然。在撰写过程中，一方面要突出策划的定位和目的；另一方面也要对活动的预期形式与效果有切合实际的预估，不能过分夸大其意义和影响。

（2）现状分析：要证明上述策划的目的和意义实在可靠，就需要对运营策划涉及的产品进行现状分析，通过识别产品所处阶段、目标人群和发展方向明确策划定位、确保活动效果。现状分析主要包括产品数据的呈现和主观分析预测，其中，产品数据呈现需要根据运营策划内容的不同进行筛选和逻辑排列后呈现，简单的数据罗列使人难以抓住重点；主观分析预测需要根据数据和产品发展方向从规律层面进行合理的逻辑推导。

（3）内容形式：内容形式是运营策划书的主体部分，是策划创意的呈现。呈现主要包括活动内容和形式的叙述，让决策者和相关参与人员明白策划实施的具体流程和步骤。运营策划的内容包括活动主题、活动目的、活动背景、活动时间和活动规则，运营策划的形式包括活动形式、活动持续时间、活动参与方式以及各种奖励机制。

（4）组织机构：即对策划内容的执行人员进行分工和安排，例如哪些机构和部门需要哪些人员参与工作，谁来领导并协调各部门之间的工作，部门和人员之间如何进行分工合作、如何进行沟通等。在撰写这一部分时，分工需要十分具体并且落实责任到人，这样才不容易因为任务模糊导致相互推诿和消极怠工。

（5）实施程序：即策划实施的时间进度表，什么时候进行活动的前期宣传、活动程度、什么时候上线、需要选择哪些推广渠道等。时间标注需要具体明确，才能让操作者把握策划的实施过程，也能让管理者便于监督和控制。

（6）经费预算：经费预算需要根据前述的产品现状分析进行制定，可以参考竞品活动的经费情况综合预估。运营策划的经费预算既需要考虑产品的实际运营情况和盈利能力，从而把控活动成本，也需要留有一定的余量以应对突发情况。

（7）效果测评：在运营中也被称为活动复盘，即活动结束后，对活动效果和用户反馈的相关数据进行整理和分析，总结活动的优势和不足，为后续的策划工作提供借鉴。

2. 策划文案写作技巧

策划书和一般的工作报告有所不同，它对可信性、可操作性以及说服力的要求特别高，因此，运用写作技巧提高上述两个"性"、一个"力"就成为撰写策划书追求的目标。

（1）寻找一定的理论依据。提高策划内容的可信性并使决策者接受，就必须为策划者的观点寻找理论依据。企业策划学中的基本原理为运营策划书理论依据的寻找提供了方向借鉴，例如经济学的稀缺性原理、管理学的决策理论、社会心理学的模型运用等。这里要注意一点，理论依据是为策划服务的，篇幅不需要太长，主要讲它在策划中的应用以说服决策者开展活动。纯粹的理论堆砌不仅不能提高可信性，反而会给人脱离实际的感觉。

（2）适当举例。这里的举例是指通过正反两方面的例子来证明自己的观点。在策划报告书中加入适当的成功与失败的例子，既能起调整结构的作用，又能增强说服力。需要指出的是，尽量多举成功案例，这样能够侧面证明策划的可行性。最好能找到同领域产品开展过的类似活动，也可以从策划创意的层面选择一些国外先进的经验与做法，这能为决策者提供较为直观的决策参考。

（3）利用数字图表说明问题。策划书是一份指导企业运营实践的文件，其可靠程度如何是决策者首先要考虑的。策划书的内容不能留下查无凭据的漏洞，任何一个观点最好都有依据，而数字应是最好的依据。在策划书中利用各种绝对数和相对数来进行比较对照是必不可少的。要注意的是，各种数字最好都有出处以证明其可靠性，而且最好以图表的形式呈现出来。图表的主要优点在于有强烈的直观效果，因此，用图表进行比较分析、概括归纳、辅助说明等非常有效，不仅有助于理解还能提高页面的美观性。

（4）合理利用版面安排。策划书视觉效果的优劣在一定程度上影响着策划效果的发挥。有效利用版面安排也是撰写策划书的技巧之一。版面安排包括打印的字体、字号、字与字的空隙、行与行的间隔、黑体字的采用以及插图和颜色等。如果整篇策划书的字体、字号完全一样，没有层次之分，那么这份策划书就会显得呆板，缺少生气。总之，通过版面安排可以使重点突出、层次分明、严谨而不失活泼。

（5）注意细节。这一点对于策划书来说十分重要，但往往容易被人忽视。如果一份策划书中连续出现错字、别字，会让决策者对策划者的专业能力和工作态度产生怀疑，直接影响整个策划书的观感。因此，对打印好的策划书要反复仔细检查，不允许有任何差错出现，对企业的名称、专业术语等更应仔细检查。

5.3　新媒体推文写作

新媒体推文主要指面向用户基于自媒体平台开展内容生产的文案形态，是目前互联网图文内容的主要呈现形式。推文写作与传统写作最大的不同，就是推文写作为用户而写，而不只是考虑作者的喜好。

5.3.1　推文写作概说

推文顾名思义就是有推广性质的文章，非硬性的，在含蓄的文字中，向读者传达了要推广的产品、内容。那么，推文有哪些特征呢？

1. 内容的微型化

和传统文章动辄五千、一万字以上的长文不同，推文的文字内容普遍较短。例如微信公众号推文，字数平均在 800～1 000 字。简短的内容也意味着推文在内容结构安排上更加精练，文字表达的节奏更快。内容微型化也可以被称为内容碎片化，尽管这种碎片化在消解用户长时间保持注意力和连续性思维层面饱受诟病，但它依然为推文的多元化发展提供了客观条件。

2. 内容多媒介化

推文不仅可以承载文字和图片、音视频内容的有机结合，还具备较强的包容性，例如表情包在文字内容中的应用。许多搞笑、吐槽类博主都是这方面的高端玩家，例如科技博主毕导、吐槽博主小声比比都凭借能完美联系上下文的表情包搭配而形成其账号的内容特色。

3. 内容的话题性

不具备传播效力的文章不能算是一篇合格的推文。那么什么样的内容具备较强的传播效力呢？具备话题性的推文内容往往更受用户青睐，这些话题和绝大多数人的日常生活密切相关，无论推文传递的是独特观点、催泪故事还是实用干货，都可以借助话题性更快触达用户需求。例如《她敢"抛弃"娱乐圈的底气，让人叫好》《离开 TVB，她活成了真正的大女主》都是围绕前 TVB 女演员陈慧珊由于无戏可拍转行当英语老师引发关注的热点话题展开。

4. 评价标准的用户导向

传统文学作品内容的评价标准制定都主要由资深从业者和相关领域专家进行，和普通受众没有太大关联。而推文的评价标准是围绕用户反馈建立起来的，阅读量、点赞、评论和转发数量的高低都由用户参与共同构成，是用户喜好的直接反映，由此推动推文创作逻辑产生根本变化：由作者为中心的写作转变为用户为中心的写作。

5.3.2　推文的选题

一篇优质的推文 50% 靠选题，而好的选题既有利于优质内容产出，也能获得更多用户的关注。尽管不同类型的账号写作的内容不同，但是好的推文选题还是有共性的，一般而言，好选题基本具备如下四个特征：①具备较高关注度；②具备新鲜感；③要有价值观；④具备话题性。

基于以上特征，构思选题可以从以下三点来考虑：

1. 结合定位做选题

选题首先必须要和推文发布主体的定位相适应，例如个人公众号是不能做时政新闻的，一个定位品牌宣传的挖掘机销售企业发布个人情感类内容，这两者之间也风马牛不相及。这里需要考虑两方面因素。第一个因素是账号主体的身份，机构账号如政府、企业、传统媒体等定位都要符合其代表的权威性和专业度，而相比之下个体账号选题自由度更大一些。第二个因素是要满足用户的多重需求。例如"黎贝卡的异想世界"，定位虽然是时尚类账号，但是她在做推文选题的时候，并没有把目光局限在服饰穿搭的内容，而是逐渐扩展到关于外在形象的改善（改善体态）、生活方式的培养（探访 100 个女孩的家）以及审美力的提升，这些和时尚密切相关的内容同样也是她的用户关注并感兴趣的领域。

成长路径图是选题一大利器，它能根据读者成长路径中遇到的各种问题，推理出对应选题，并按照逻辑排列（图 5-1）。以公众号运营中教学类公众号为例，读者想要的价值是公众号运营干货，那么我们可以把一个小白进阶到高阶公众号运营所要掌握的各项技能罗列出来，再从具体技能中延伸出对应选题。

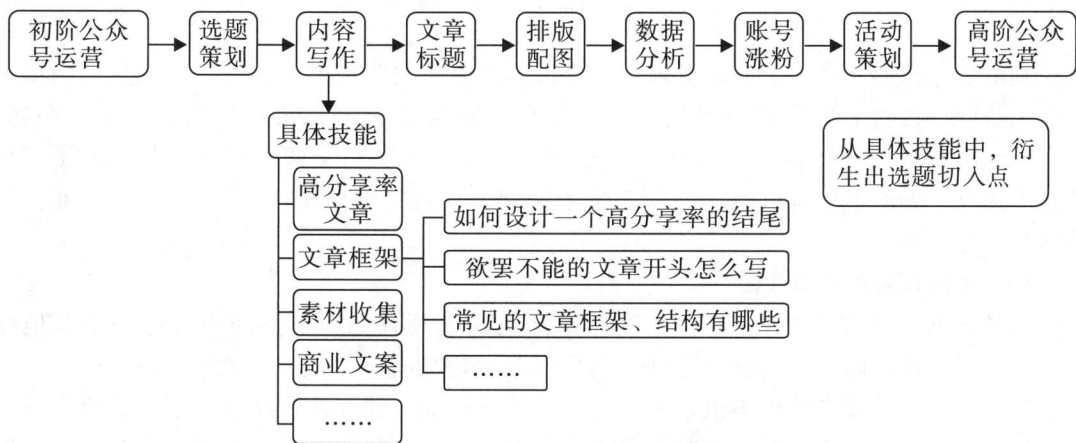

图 5-1　读者成长路径图

2. 结合热点找选题

结合热点找选题也是常用方法之一，而且更容易吸引关注。例如《全网吹爆的河南卫视，狠抽了资本一个耳光》《王思聪，从"国民老公"的神坛上跌落》都是结合网络热点话题内容撰写的推文。热点话题大致可以分为可预测性和不可预测性两种。前者能够通过运营日历提前开展选题策划，后者则需要根据热点的情况随机应变，及时搜集材料形成推文以追赶热点的时效性，实现引流。各大平台都有热搜榜和各种围绕热点的创作活动，这些都是当下热点选题的来源。

蹭热点有两个问题需要注意。其一，蹭热点需要把握时机、找准热点选题的角度，使得热点内容和账号定位相符合。如果不管不顾地什么热点都要蹭，则会破坏了推文内容创作的垂直度，产生适得其反的效果。其二，蹭热点只是一种手段而非专门的创作领域，一味追逐热点会让推文创作陷入误区。比追热点更重要的是通过推文创作和运营的经验积累提升"网感"。此外，追热点要想效果拔群，就得避免烂大街的选题。这里介绍一个能够帮助找到独特选题的白三角选题法（图5-2），特别适合追热点时打破常规思维。

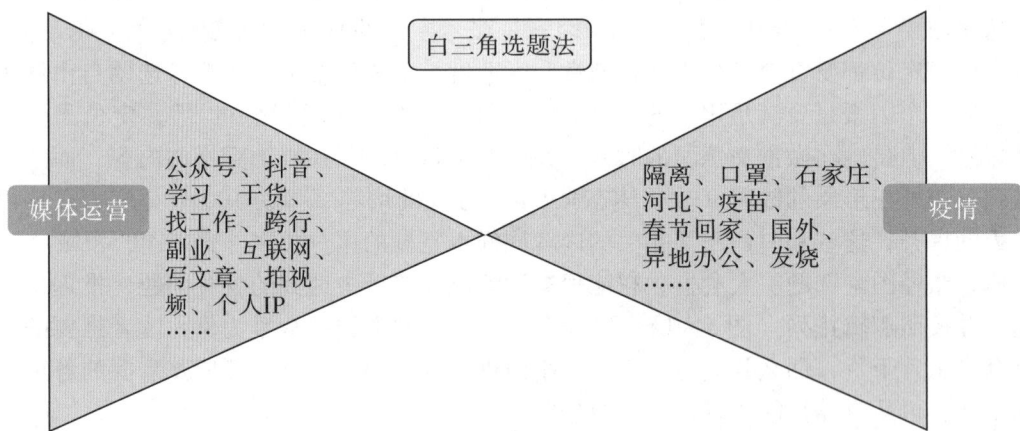

图5-2　白三角选题法示意图

画两个三角形，在一个三角形内填入与目标群体相关的关键词，另一个三角形内填入热点关键词，再将它们重新排列组合，就能得到正常逻辑下无法得出的好选题。例如：《那些春节因疫情不能回家的互联网人，在做什么?》《在家写文章，如何更有效率?》《疫情这个热点，如何追更有价值?》《春节回家期间，我教父母拍视频，发抖音》《河北，互联网荒漠?》。

3. 参考同领域账号做选题

就像读书时期的抄作业一样，刚开始不知道应该写什么时，不妨去参考一下其他账号，看看别人都在做什么选题。这种"抄作业"的好处有二：其一，能够为自身的推文选题提供灵感。有时候自己想不出好的选题，但是看到别人的好选题时会一下子被吸引并且打开话匣子，创作欲就是在这个时候突然浮现的。其二，其他账号的选题，尤其是那些粉丝体量较大的账号选题，都是经过实际验证、用户较为关注的内容，对于创作者有一定的指导性，能帮助他们将更多时间精力投入推文内容构思以及提升内容质量上。这里所说的参考并不是直接照抄，而是在同一个选题之下从不同角度切入进行选题构思。

5.3.3 推文写作的结构

选题确定后就需要开展推文写作素材的收集和推文立意的提炼。素材可以从日常生活中取材或者开展实地调研获得，也可以从知乎、微博、豆瓣等平台间接获得素材。创作者可以考虑搭建一个素材库，例如用印象笔记进行素材积累和内容整理，写推文的时候可以节省很多时间。收集素材也是为推文立意和选题做准备，立意需要从素材中提炼，再反过来根据立意找素材。想要写出爆款推文，文章既要能够调动读者情绪，也要为用户提供真正有价值的内容。最好的输出是价值观的输出。

新媒体推文写作表现形式多样，推文写作常见的文章结构如下：

1. 并列结构

在文章开头引出中心思想，正文中通过多个案例（一般 5 个以上）来支撑，结尾处总结升华（图 5-3）。此结构注重素材案例的精彩程度，越精彩则读者转发意愿越强。并列结构适用于偏案例呈现的观点文、情感文。

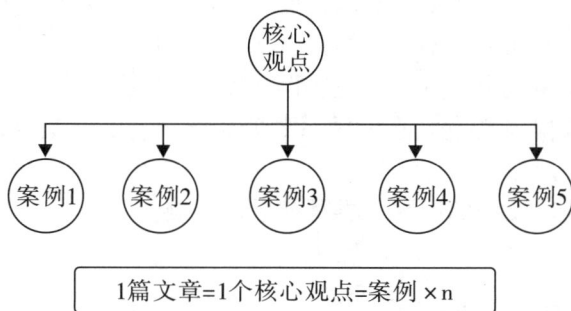

图 5-3 并列结构示意图

案例："视觉志" 4 000 万阅读的《谢谢你爱我》，文章中心思想是：世界不完美，但是总有人爱着你，被人爱着的感觉真好。中间用 17 张图和他们背后关于"爱"的感人故事支撑。

2. 总分总结构

并列结构是用案例来支撑中心思想，总分总结构则是用子观点（最好是 3~4 个）来支撑，层层递进论证核心观点（图 5-4）。子观点要有说服力，读者才信服。此结构适用于干货文、热点文、情感文、观点文等。

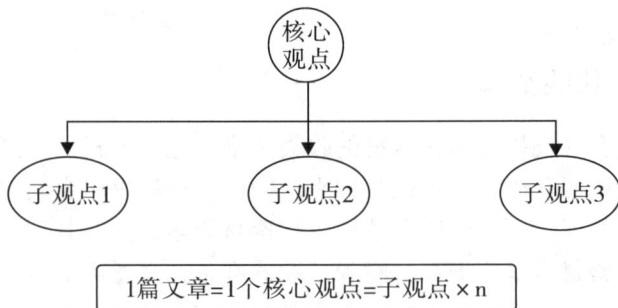

图 5-4　总分总结构示意图

　　案例："拾遗"的《周润发：人活到极致，一定是素与简》，文章核心观点是：周润发很有钱，却很简朴。中间用三个递进的子观点论证，最后结尾总结升华。

　　无论采用哪种结构，在素材组合上，要按逻辑链接。若中间缺乏关联，读起来就会云里雾里，体验非常糟糕。素材组合的常用逻辑主要有以下几点需要注意：

（1）时间顺序：之前发生的素材案例在前，现在发生的在后。

（2）重要性：重要的在前，不重要的在后，或者相反。

（3）区域范围：先写这个地方，写完后再写另一个地方。

（4）文章立意：根据与文章立意的关系紧密程度排序，先写关系较远的，再写贴近的，层层递进。

（5）因果关系：先写发生的原因，再写结果、影响。

5.3.4　推文内容的生产

　　确定好选题、立意和文章框架之后，就要进入推文内容的写作阶段。这一阶段主要包括标题、开头和结尾的写作以及语言组织。

1. 推文的标题

　　标题是文章的眼睛，尤其是对于推文而言，它是决定读者点开文章的关键。推文要想获得更多浏览量，就需要拟一个引人入胜的好标题。

（1）推文标题的制作方法。

①提炼核心信息点：提炼图文内容的核心信息是标题的基本要求，这些核心信息点也同样可以作为推文的关键词，便于用户进行识别和检索。例如标题《人大法硕考研复试考生泄题"0分处置"，先别急着骂》中，前半句就是对推文涉及的热点事件的人物、行为和结果的核心信息叙述。

②直击用户痛点："痛点"本是一个医学名词，指人体对痛觉敏感的部位，而今被广泛应用到社会学、营销学等领域，被理解为"未被满足，而又是非常渴望的需求"，也可以理解为"难以解决的问题"。在当今社会，用户感兴趣的内容或者需求痛点有增无减，那么将这些信息包含在标题中能够更有效地吸引用户关注。

案例：《会喝水的人都瘦了，不信你试试》

分析：该标题抓住了广大女性在夏天到来想减肥而又缺乏动力的痛点，提供了最简单的喝水减肥的方法。"不信你试试"更起到了推动阅读的作用。

③给读者帮助：还有一类比较常见的标题是利用读者趋利避害的心理，从标题就告诉他们通过阅读这篇推文能够获得什么。例如向用户提供一些新的知识、观点（《"什么是快乐星球"是什么梗？我们带你研究！》），或者给出实用性强的建议和利益承诺（《微信新版本内测，但我劝大家别更新！》《标题+人物事迹+金句，"建党100周年"的写作素材都在这啦！》）。

（2）推文标题制作的基本格式。

①字符数：16～26个字符；

②时间：距离写文章之日最近的日期；

③地名：以本地、热门地方为主；

④名人：以流量明星为主；

⑤情绪色彩：喜欢或者厌恶；

⑥关键词：涉及热门话题，使用刺激性词语。

（3）标题写作的提升方法。

①设立标题库：日常阅读中注意观察爆款推文的标题用词和结构，在起标题没灵感的时候也可以作为较好的参考。

②拆解标题：例如标题包含的关键词、使用的修辞手法和表达方式、句式等。

③模仿：模仿能帮助新手摸清用户喜好，模仿也是创新的基础，在熟知爆款标题写作技巧之后才能熟能生巧。

近来，包括今日头条在内的一些内容聚合平台在推文设置中采用双标题和多标题，这也能提高推文阅读量。

2. 推文开头和结尾写作

（1）推文开头的写作。

皮克斯著名导演安德鲁·斯坦顿在他的书籍《一个伟大故事的线索》中指出：所有好故事都应该在开头做的是：对观众做出承诺，这个故事对得起你接下来的时间。在碎片化阅读场景下，如果不能在开头的150字内点明主题，吸引读者注意力，那么读者大概会关闭文章，后面写得再好也没有用。好的推文开头语需要具备下列四个要素：

①引发好奇：用开头的第一句话激发读者的好奇心，构建出一种悬念感，让他从内心发出疑问，以此燃起阅读的欲望。

案例：《煮熟的鸡蛋能孵小鸡？深扒论文作者后我笑得开始打鸣了咯咯咯！》

开头语：今天，一篇刊登在《写真地理》杂志上、主题为熟鸡蛋能变回生鸡蛋并孵出小鸡的科研论文刷爆全网。我看不懂，但我大受震撼！

②认知冲突：提出跟人们认知相互冲突的事情，让读者产生疑惑。

案例：《〈快乐星球〉是恐怖片吧!》的开头：这一部童年剧的再次翻红，倒是让我有些喜出望外，因为我一直觉得《快乐星球》这部作品是被严重低估甚至误解的。只要你再一次以成年人的视角拨开低龄笑闹的外皮，就会发现，它就像今晚标题所形容的，大量的现实讽刺，大尺度的隐喻都隐藏其中，主线故事的走向也是暗黑且残忍的。

③产生共鸣：文章内容需要和读者产生共鸣，因为每个人永远只关心和自己相关的事情。

案例：《人人都曾马思纯，谁也不要笑话谁》开头语：中年人其实是不太关心娱乐八卦的——除非这八卦延伸开来，与自己的曾经相关，又或者，与自己的未来有关。

④总结过渡：通过总结，可以告知读者接下来主要讲哪些内容、按照什么样的方式来讲，并且清晰地向读者表明自己的立场，说明阅读本文会带来什么收获。（承上启下）实现方法：①列举要点；②表明立场。

案例：Vista看天下《清华学生跳个舞，哪至于丢了学校的脸》的开头：清华女生在校庆活动上的一段舞蹈，昨天被挑出来嘲笑。核心就是一个观念——这种业务水平不高、不够端庄大方的表演，万万不可出现在"高贵"的清华大学校庆上。可要我说，相比于老一套、费时费力的集体操练，这些女生"展现风貌"的姿态，要自在自信得多。

（2）推文结尾的写作。

心理学上有个"峰终定律"：用户对体验的记忆点由两个因素决定：高峰时与结束时的感觉。文章也是同理，要让读者在看完后转发，就得在结尾处激起读者的强烈情绪。

观点：文末总结全文，提出一个振聋发聩的观点，引人深思。

排比：三段式排比句，掷地有声，烘托文章气氛，引发共鸣。

引用：引用金句、名人名言，升华文章主题或佐证观点。

呼吁：把文章的观点代入现实生活中，呼吁读者行动。

3. 推文的语言

素材、提纲是地基，文章语言则是上面的建筑，能否吸引读者全凭它。首先，语言要做到没有错词病句，语句通顺，保证读者阅读没有障碍。在此基础上，要有"交谈对话感"，拉近与读者的距离，语言要力求深入浅出。其次，用词准确、具体也很重要。这里教大家一个可以让用词更具体、更准确的简单方法。当自己只有笼统用词时，可以直接搜索它的近义词，再根据意思选用合适的。比如"说"的近义词：喊、叫、呼、读、问、答、训、斥、骂、吼；"看"的近义词：瞄、望、瞅、瞧、盯、眺、瞪、凝、视、瞥。

4. 推文的修改

改稿，被很多人认为是在浪费时间，其实意义重大。当你忙于推敲部分内容时，很难看到文章全貌。改稿则是从整体出发，一览全文。改稿的具体步骤如下：

（1）主题立意：只有命中靶心，子弹才不会偏。改稿第一步，确定文章各个部分有没有跑题，是否与最初的写作目标相符。

（2）结构：读者读得云里雾里，很大可能是结构出现了问题。要思考各个小节之间逻辑是否关联，是否通畅。

（3）素材：素材决定文章的精彩程度。审视素材是否与主题立意相关，饱满程度如何，有没有更好的可以替代。

（4）段落：各个段落间逻辑是否贯通，读着是否拗口，有没有更好的表达形式？能否精简？

（5）句子：句子能否缩得更短，在段落、主题立意中是否多余，可不可以精简？形容词、副词有存在的意义吗？是为了主题表达而存在，还是在炫技？

（6）字词：用词是否具体、清晰，有没有使用笼统抽象的词？能否给读者清晰的画面感？

（7）精简：在不改变句子逻辑及连贯性的基础上，剔除一切不必要的词，像"的""了""是""这个、那个""呀、呢""因为、所以、但是""很、非常""如何、怎么样"等。

改稿后，务必通读全文，保证主题立意明确、逻辑连贯、语句通顺；推文写完之后还要认真检查反复修改，有些平台也有校对和预览功能，尽量做到零差错。

5.3.5　推文写作的技巧

除了掌握推文的基本写作方法之外，掌握一些写作和运营的技巧能够帮助初学者明确努力方向、快速进入状态。

1. 集成式推文写作

集成是相对原创而言，就是把别人的内容作为自己的内容或素材集合而成，也叫二度创作。新媒体内容运营的集成分为两种，一种是获得对方授权的转载；一种是使用别人部分内容作为素材或引用别人的观点。这里要注意的是使用别人的内容不能过多，否则会有抄袭之嫌。集成式推文的写作过程可以分为五个环节。

（1）搜集梳理内容素材。

内容集成与搜集梳理素材密不可分，把握用户需求之后，需要进行收集和梳理相关内容素材。素材分为内部素材和外部素材，比如以 2020 年新冠肺炎疫情为例，内部素材是指这次疫情本身具体数据、引起疫情的原因等，外部素材包括网民舆论、有关最近国内外热点等。

（2）创新内容集成形式。

内容与形式要实现统一，梳理素材之后，通过文字、图片、H5、音频、视频等不同媒介形式的组合，以最合适的方式进行内容集成。链接式写作也是集成式内容创作，把你之前做的相关内容链接起来。图 5-5 的微头条链接了多篇游记和短视频，成了一个超文本的广州导游图，还有不少网友把它收藏起来作为旅游攻略备用。

（3）引导用户生产内容。

引导用户生产内容关键要弄清以下几个问题：怎么引导用户生产内容？内容集成传播

的渠道是什么？这次内容集成究竟是谁看？如何从内容原创到内容众创？引导用户生产内容，进行内容集成需要多长时间？内容运营的主题、风格如何体现才能引导用户生产内容？

（4）依托平台集成内容。

内容集成需要依托平台，不同平台、不同频道的内容定位不同，而且如今平台都自带搜索引擎，可以帮助写作者搜集相关内容素材，写作者也可以根据平台的热榜和创作活动，敲定内容集成写作的选题。

（5）提升集成传播效果。

影响集成式推文传播效果的因素有很多，例如推文的话题性、用户的广泛性和关注度、传播平台的特征和传播时机的把握等。从传播的角度来看，可以考虑利用意见领袖的影响力提升传播效果。在公众号中可以采取互开白名单或者投稿其他账号的形式推动内容在平台内的大量传播，微博和头条则可以通过直接@意见领袖的方式请其帮忙做推广。

这里要注意一点，集成并不是抄袭，不能原文照搬照抄，不能洗稿。集成式写作是把多篇原创文章作为写作素材，根据自己的推文写作的需

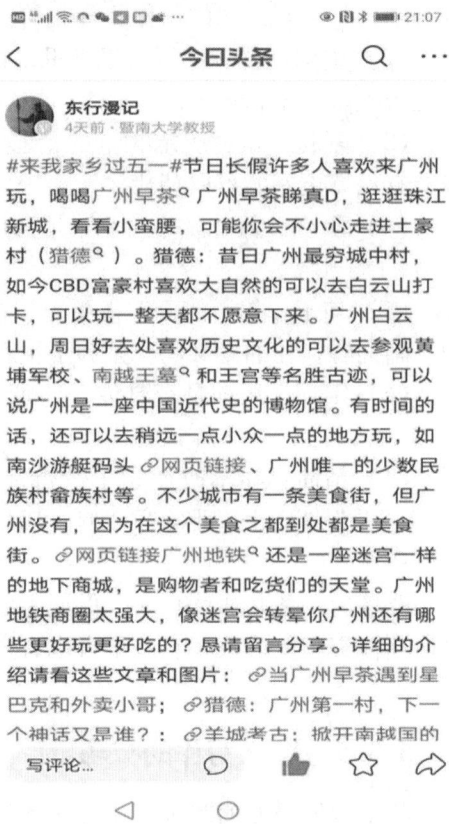

图5-5 头条号"东行漫记"微头条

要进行整合，加工处理，重新写作，还要有自己独有的构思和设计，主要部分和观点还是自己的。洗稿是新媒体图文内容创作中常见的抄袭形式，指的是对他人的原创内容进行篡改、删减，使其好像面目全非，但其实最有价值的部分还是抄袭的。近年来还出现了一种疑似抄袭的形式叫作融梗。融梗指网络文学创作过程中汇集各方创意，在作品人物设定、故事套路等方面借用他人智力成果的行为。身为一名内容创作者，需要尊重原创版权。

2. 增加"网感"

除了文字功底不足之外，许多初学者创作推文困难的另一个原因是缺少网感。那么什么是网感？网感的表层意思是对当下网络热点能及时捕捉，善于发现互联网在日复一日中的变化。但是假如你只在互联网上捕捉"网感"，你得到的往往是二手至二十手的网络热词热句，长此以往很可能成为一个有"二手网感"的人。热词会死，网感不老。网感的核心，不是热词拼凑，而是基于人性洞察的创新表达。

"有网感"主要指的是这两点：①对现在网络的一个关注度。你是不是时刻能写出与现今网络流行趋势相匹配的东西来？②拥有网络文学的逻辑。网络段子、鼓舞人心的"鸡汤文"、针对中老年人的"养生文"、针对少男少女的"扒皮曝光文"、针对愤青的"阴谋论"，这些东西都很符合网络的流行逻辑，它们就是有网感的文章。

网感，是做互联网工作的人必备的软技能。网感，本质上仍是制造人们爱看爱聊的内

容看点，而这，来自你对读者或用户需求点的洞察，也来自对自身内容的定位和调性的把握。拒绝成为热点的奴隶，拒绝以抖机灵为生，想办法去创造有价值的内容，去研究传播的知识和规律，也是一个新媒体人最基本的骨气和抱负。当我们研究网感的时候，我们研究的其实是互联网背后整个时代的语境。网感不仅仅是新媒体人、广告营销人必备的职业素养，更是每一个在互联网端生产内容的人都应具备的一项底层能力。

3. 音视频的运用

现在许多自媒体平台都支持推文的多媒体元素创作，在图文内容中插入音视频十分常见。音频在推文中主要有两种类型：一种是背景音乐，另一种是推文内容的音频化呈现。背景音乐的主要作用是渲染阅读气氛、唤起用户情感，因此在选择时需要和推文内容风格匹配。例如公众号"杂乱无章"主打都市青年情感话题，其搭配的音乐基本是一些流行音乐、R&B 和乡村音乐风格的抒情歌曲，文字和音频相得益彰。推文内容音频化呈现为用户提供了便利的信息获取方式，也能够形成账号内容特色。例如公众号《人民日报》的"夜读"专栏、公众号"十点读书"都会在每篇推文的开头放置文章内容的音频版，既符合"读书"的定位，也形成了该公众号的内容特色。还有许多以音频内容为主的公众号，例如"罗辑思维""凯叔讲故事"等。

和音频不同，视频内容在推文中的呈现需要考虑主次，因为视频本身就可以承载完整的推文内容。例如公众号《人民日报》的许多推文都是视频内容。如果视频只是起到辅助文字表达的作用，那么就需要把控视频呈现的主要内容、视频的时长和剪辑节奏。例如公众号"黎贝卡的异想世界"推出"100 个中国女孩的家"系列推文，其中就将家访拍摄的核心内容剪辑成短视频放在开头，再通过文字呈现更详细的家访内容。这样既照顾到了主体用户文字阅读的习惯，也能运用短视频对文字内容做更加直观的视听内容补充，提升推文整体的表达效果。

音视频的应用有两点需要注意：其一，音视频内容的添加需要根据推文创作的实际需求确定，毫无章法的添加只会自乱阵脚；其二，音视频内容应该和推文主题相关，并且和文字内容融为一体，而不是方向不同、各自为政。

4. 平台规则与内容审核

除了掌握推文写作的技巧之外，平台规则与内容审核要求也对推文内容的创作有影响。在互联网内容监管日趋严格的背景下，了解平台的内容审核要求关系到推文能否正常发布。初学者首先需要了解一般的推文内容发布规范，例如个人账号内容发布需要遵循互联网信息管理规范，不能"踩红线"，不能发布谣言、血腥暴力和低俗内容等，还有个人账号不能发布或者转发时政新闻。此外，不同平台对内容审核的把握程度不同，有时同一内容在这个平台能发布，在那个平台却审核不通过的情况较为常见。例如今日头条、一点资讯对内容审核十分严格，涉及时政或者危机舆情之类的敏感内容以及商业广告和推广元素的内容都会被限制推荐。相比之下，公众号和微博的内容审核较为灵活，给予创作者的发挥余地更大。

内容审核其实也是平台规则的一部分，把握平台规则有助于初学者通过运用规则获得快速成长。例如头条平台的算法推荐系统，是根据用户的属性特征、所处环境特征，结合相应信息的特征进行定向匹配，其主要推荐步骤如图 5-6 所示。

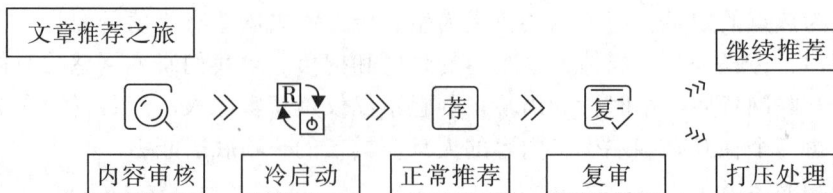

图 5 - 6　今日头条算法推荐流程图

现在各个自媒体平台都上线了新手教学功能，帮助运营新手了解平台特征、学习如何在平台运营自己的账号，相比一般的运营教程针对性更强。还要学会利用平台提供的官方扶持功能，例如微博的超话功能，公众号的原创保护和打赏功能，头条的加 V 认证、创作活动和签约计划等。此外，不同的平台有不同的定位和内容调性，也需要了解这些才能确保运营大方向的正确，避免出现在知乎话家常的情况。

5.4　短视频脚本写作

与策划文案和推文不同，短视频文案就是视频脚本和拍摄计划，前者是导演的工作台本，后者是制片人的执行方案。

5.4.1　短视频脚本的内涵和类型

1. 短视频脚本的内涵

短视频脚本的概念分狭义和广义两种。狭义的概念就是分镜头脚本，广义的概念还包括拍摄提纲、文学台本。短视频大致可以分为两类，一类是 30 秒以内的超短视频，一般没有剧情，可以理解为短视频的拍摄大纲和要点规划，用来指导整个短视频的拍摄方向和后期剪辑，起着统领全局的作用。另一类是 30 秒以上短视频的文学台本或分镜头脚本，可以有简单的剧情，与传统的影视剧脚本及长视频脚本相似，不同的是短视频在镜头的表达上有很多局限，如时长、观影设备、观众心理期待等，所以短视频脚本需要更密集的视觉、听觉和情绪的刺激，并且要安排好剧情的节奏，保证在 5 秒内抓住用户的眼球。

2. 短视频脚本的作用

对于短视频带货视频来说，脚本最主要的作用有两个：

（1）提高视频拍摄效率。

脚本是短视频的拍摄提纲、框架。有了这个提纲和框架，就相当于给后续的拍摄、剪辑、道具准备等做了一个流程指导。就像我们写文章一样，读书的时候，老师都会建议我们写文章之前先列一个提纲，然后根据提纲去拓展创作。这样写起来思路更清晰，效率也更高。

（2）提高视频拍摄质量。

如果想要短视频的基础流量高、转化率高，则必须对每一个细节精雕细琢。包括景别、场景布置，演员服化道准备，台词设计，表情，还有音乐的配合，最后剪辑效果的呈现等。这些都是需要脚本来呈现的。

3. 短视频脚本的类型

短视频脚本主要有三种类型：拍摄提纲、文学台本和分镜头脚本。

（1）拍摄提纲。

拍摄提纲是为拍摄一部影片或某些场面而制定的拍摄要点。它只对拍摄内容起各种提示作用，适用于一些不容易掌控和预测的内容。当拍摄过程中有很多不确定性因素，或有些场景难以预先分镜头时，就需要导演及摄影师根据拍摄提纲，在现场灵活处理。拍摄提纲常用于新闻纪录片和部分故事片的拍摄，在短视频拍摄中主要适用于 15 秒以上的视频拍摄。如果短视频时长在 15 秒以内，且没有太多的不确定性因素，建议尽量不要采用这种方式。

拍摄提纲一般包括六个步骤（图 5 - 7），分别是：①阐述选题。明确节目的选题意义、主题立意和创作的主要方向，为创作人员确定一个明确的创作目标。②阐述视角。呈现选题的角度和切入点。③阐述体裁。不同的体裁有不同的创作要求、创作手法、表现技巧和选材标准。④阐述调性。对作品风格、画面、节奏的阐述等。通常包括拍摄的画面内容、采访和说明三部分。⑤阐述内容。详细地呈现场景的转换、结构、视角和主题。⑥完善细节。把剪辑、音乐、解说、配音等都补充进去，使整个大纲更加完整。

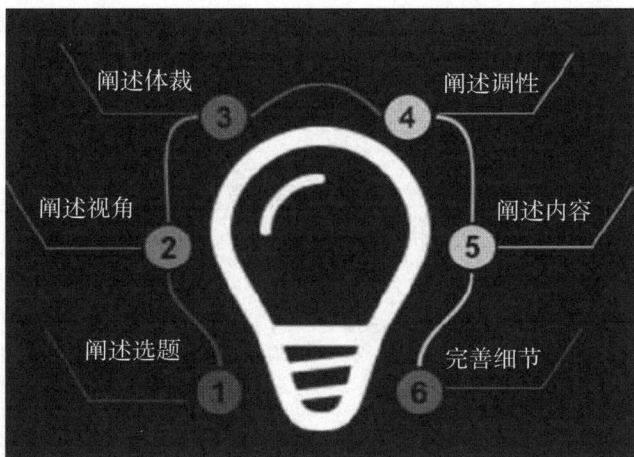

图 5 - 7　短视频拍摄提纲的六个步骤

（2）文学台本。

文学台本不像分镜头脚本那么细致，适用于不需要剧情的短视频创作。比如教学视频、测评、时评等，它基本上列出了所有可控因素的拍摄思路。在文学台本中，只需要规定人物需要做的任务、说的台词、所选用的镜头和整期节目的长短。文学台本除了一些不可控因素，其他场景安排也尽在其中，可以提高时间效率。

（3）分镜头脚本。

分镜头脚本是在文学台本的基础上，运用"蒙太奇理论"进行再创作，也是将文字转换成视听语言的一种文体，主要任务是根据解说词和文学台本来设计相应画面，配置音乐音响，把握片子的节奏和风格等。分镜头脚本已经将文字转换成可以用镜头直接表现的画面，通常分镜头脚本包括画面内容、景别、拍摄技巧、时间、机位、音效，在一定程度上已经是"可视化"影像了。分镜头脚本要求十分细致，每一个画面都要在掌控之中，包括每一个镜头的长短、每一个镜头的细节。

总的来说，新闻类的短视频适合用拍摄提纲，故事性强的短视频适合用分镜头脚本，不需要剧情的短视频适合用文学台本。

5.4.2 短视频脚本的创作流程

1. 短视频脚本的前期准备

在编写短视频脚本前，首先需要确定短视频拍摄的整体思路和流程。主要包括以下六个方面：

（1）拍摄定位。

在拍摄前期，我们就要定位内容的表达形式。拍摄定位很难一下子就确定好，需要经历一个长期的探索过程。初学者可以首先确定一个拍摄的大方向。拍摄大方向的确定可以从以下几点考虑：①你喜欢的。兴趣是前进的动力，需要选择一个能够持续输出新内容的爱好作为内容定位；②你擅长的。爆款选题再受欢迎，如果做不好就难以出类拔萃。选择你擅长的小众领域深耕，它们带来的价值不比大众低。③你有资源的。例如你要直播带货卖衣服，刚好你的亲戚是开服装厂的，你能够拿到成本更低的衣服，这就是你拥有的资源。也许你不太擅长表演，但是你可以凭借低价的进货渠道，在白热化的直播带货中杀出一条血路。

通过以上三方面确立一个大概的方向后，就要考虑细化的内容定位。比如你要做短视频，是美食制作、服装穿搭还是小剧情等。

（2）拍摄主题。

主题是赋予内容定义的。比如服装穿搭系列，拍摄一个连衣裙的单色搭配，这就是具体的拍摄主题。

（3）拍摄时间。

拍摄时间的确定有两个目的，一是提前和摄影师约定时间，以免影响拍摄进度；二是确定好拍摄时间，可以做成可落地的拍摄方案，不会产生拖拉的问题。

（4）拍摄地点。

拍摄地点非常重要，先确定要拍的是室内场景还是室外场景。比如野生美食就要选择在青山绿水的地方，室内场景是选择普通的家庭厨房还是选择开放式的厨房。这些都是需要提前确定好的。

（5）拍摄参照。

有时候我们想要的拍摄效果和最终出来的效果是存在差异的，我们可以找到同类的样品和摄影师进行沟通，哪些场景和镜头的表达是你想要的，摄影师才能根据你的需求进行内容制作。

（6）背景音乐（BGM）。

背景音乐（BGM）是一个短视频拍摄必要的构成部分，配合场景选择合适的音乐非常关键。比如拍摄帅哥美女的网红，就要选择流行和嘻哈快节奏的音乐，拍摄中国风则要选择节奏偏慢的唯美的 Vlog 音乐，拍摄育儿和家庭剧可以选择轻音乐、暖音乐。这方面需要多积累，学习别人的选择方法。

2. 短视频脚本写作的方法

在拍摄脚本里面，我们要对每一个镜头进行细致的设计，我们主要从以下六个要素来说说短视频脚本怎么写：

（1）镜头景别（图 5-8）。

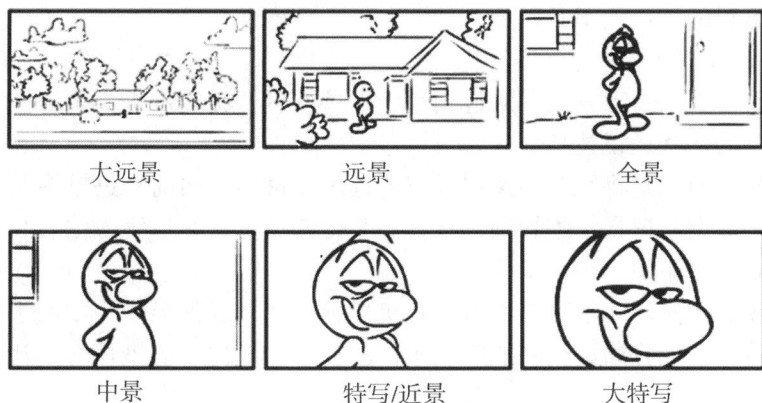

图 5-8　镜头景别示意图

镜头景别指的是短视频拍摄的时候，应该采用什么样的景别呈现画面。以人物拍摄为例，镜头景别的类型和相应的作用如下：

远景是把整个人和环境拍摄在画面里面，常用来展示事件发生的时间、环境、规模和气氛。比如一些战争的场景。

全景比远景更近一点，把人物的身体整个展示在画面里面，用来表现人物的全身动作，或者是人物之间的关系。

中景指拍摄人物膝盖至头顶的部分，观众不仅能够看清人物的表情，而且有利于显示人物的形体动作。

近景就是拍摄人物胸部以上至头部的部分，非常有利于表现人物的面部表情、神态，甚至是细微动作。

大特写就是对人物的眼睛、鼻子、嘴、手指、脚趾等这样的细节进行拍摄，适合用来表现需要突出的细节。

（2）内容。

内容就是把你想要表达的东西通过各种场景方式进行呈现。具体来讲就是拆分剧本，把内容拆分在每一个镜头里面。这里就需要在脚本中进行场景设计。按照空间的性质，拍摄场景可以分为叙事场景、表意场景和幻觉场景。场景设计需要经由确定场景—平面构成—立体构成—画出效果图四个步骤展开。虽然影视剧中常常有"绿布"场景设置，但是短视频的内容时间短，需要在一分钟之内表达一个主题，利用真实场景更能让人有代入感。当然，如果制作经费比较宽裕，且团队的拍摄剪辑技术精良，也可以尝试使用更多特效来丰富视频场景。

（3）台词。

台词是为了镜头表达准备的，起到画龙点睛的作用。一般所说的视频拍摄节奏中，台词的节奏同样重要。如果拍摄 60 秒的短视频，不要让文字超过 180 个字，不然听起来会特别累。

（4）时长。

这里的时长指的是单个镜头的时长，需要提前标注清楚，方便我们在剪辑的时候，找到重点，提高剪辑的工作效率。

（5）运镜。

运镜指的是镜头的运动方式，从近到远、平移推进、旋转推进都可以。下面是短视频拍摄中经常用到的一些运镜技巧：

①前推后拉。指的是将镜头匀速移近或者远离被摄体，向前推进镜头是通过从远到近的运镜，使景别逐渐从远景、中景到近景，甚至是特写，这种运镜方法容易突出主体，能够让观者的视觉逐步集中。

②环绕运镜。拍摄环绕镜头需要保持相机位置不变，以被摄体为中心手持稳定器进行旋转移动，环绕运镜就犹如巡视一般的视角，能够突出主体、渲染情绪，让整个画面更有张力。

③低角度运镜。低角度运镜是通过模拟宠物视角，使镜头以低角度甚至贴近地面的角度进行拍摄，越贴近地面，所呈现的空间感则越强烈。低角度拍摄也能够更加聚焦于某一部位，最常见的莫过于腿部行走，这类镜头在许多场景下可谓屡试不爽。

其实运镜方法有许多，当你能够熟练使用稳定器的时候，就可以在基础的运镜动作上加上其他元素，使镜头看起来更加酷炫，更有动感。

（6）道具。

可以选择的道具非常多，玩法也非常多，但需要注意的是，道具起到的是画龙点睛的作用，不是画蛇添足，别让它抢了主体的风采。

5.4.3 短视频的影像表达

短视频作为一种独立的视频形态，其影像表达相比长视频存在明显差异。那么，短视频的影像有什么特征呢？

（1）移动化触媒。

有人将短视频称为"移动短视频"，这里的移动主要指的是用户信息接收状态。尽管移动终端为长视频的移动触媒提供了可能，但是短视频时长短、内容呈现节奏快，不需要持续性的内容沉浸，更符合当代都市生活的节奏。5G 技术的普及为短视频的移动触媒提供了更加清晰流畅的体验，而与移动触媒相伴的还有短视频使用场景的不断丰富，这些都为短视频的内容创作提供了比较广泛的发挥空间。

（2）碎片化影像。

快手在 2017 年最先给短视频定义，"短视频的工业标准是：57 秒，竖屏"。第二天今日头条给出了不同的定义，"短视频最适合的主流播放时长是 4 分钟"。2017 年，作为用户渗透率最高的短视频平台——秒拍，给短视频的定义是："短视频不需要被定义，秒拍就是短视频"。

视知 TV 创始人马昌博认为，无论是快手的 1 分钟还是今日头条的 4 分钟，两者对短视频的定义都符合平台自身的逻辑。对于一个场景或者一个谣言，抑或一个知识点，1 分钟足以解释清楚；但是对于一个故事或一个逻辑，4 分钟的时间可以解释得更清晰、更完整。每个平台都有各自的平台属性和用户特征，因此平台的生产方向也各有差异。

本书所讨论的短视频，主要是指以新媒体平台作为主要传播渠道，播放时长控制在 5 分钟以内的短片视频；是一种有异于图文和传统影视的新兴传播载体；无论是内容形式，还是传播特点，它都有短小和碎片化的特征。

传统影像是一种视听艺术类型，是一种讲故事的艺术形式。而短视频更加宽泛，即可讲故事也可回避故事。短视频是以技术为前提，用碎片化的影像"记录"生活。

（3）竖屏内容呈现。

竖屏视频（Vertical Video）格式是随着 4G 时代网络视听业的不断发展应运而生的。竖屏视频摒弃了宽屏 4：3 或 16：9 的视频格式标准与审美品位，而且在画面的叙事策略上也大相径庭。ScientiaMobile 发布的信息表明，在美国市场，手机用户在 94% 的情况下都是以竖直的方式拿着手机。《纽约时报》的前视频制作人巴拉卡特做的研究表明，即使一开始的手机短视屏是以横向的观看方式生产的，但很多人宁愿忍受画面的黑边，也不愿将手机翻来转去。

在国内，各类型的视频节目中都有竖屏视频的踪迹。在资讯类视频中，2019 年，"学习强国"客户端在新年期间，推出了"习近平向全国各族人民拜年"竖屏短视频。画面信息清晰醒目，激起了大家心中暖暖情意，并在短时间内获得了大量的转发与评论。在访谈类视频中，《和陌生人说话》是腾讯推出的首档竖幅构图的人物采访节目。访谈节目本身就是以人物为中心，竖屏的形式，更好地突出了人物，表现了细节。

（4）社交价值提供。

以秒拍、美拍、快手、抖音等为例，这些都是具有社交功能的短视频平台。它们的共同特征是：用户广、操作易、即时性、分享性、娱乐性、互动性。新媒体时代也称为"受众时代"，这些短视频在传播过程中，以受众为中心，及时有效地向受众传播内容和价值导向。用户在理解和参与短视频的过程中，又以各自的"期待视野"与短视频互动，短视频的意义也就在互动中得以实现。

5.4.4 短视频脚本写作技巧

1. 短视频脚本写作的"三大黄金定律"

想要在短视频流量的洪流中脱颖而出，顺利抓牢用户的眼球，你需要知道写好一个脚本的三大黄金定律。

（1）"黄金三秒"定律。

如果一个短视频不能在前三秒内引发用户的兴趣与好奇，那么等待它的就只有被划走的命运。把握"黄金三秒"主要有以下几种形式：

①高诱惑力的前置信息。短视频不需要"娓娓道来"，我们必须在最短的时间内告诉用户"看完这条视频你能得到什么"，这需要靠信息前置来实现。并不是任何信息都能在短视频内吸引到用户，通常而言，那些具有悬念性的、治愈力的、与用户日常生活关联度较高的，或者是有冲突感的信息，更能吸引用户观看的兴趣。许多抖音大V，会在视频的开始就告诉用户这则视频的主要内容，譬如在抖音上坐拥3 500多万粉丝、获赞量超14亿的媒体类账号"四川观察"，其选题范围非常广泛，涵盖时事新闻、趣味娱乐、奇闻逸事等，但仔细分析它的内容，会发现很多视频的开头都会呈现给用户一些新鲜、有趣的前置信息，比如"除了种土豆，还有两种职业也适合火星"，容易引发用户好奇心；又比如"河南许昌假发产业带生产世界80%的假发"，用大数据让用户忍不住一探究竟。

②打破"第四堵墙"。打破"第四堵墙"是一种艺术手法，能让观众摆脱原有的沉浸式体验，从而起到提升内容戏剧性的效果。在抖音等短视频平台上，不少创作者也通过打破"第四堵墙"的方式来吸引用户注意。比如在视频的一开始，视频表演者就对着屏幕说"别划走"或者"等一等，听我说完"，这其实就是采用了打破"第四堵墙"的手法，直接与用户"对话"，通过打破用户沉浸式的观看来达到引起用户注意的目的。

③"耳虫"音效。对于短视频而言，音效也是一个非常重要的元素。抖音平台上那些高流量的作品，离不开各种流行的音乐片段。这些音乐因为出现的频率高，往往能形成"耳虫"效应，让这些音乐片段不由自主地反复在用户的脑海中播放，长此以往就会形成条件反射，激发出一些特定的情绪或者对特定内容的期待。比如有的背景音乐自带喜剧效果，有的背景音乐自带治愈效果，用户一听就大概知道这则短视频的风格是什么，从而能迅速进入视频氛围。

（2）"钩子"定律。

一个优秀的短视频脚本中，必须要埋着"钩子"。当一则短视频通过"黄金三秒"初步留住了用户之后，接下来要考虑的，就是如何确保用户不会中途"溜走"。

在抖音平台的推荐机制中，完播率是一个非常关键的指标，它在很大程度上决定着一个抖音短视频的流量。完播率指的是用户完整看完视频的次数除以视频的总播放量，比如看完了10次，视频总播放量是100次，那么完播率就是10%。推荐机制会认为完播率低的短视频对用户缺乏吸引力，内容质量较差，因此不会给予进一步的推荐。只有完播率高的短视频，才能被给予多的流量，因此完播率的高低就变得尤为重要。

在短视频脚本中有意识地埋入"钩子"，可以起到提升短视频完播率的效果。反转、悬念、彩蛋等手法，都可以扮演短视频脚本中的"钩子"。

反转，是很多爆款短视频常用的手法。通过人设、剧情的反转，往往能产生意想不到的戏剧效果，满足用户的好奇心和娱乐需求。比如在抖音上常见的"换妆"反转：一个长相平平无奇，甚至有点邋遢的女孩，镜头一切之后就摇身变为一个惊艳的美人，前后的反差会让用户体验到视觉的冲击。除了视觉上的反转，剧情上的反转也能让用户收获刺激与快乐。

在剧情中埋入反转，就能在用户看完前 3 秒和看完整个视频之间制造一个强有力的"钩子"，让用户不至于看到十秒、十几秒就将视频划走，从而提升视频的完播率，为视频的流量增长打下基础。例如，在抖音拥有 800 多万粉丝的搞笑博主"朱一旦的枯燥生活"最初的走红作品中，大多数就使用了夸张的剧情反转手法。转折通常是从"不经意间露出了我的劳力士"开始的，一块劳力士变成了测试世态人心的"试金石"。

除了"反转"，在开篇展现"悬念"或者在开篇预告视频中有"彩蛋"，也是一种"钩住"用户的小技巧。"悬念"能让用户在好奇心的支撑下尽可能久地观看视频；而许多短视频在开篇就会告诉用户"视频末尾有彩蛋"，让用户带着发掘彩蛋的预期去看完视频。

（3）台词标签定律。

短视频脚本文案和普通文案一个较大的区别是，短视频文案需要被念出来，也就是说这些文案会被转化为语音的形式，进入用户的耳朵。因此对短视频文案来说，"顺耳"就变得非常重要。

在短视频脚本文案的写作中，要尽可能地避免太专业或复杂的词汇出现，尽量用口语化的文案与用户进行沟通，此外，文案要多用短句，降低用户对内容的理解成本。在创作脚本时，创作者可以养成将文案念出来的习惯，而不是仅仅在心里默念，以便找到最合适的脚本语感。

许多优秀的抖音账号也会在日常的短视频中植入一些属于自己特有的"金句"，让用户通过这样的台词标签对账号内容形成固有的印象，提升用户对内容的记忆度。比如"朱一旦的枯燥生活"几乎会在每个视频的结尾都出现一句"有钱人的生活，往往就是这么朴实无华且枯燥"。在视频脚本中，也经常出现"他对我感激涕零""一番攀谈交心后"等富有代表性的文案。

短视频流量红利早已不再，但目前它仍然是一片最汹涌、最富有生命力的内容海洋。一则爆款短视频的诞生，是诸多因素共同作用的结果，而脚本在其中扮演着穿针引线的角色。对内容创作者而言，抓牢短视频的"黄金三秒"，在脚本中埋入"钩子"，打造具有特色的个人台词标签，都是提升内容吸引力的有用技巧，有助于在滚滚的短视频流量大潮中，获得属于自己的一瓢。

2. 短视频脚本写作要点

（1）视频要呈现的内容有多少？

很多人可能对视频一开始要呈现多少内容是没有概念的。记住关键点：简单就好。首先，我们在内容的甄选上不要贪多，不要复杂，不要让用户觉得吃力；其次，简单的逻辑简单呈现；最后，利用视频标题文案对视频内容做到补充、点亮、升华。剧情类的短视频尤其需要做到这一点，把控节奏，切勿贪多。

（2）视频的时长多少是合适的？

抖音短视频最开始的时长是 15 秒，虽然短平快但是显示了内容创作和表达的空间，所以后来出现了 1 分钟，甚至 5 分钟长度的视频。无论长短，我们都需要做更精彩的内容而不是更长的内容。所以建议大家，如果是新手玩家入场，时长最好控制在 30 秒至 1 分钟之间，再长的时间对节奏和内容的质量要求几乎是指数级增长的。

（3）脚本要怎样设计？

对于初学者而言，脚本并不一定要打破常规、反转和出其不意，能在 1 分钟内把一件事说清楚就可以了。可以借鉴以下的短视频脚本设计公式：

①搞笑段子＝熟悉的场景＋意外转折 1＋意外转折 2；

②心灵鸡汤＝故事情景＋金句亮点＋总结；

③教程教学＝提出问题＋解决方案＋展示总结；

④单品种草＝超赞产品＋亮点 1＋亮点 2＋亮点 3＝超赞产品＋适用场景＋非适用场景＋总结；

⑤合集安利＝使用场景＋产品 1＋产品 2＋产品 3……

5.5　实训与复习

实践训练

为了更好地理解新媒体文案写作，并掌握相关的写作思路和方法，下面我们将通过一系列实践训练来进行练习。

【实训目标】

（1）了解新媒体文案写作的一般方法。

（2）掌握新媒体运营策划写作的基本流程。

（3）学会运用新媒体推文写作的基本方法。

（4）强化短视频脚本设计的意识。

【实训内容】

（1）针对某账号写一份活动推广策划。

（2）在新媒体账号上写一篇推文。

（3）拍摄并剪辑一段短视频（应用视频剪辑软件）。

【实训要求】

（1）活动策划需要包括项目分析、目标和策略制定、可操作性较强的执行方案。

（2）推文立意明确，行文结构清晰，选题有话题性，至少要有正文区排版，内容必须是原创。

（3）短视频剪辑前应撰写一份要素齐全、格式规范的短视频拍摄脚本。

课后复习

思考题

（1）阅读一篇 10 万＋的推文，尝试从写作选题、标题和结构等方面分析它受到用户喜欢的原因？

（2）结合现实案例谈谈"头脑风暴"法在新媒体运营策划写作中的应用？

（3）挑选一个你经常关注的短视频账号，尝试分析其短视频内容呈现的特征？

第6章

新媒体营销推广

【学习目标】
- 了解新媒体营销的概况
- 掌握新媒体营销的类型
- 掌握新媒体营销的策略
- 了解新媒体营销的评估及规范

【引导案例】

众多国货美妆品牌通过各大新媒体平台进行营销推广抢占市场，完美日记这个原本的小众国货上线后凭借小红书、抖音等各大新媒体平台，联动素人推广、KOL推广和明星推广，大获成功，被誉为"国货之光"。2020年8月，完美日记更是以60.78亿元品牌价值名列2020中国品牌节年会500强榜单。完美日记在众多美妆品牌仍投身于传统广告投放之际，就着力开启KOC、KOL以及素人带货种草的模式，并非局限于寻求大牌代言，而是广泛投放腰部以下的小众KOL。与此同时，完美日记着力关注私域流量，打造专属人设IP"小完子"，发布高质量美妆内容，借助微信群、朋友圈构建用户信任，引发用户的关注与讨论。完美日记借助抖音平台直播带货、小红书种草分享、KOL联合推广、联名扩大声量等一系列举措迅速出圈，可以说是新媒体营销的优秀范本。

【本章要点】

新媒体营销的概况　新媒体营销的类型　新媒体营销策略　新媒体营销的效果评估体系及规范治理

6.1 新媒体营销概述

随着移动互联网技术的进一步发展，新媒体营销推广获得了源源不断的动能，一场以移动互联网技术为核心的营销变革正在爆发。在商业生态与产品技术的驱动下，新媒体成为推动营销效能进阶的主导力量，它为营销行业带来新媒介、新触点、新技术、新算法的同时，也在重构用户交互、创意生产、效果度量等营销链路的各环节。在数据智能的推动下，多端跨场景的全域营销成为可能，联结线上到线下，从整合到融合，推动营销的升级改造。下面我们来介绍新媒体营销的定义与特点以及新媒体营销的类型与方法。

6.1.1 新媒体营销的定义与特点

营销是指企业发现或发掘准消费者需求，让消费者了解该产品进而购买该产品的过程。营销的本质内涵是关于企业如何发现、创造和交付价值以满足自身目标市场的需求，获取产品利润的手段。营销推广即在以等价交换为特征的市场推销的交易活动中，工商业组织以各种手段向顾客宣传产品，以激发他们的购买欲望和行为，扩大产品销售量的一种经营活动。其具有以下四个特点：明确的执行目标、方式方法的多样性、与用户零距离接触、有效的市场数据反馈。

传统营销重促销而不重沟通、重方向灌输而不重双向交流，难以促进品牌与消费者之间的和谐关系。有别于传统营销，新媒体营销则是以广告主、营销服务商、MCN、KOL 和新媒体平台等为主要构成而共同支撑整个传播链运作，同时以 KOL 为主导，在各个新媒体平台上所开展的内容化营销活动。

随着新媒体传播的发展，新媒体营销推广应运而生。一方面借助新媒体传播渠道，另一方面创新营销理念。新媒体营销推广的特点有以下四个方面：

1. 形式多样

随着新媒介新技术的发展，新媒体可承载的内容形式越来越多样化。新媒体营销推广的形式具有富媒体特点，包括文字、图片、声音、视频、互动、AR/VR 智能化等多种形式，从视觉、听觉、触觉、嗅觉、味觉多个维度刺激用户感官，更加多元、直观、立体化呈现产品特点。

2. 传播迅速

依托互联网的传播，尤其是 5G 网络的发展，信息传播的速度更快、覆盖面更广；再加上用户交互式的几何传播，营销推广信息的传播呈"病毒式"扩散。例如 2021 年 6 月蜜雪冰城发布洗脑主题曲 MV，凭借朗朗上口的歌词和魔性的画面，蜜雪冰城主题曲 MV 成功洗脑了一众网友。

3. 传播交互

新媒体传播具有再中心化特点，每个人都可以成为话题的制造者和传播者。在新媒体营销推广过程中，每一个客户，不仅仅是营销信息的接收者，同时也是信息的二次及多次传播者，且有可能影响传播的方向。充分调动客户的兴趣去参与，在新媒体营销推广中极其重要。

4. 营销精准

有别于传统营销，新媒体营销推广依托新媒体平台而开展。客户的阅读、点赞、评论、转发、分享、转化下单等行为都被平台以数据的方式记录下来。"平台比你更懂你"，新媒体营销的大数据采集、统计、分析，平台的推荐算法成为新媒体营销推广精准化的基础，不可忽视。

6.1.2　新媒体营销的方法

随着传媒技术的不断革新，新媒体营销逐渐成为现代营销模式中重要的一部分，利用新媒体传播快速、具有交互性等传播特点，依托营销学基本理论，新媒体营销形成三种基本方法：新媒体病毒营销、新媒体事件营销、新媒体互动营销。

1. 新媒体病毒营销

病毒营销是一种常用的营销方法，新媒体病毒式裂变传播的特点使其成为营销推广的利器。新媒体病毒营销通过提供具有话题性的内容或服务，"让大家告诉大家"，通过别人为你宣传，实现"营销杠杆"的作用。用户的口碑或议论，使得营销推广的信息像病毒一样传播和扩散，利用快速复制的方式向广大受众推广产品，传递信息。病毒式营销已经成为网络营销最为独特的手段，被越来越多的商家和媒体成功利用。新媒体时代，开展病毒营销在于找到营销的引爆点，找到迎合目标用户口味的话题，打动消费者，让企业的品牌或者产品能够深入消费者内心。

经典案例

海马体圣诞季新年季病毒营销

海马体照相馆是杭州缦图摄影有限公司旗下的"精致证件照"品牌，成立于 2014 年，成立数年就在全国范围内进驻了 100 多家一线商圈购物中心。目前，除证件照外，海马体已成为时尚青年记录重要时刻的首选。2020 年圣诞季与新年季，海马体照相馆推出圣诞照（图 6-1）、新年照，在营销推广中品效双赢，引爆各大新媒体平台的舆论传播，引发了口碑的杠杆效应。

2020 年圣诞季，海马体推出的圣诞照包含 5 个女生角色：精灵、天使、圣诞公主、Magic girl、驯鹿，2 个男生角色：圣诞老人、王子，一经推出迅速在各大社交媒体传播，仅抖音平台的海马体圣诞照话题就达到了 2.5 亿次的播放量。

图 6 - 1　海马体 2020 圣诞照（图片来源：微博@海马体照相馆）

2. 新媒体事件营销

事件营销是另一种常见的新媒体营销方法。事件营销是指企业通过策划、组织和利用具有新闻价值、社会影响以及名人效应的公共事件，吸引媒体、社会团体和消费者的兴趣与关注，以求提高企业或产品的知名度、美誉度，树立良好品牌形象，并最终促成产品或服务的销售的手段和方式。由于这种营销方式借助新媒体传播渠道具有受众面广、突发性强，在短时间内能使信息达到最大、最优传播的效果，为企业节约大量的宣传成本等特点，近年来越来越成为国内外流行的一种公关传播与市场推广手段。

经典案例

B 站掀起"后浪"大潮

bilibili 是国内知名的视频弹幕网站，现为中国年轻一代高度聚集的文化社区和视频平台，该网站于 2009 年 6 月创建，被粉丝们亲切地称为"B 站"。2020 年 5 月，五四青年节之际，B 站专门邀请了国家一级演员、"60"后的何冰发布一个《后浪》演讲。此演讲视频一出，迅速引起年轻一代在朋友圈疯狂转载，2020 年 11 月 8 日"后浪"被《青年文摘》评选为"2020 十大网络热词"。

在 B 站《后浪》（图 6 - 2）演讲视频中，代表着"前浪"的何冰老师表示了对年轻一代"后浪"的理解和祝福，认可、赞美与寄语年轻一代："你们有幸遇见这样的时代，但时代更有幸遇见这样的你们。"深深打动了年轻一代的心，《后浪》一出，B 站一夜之间股价大涨 5%，增资 34 亿元人民币。截至 2020 年 5 月 28 日 21 点，《后浪》在 B 站达到了 2 562.2 万播放量，27.3 万弹幕，156.9 万点赞，102.9 万的转发量。

图 6 - 2　B 站《后浪》演讲海报（图片来源：微博·哔哩哔哩弹幕网 2020 - 05 - 04 博文）

在新媒体事件营销中，值得注意的还有近年来火热的傍焦营销，也得到较为广泛的应用。傍焦营销是随着《舌尖上的中国》热播而引出的营销新词语，其核心就是焦点，追随这些社会焦点而产生的营销模式被称为傍焦营销。央视拍摄了《舌尖上的中国》，这就是在创造焦点，淘宝及其他电商把"舌尖上的中国"引入搜索和销售概念，就是典型的傍焦营销。在新媒体网络传播环境中，一个热点事件很容易形成网络热词和事件传播。

傍焦的前提，在于焦点的创造，但创造一个焦点有较高的门槛，受创意、成本、时机等要素的影响，以"舌尖上的中国"为例，在播出时段，电商展开促销活动，形成一个独特的商业现象，在天猫的首页显著的窗口位置上售卖《舌尖上的中国》里的食材，节目第一集《脚步》播出时，贵州鱼酱厂一年的存货都卖光了。由此可见傍焦营销带来的巨大影响力。

经典案例

今年想去丁真的家乡

2020 年 11 月，藏族小伙丁真的一段 7 秒的短视频火了，这个皮肤黝黑、眼神清澈的小伙瞬间吸引了众多网友的关注，该视频瞬间收获了将近 500 万的点赞，成为年度最受关注的焦点之一，在各大社交媒体网络中疯狂转载。

在丁真引起广泛热议的同时，当地政府迅速反应，甘孜文旅签约丁真，让丁真担任文化旅游形象大使，并拍摄宣传片《丁真的世界》，使得丁真火遍全国。各地文旅官方微博、抖音号也纷纷蹭热点，趁机宣传本地旅游服务。在此期间，关于藏族小伙丁真的家乡在四川还是在西藏等的话题有 40 亿的阅读量。

3. 新媒体互动营销

新媒体与传统媒体最大的区别就在于新媒体所拥有的与受众较强的互动能力。在互动营销中，互动的一方是消费者，另一方是媒体。只有抓住共同利益点，找到巧妙的沟通时机和方法才能将双方紧密结合起来。互动营销尤其强调，双方都采取一种共同的行为，达到互助推广、营销的效果。并且，在互动的过程中能够尽可能发挥新媒体平台对于受众消费者强大的黏合作用。在传统媒体里"沉默的大多数"的受众变成了新媒体时代的用户，人作为媒介参与者在新媒体传播中改变了以往被动接受的角色，呈现出主动、外显的特征。

经典案例

建军 90 周年 H5 军装照

2019 年 7 月 29 日，为庆祝建军 90 周年，《人民日报》策划推出一款换脸"军装照"H5。用户扫描二维码，上传自己的照片，就可以生成帅气的军装照。这款 H5 一经推出，浏览量呈井喷式增长。众多网友参与互动，在朋友圈刷屏转发。

在建军 90 周年推出的 H5 军装照活动中，用 H5 将 1929—2019 年这 90 年间的 11 个阶段 22 套军装全部呈现出来，用户上传照片选择年限即可制作自己专属的军装照，强大的图像处理技术——国内首创的"人脸融合"，既能突出用户的五官特点，还自带美颜滤镜，呈现出非常自然的图片效果。使用户产生一种对军旅梦的向往和在朋友圈展现自我的欲望，满足了受众炫耀的需求。在建军节这个爱国氛围浓烈的时间段，让大家以一种崇敬的心态参与、分享，沿着每个人的社交链相互传染，在移动社交平台实现裂变式传播。截至 2019 年 8 月 2 日 17 时，"军装照"H5 的浏览次数累计达 8.2 亿，独立访客累计 1.27 亿，一分钟访问人数峰值高达 41 万。

6.1.3　新媒体营销的类型

根据品牌对营销的需求，新媒体营销还可以分为五种基本类型，分别是热点营销、品牌升级营销、新品推广营销、拉新引流营销、口碑提振营销。

1. 热点营销

媒介生态的丰富，消费者的注意力被再度分割，由信息碎片化时代进入信息粉尘化时代，如何迅速吸聚消费者的注意力并且在消费者头脑中留下印象，这是众多品牌在新媒体营销中面临的挑战。于是，"无热点，不营销"也成为许多营销人信奉的理念。热点营销的操作路径分为两类，一类是围绕已有的热点来进行品牌传播，即原生事件的热点营销；另一类则是围绕热点再造一个大事件，开辟新的关联热点，来进行品牌传播，以避免陷入同质化竞争中，即再生事件的热点营销。

（1）原生事件的热点营销。

原生热点事件有两种，一种是突发性热点事件，是指在一定时间内广受用户关注、热议的新闻或者社会舆论，类似重大事件、时事新闻、热播电影、游戏等，通常可以通过热门榜单获知，如微信热搜榜、微博话题排行榜、百度风云榜等。另一种是可以预见的热点，比如各种节假日、各种固定的赛事活动等。热点营销的关键点在于通过顺势、借势、造势等方式，提高企业或产品的知名度以及美誉度，获取消费者的关注。做到把握时机，从品牌关键点切入，及时抢占潜在消费者的心智，搭建传播矩阵，扩大传播效果，同时注重创新营销的方式避免同质化。

随着爆火电影、电视剧、综艺节目热度的广泛传播，众多品牌顺势借助于捆绑大热"IP"，借助热点实现品牌的快速曝光，通过塑造衍生产品，激发受众产生情感共鸣实现品牌的快速破圈。2021年的国庆档大片《我和我的家乡》全国热映后，迅速成为国庆档票房冠军，引起强烈关注。借助于此热点，伊利推出限量版"会说家乡话的牛奶"、抖音拍摄了六个"我和我的家乡"短片，为品牌造势。

借助热点事件在新媒体平台进行营销是对品牌创新力的考验，但是也要注意热点的选择以及把控蹭热点的度，否则可能适得其反。例如2019年年初，"互联网996"工作制在网上引起热议，一时成为各大新闻、社交媒体上的热门话题。每日优鲜App在其更新版本的信息中，以调侃的口吻写道："看你们没见过世面的样子，有故事的程序员都知道：007是常态，996才是福利啊！"这原本是品牌希望借热点，来推广自家App的新功能，结果却因为没有把握好度引来网友差评，App评分从4.5分直接降到1.3分。

（2）再生事件的热点营销。

品牌在各大新媒体上进行热点营销时，经常会遇到强行借热点的情况，不仅牵强而且效果也不佳。于是，很多品牌开始策划打造热点。例如2020年2月，口罩等医疗用品极度稀缺，五菱汽车宣布开始生产口罩。仅用了半个月的时间便改造生产线，开始生产口罩、口罩机。"人民需要什么，五菱就制造什么"这句口号成了广大受众对于五菱汽车的核心印象。6月，地摊经济兴起，五菱便专门打造了一款适合摆地摊的售货车。五菱汽车以实际行动使品牌打上了国家情怀的烙印，再次演绎了什么叫作"人民需要什么，五菱就制造什么"。

另一个典型案例是在 2020 年 9 月份，"秋天的第一杯奶茶"梗如同飓风般，短时间便席卷了大家的朋友圈、QQ 空间，甚至抖音、小红书、B 站等平台也都沦陷其中，网友们也纷纷开展了对于此内容的二次创作。众多奶茶品牌更是默契地开展借势营销。其中，奈雪的茶更是联名德芙、大龙燚、农夫山泉等继续炒热话题。据统计，"秋天的第一杯奶茶"的刷屏让多个品牌的奶茶销售量翻了 3~4 倍。

2. 品牌升级营销

新媒体让消费者有了更大的选择权，能够在更多的品牌中、更广泛的产品中去做选择。而对品牌来说，则需要不停地提升新媒体营销能力，让品牌一直保持活力，防止品牌老化，因此，很多传统品牌为了在新媒体市场上更好地抢占年轻用户，"品牌升级"成为其新媒体营销的刚需之一。

很多企业对"品牌升级"有两个误区，一个误区是"品牌老化了，那就通过生产新的产品来抓取年轻市场"；第二个误区是"品牌老化了，换个新包装、新代言人就可以解决。"针对第一个误区，做新媒体营销前一定要搞清楚"品牌老化"不等于"产品老化"，所以不能够简单粗暴地通过引入新产品来解决。比如可口可乐从诞生至今已经有一百多年的历史了，产品很少升级，最多只是在包装和容量上微调，但销量仍然是行业龙头，可见品牌对产品抗老化的作用有多么强大。针对第二个误区，在新媒体高度发展的当下，简单换包装和换代言人已经很难给用户新的感知了，因为品牌是一个由众多元素构成的整体，而不仅仅是表象的包装、代言人。品牌升级是一个营销经营的过程，品牌通过结合更换包装、代言人、引进新品等举措，同步在各大新媒体平台上以内容为手段，与用户进行沟通，才能慢慢培育用户对品牌的新印象。

3. 新品推广营销

新品推广是品牌营销活动中非常重要的一项，新产品上市必广而告之，不仅要唤醒老用户，还要寻找新用户，要通过新媒体营销去创造与用户的连接，介入认知，从而影响消费决策。

在传统营销时代，新品推广主要强调"强势曝光"，但是，在新媒体时代，"强势曝光"仅是其中一步，新品推广营销主要分为四步：舆论预热、强势曝光、内容渗透、分层触达。

以 OPPO Find X 在今日头条的营销为例，来清晰地分析这四个步骤。

第一步是舆论预热，在新机发布前，OPPO 联动今日头条平台上众多 KOL 发布了"新机谍照"，回顾 OPPO Find 系列以往的机型，以全网造势预热铺垫引起期待。

第二步强势曝光，在新机发布当天，通过开屏广告位、直播、视频、微头条、搜索品专、要闻推送、微博超话等方式，实现内容包围式矩阵，全方位霸屏。

第三步内容渗透，OPPO 与科技、数码和时尚等领域的 KOL 深度合作，产出了多元丰富的内容，有视频、图文、直播、问答、话题等，百篇资讯跨频道、跨平台刷屏。

第四步分层触达，通过对营销触达人群进行分析，可以了解网友对新机的舆情关注点、热词等，从而可以有针对性地再输出内容，进行分层触达。

新品推广营销中，借助各大新媒体平台的数据服务，对营销效果进行追踪是必不可少的，可以为后续品牌的长尾传播带来数据依据。

4. 拉新引流营销

拉新引流营销根据引流的导向路径，可以分为三种基本类型：线上线下引流、关联平台引流和种草带货引流。

（1）线上线下引流。

互联网经济下引发国民消费的快速升级，新零售时代就此展开。"新零售"概念的提出，快速结束了电商与店商针锋相对的局面，全面打通线上线下交易场景，实现共同发展。新零售使得线上线下在场景和体验上进一步打通，变成了一个双向引流的过程：线下门店通过场景和体验吸聚流量，再通过会员制、积分卡等方式为线上导流；线上的活动、电子优惠卡券又能够为线下门店进行导流。

线上为线下引流的形式基本分为两种：一种是通过与各大新媒体平台合作，来发放优惠信息和卡券，吸引用户线下消费；还有一种是通过开通线上小程序、线上小店来实现分流售卖和粉丝集聚，通过不定期在自有的社群、线上小店中发放优惠券和活动信息来引流。比如阿里巴巴引导一些传统夫妻小店、社区小店改造为天猫小店，再通过淘系大数据分析小店周边人群的网购数据，了解他们的购物数据和习惯，来帮助小店估算出最佳的进货品类、进货量以及发放优惠券刺激导流的力度。

（2）关联平台引流。

除了线上线下的双向导流外，不同的新媒体平台之间还会进行跨平台导流。由于不同平台的属性不同，获取的用户数据性质也不一样，电商类平台获取的是消费行为数据，而资讯类平台获取的则是阅读偏好数据，不同平台之间通过将这两类数据打通，则有可能促进线上跨平台的引流。

比如京东与腾讯合作的"京腾计划"，以及京东与今日头条合作的"京条计划"，通过将"社交行为"与"电商"的大数据相结合，获得更精准的画像，促进用户实现从社交、资讯平台流转到电商平台，从社交到购买一气呵成。

除了跨平台引流之外，同一平台之间的各大品牌联动，也能够进行关联引流。以2017年"双十一"为例，天猫发起品牌联合营销，邀请各品牌运用天猫经典的"猫头"标志演绎出各自的特性，并挑选优秀作品进行跨平台传播，品牌之间的用户也互相引流到对方平台。

（3）种草带货引流。

"种草"这个词自 Web 时代便开始流行于各类大小美妆论坛与社区，直到移动互联网时代又大量扩散到微博、微信等社交媒体平台，泛指"把一样事物推荐给另一个人，让另一个人喜欢这样事物"的过程。而种草营销则是指 KOL 在各种社交平台上生产原创内容来吸引用户，进行场景沉浸式营销，引发其主动搜索，进而购买产品、实现营销效果转化的一种营销方法。种草营销是一个用内容创造需求的过程。

不同于其他的营销类型，种草带货营销有五个基本的特性：圈层传播、真实体验、把控节奏、打造闭环、SEO 优化（搜索引擎优化）。

圈层传播：种草带货往往强调在垂直圈层、粉丝群中的传播，通过在共同体中进行推荐，容易获得群体信任感。

真实体验：种草带货强调的是"体验感"，这种体验感是由种草的 KOL 传达出来的，强调通过 KOL 亲自体验产品，并且发自内心写出的使用心得和产品评测，能够最大化地打动粉丝受众，而随着 KOC 的产生，真实体验更是成为博主获取粉丝信任的基础。

把控节奏：种草的目的是"带货"，因而要把控种草的节奏，及时露出产品信息和产品购买方式，避免因节奏过于冗长而导致受众流失。

打造闭环：种草最终的效果如何，很大程度上与是否搭建了一个完善的闭环有关，要从链路上尽可能地减少跳转次数，让意向消费者能够直接从种草页面跳转到购买页面，减少任何可能造成用户流失的环节。

SEO 优化：KOL 的内容种草只是整个"种草营销"中的一环，相关联的环节也要做好配合，做好各平台 SEO 露出，关联电商关键词搜索，展现遍地种草效果。

在科特勒的 *Marketing*4.0 里，讲到消费者相信的是 f－factor，包括 friends（朋友）、families（家人）、social platform fans（粉丝）。说到底，种草营销就是要建立起一种信任感。以时尚博主黎贝卡为例，她通过推荐时尚好物，强调亲自体验，通过中肯的心得体验收获了众多忠实粉丝，带来了成功的营销效果，如 40 分钟售空 1 200 双 Bata 联名款女鞋、4 分钟卖出 100 辆 Mini、自有品牌上线 59 秒销售额达 100 万。

5. 口碑提振营销

对于品牌来说，存在正负向口碑并存是常态，如何借助新媒体平台洞察舆情、主动发声、提振口碑，这是新媒体营销从业人员必备的技能。口碑营销分为两个向度，一个是正向口碑的强化，一个是负向口碑的化解。

（1）正向口碑的强化。

正向口碑强化是众多品牌营销的常规动作，而品牌借助公益来扩大品牌影响力，这早已不是新鲜事。在公益 1.0 时代，用户往往只是旁观者，只了解希望小学、希望工程等公益事件在哪里发生，媒体平台只是公益事件的传播者；到了公益 2.0 时代，媒体平台开始介入到物资筹措，用户也可参与，但参与的成本较高；公益 3.0 时代，公益不仅渗透用户的每一个生活细节，而且通过新媒体技术，能够让用户更低门槛地介入公益活动中，与品牌一起做公益，从而自发地成为品牌的推广人。

以中国平安的"三村公益"为例，对口地促进扶贫地农产品的销售，中国平安发起了一场"吃货消灭贫穷"的公益活动，线上分别在今日头条、微博、抖音三大阵营造话题，向"吃货"发出公益邀请，线下推出了一面由各种食材拼成的"可以吃的海报墙"。这次公益让广大"吃货"网友们能够理直气壮地"边吃边做公益"，而品牌也通过公益这一切入点和大众玩在一起，实现了品牌的正向影响力。

（2）负向口碑的化解。

对于负面口碑，有四个基本要素要明确：负面舆情群体是谁、负面的聚焦点是什么、负面群体的沟通偏好是什么、负面群体的社交平台偏好是什么。

以椰树牌椰汁为例，其包装设计一直被诟病，凭借其不变的"word"设计包装，五毛钱特效版的色彩搭配，以及大字报式的排版，被戏称为永远走在"反人类美学"的道路上。2022 年 4 月，瑞幸和椰树联名打造的"椰云拿铁"火速出圈，梦幻联动，抓住椰树椰汁的设计精髓，可谓"又土又潮"，带来不一样的视觉体验。加上"口感飞升""从小喝到大气层"一系列有趣、有梗的文案加持，以极具辨识度的品牌符号，显示出品牌年轻化的突破，带来极佳的宣传效果。

6.2 新媒体营销的运用

在新媒体营销逐渐成为主流的时代，流量为广告主企业带来巨大的收益，推动企业与广告主的营销方向逐渐向线上靠拢，借助多元线上新媒体平台，依托其营销内容呈现的丰富形式产生越来越多元的营销形式及营销模式，并在智能品牌思维的推动下得到更好的运用。

6.2.1 数字营销形式与模式

数字营销是使用数字传播渠道来推广产品和服务的实践活动，从而以一种及时、相关、定制化和节省成本的方式与消费者进行沟通。新媒体是完全数字化的媒体，所以说新媒体营销也是数字营销。根据不同的数字传播渠道形成不同的营销形式，如推文、短视频、音视频、直播等。

1. 推文

推文就是应用推广性质的文章，非硬性的，而是在含蓄的文字中，向读者传达了你要推广的产品、内容。在数字营销中推文的形式因其费用低廉、非硬性，能够在含蓄的文字中向读者传达需要推广的内容而备受欢迎。虽然每个平台的运营机制、呈现风格、分发机制都不一样，但是，推文的构成元素都大同小异，往往以文字为主，间或穿插图片、动图和视频等。由于推文的构成元素丰富，所以适用的营销需求也非常广，比如新品推广时对产品的翔实介绍，不仅需要细节图展示产品的设计，而且需要文字详尽地介绍功能和使用场景，同时，还需要视频来演绎操作方式，这些都可以通过推文来实现。

各平台提供的外跳技术，比如微信公众号的"文章内图片跳转功能"、今日头条的"扩展链接功能"，打造了从内容到购买的闭环，进一步提升了推文的营销价值。而各新媒体平台博文内容生态的繁荣，也催生出了各领域的博主，由于推文具有软文性质，可以通过内容更好吸聚粉丝、扩大影响力，同时也能够避免受众对于硬性广告的排斥感。相比微信公众号内容更丰富、篇幅更长的推文，微博平台发布的微内容因其短小精悍的特点，更符合碎片化时代受众的信息浏览需求。不同于博文的深度阅读，微型博文更强调短平快，更突出社交属性，因此更容易转发到朋友圈、微信群等各种社群，更利于社群营销。

例如"迪迪事件"，就是一场巧妙利用微博进行互动传播的公关营销案例。2019年11月13日，奥迪在微信朋友圈投放广告，结果却被放上了英菲尼迪的广告片。事后，腾讯广告发布道歉信，指出已在第一时间进行内部排查和处理。虽然错误得以修正，但事件本身引起了舆论热议。随后，事件主角奥迪和英菲尼迪迅速在官方微博上进行了有趣的互动，@英菲尼迪中国发表博文称："@奥迪懂你，兄弟。送给英菲尼迪的30周年生日贺礼收到，让我们一起启迪未来，尽释潜能。"此互动反而借助事件热度赢得了一波好评，被网友戏称为化"迪"为友。

推文也是一种软文，软文是基于特定产品的概念诉求与问题分析，对消费者进行针对性心理引导的一种文字模式，从本质上来说，它是企业软性渗透的商业策略在广告形式上的实现，通常借助文字表述与舆论传播使消费者认同某种概念、观点和分析思路，从而达到企业品牌宣传、产品销售的目的。这种方式改变了以往硬广告给人们带来的强烈撕裂感，以潜移默化的形式进行营销内容的输出，因而也能够带来良好的营销效果。借助公众号、小红书等平台，软文的推广方式也得到了进一步的发展。软文营销就是指通过特定的概念诉求，以摆事实、讲道理的方式使消费者走进企业设定的"思维圈"，以强有力的针对性心理攻击迅速实现产品销售的文字模式和口头传播。比如：新闻、第三方评论、访谈、采访等。

2. 短视频

与长视频沉浸式的用户体验不同，短视频内容节奏更快，内容更集中密度更大，品牌主要想在短时间内形成消费者记忆，不仅需要在内容、节奏上更快，而且冲突点、包袱也要在更短的时间内抛出，才能有效吸引用户。未来人工智能在短视频领域的应用会更深，以提升用户互动体验，让消费者在科技的帮助下真正参与品牌活动中，建立对品牌的认知和情感。

以抖音短视频中所使用的魔法道具为例，2021 年春节档的爆款电影《你好，李焕英》在上映期间，抖音平台通过融合视频特效、场景识别等 AI 技术推出了"抖音魔法道具"，该道具的出现引发了超 412.6 万人的使用，仅贾玲使用道具的短视频作品中，就有着高达631.8 万的点赞及 11.6 万的评论量。魔法道具在关联品牌产品的同时，激发用户的创作欲望，引发全网参与，推高品牌营销话题。

令年轻人喜爱的 Vlog 形式也可以有良好的营销运用。Vlog 是年轻人通过视频的形式分享自己生活和表达意见的一种方式，在 YouTube 上十分受欢迎，从 2016 年开始，它便进入国内，凭借着创意的剪辑、高质感的画质、醒目的个人标识等特点，吸引着具有同样生活方式和充满好奇心的年轻人，而各大新媒体平台也纷纷出台政策进行流量扶持。Vlog的最大特点是真实，强调真实地记录生活，没有提前写剧本、提前彩排的说法，而这也是最能打动年轻人的地方。

比如作为匡威代言人的欧阳娜娜，就通过 Vlog 的形式记录自己起居生活和穿衣搭配等，在这些日常记录里，她会主动穿上匡威的球鞋进行展示，会记录到匡威线下门店定制鞋子的全过程。Vlog 不止在视频平台捧红了欧阳娜娜，更是让匡威也火了一把。

"短视频内容＋社交"成了当前炙手可热的新媒体营销玩法，短视频行业商业价值逆势上涨，凭借着强大的流量优势持续吸引着品牌主的预算倾斜。品牌主也对短视频行业中的各大平台、MCN 机构、KOL 提出了更高的要求：需要实现精细化运作，加强垂直类触达效果，提升内容创意以保障传播。

3. 音视频

音视频包括音频、视频以及视频与视频的结合，在视觉经济方兴未艾的当下，耳朵经济也并没有随之消亡，像喜马拉雅、荔枝 FM、蜻蜓 FM、得到等音频类 App 也逐渐成为各品牌进行新媒体营销的阵地之一。音频媒介具有代入感强、延续性、场景伴随、行为伴随等特征，也使得音频营销的价值逐渐被市场重视，以欧诗漫在喜马拉雅打造的营销事件为例。喜马拉雅借势 2018 年夏天热点爆剧《延禧攻略》，联合欧诗漫打造定制 IP《富察皇后的人生智慧》，通过与富察皇后扮演者秦岚合作，有效诠释了欧诗漫品牌内涵，并更有效地吸引品牌受众和传递品牌价值。

根据艾瑞 mUserTracker 数据，垂直类网络音频 App 覆盖的月独立设备数在 2019 年基本保持在 2.2 亿台左右。除此之外，Canalys 预计中国是仅次于美国的第二大智能音箱市场。无论是发展成熟的移动智能设备，还是不断普及的车载中控、智能音箱等场景化智能设备，网络音频能够触达的用户规模依然在不断壮大，从而帮助音频营销触达更多的用户和目标群体。

除音频的有效应用外，音视频还包括近年来在网络热播剧中常见的"创意小剧场"，也称为"创意中插"或者"原创贴"，通过沿用剧中的主创和人物关系，打造主线剧情外的番外小剧场，从而巧妙地植入品牌信息，近年来在许多热播剧例如《有翡》《知否》中都有亮眼的表现。

4. 直播

传统直播原指广播电视节目的一种播出方式，这里的直播主要指网络音视频直播。近年来，视频直播大火，从最初的游戏电竞、美妆等垂直领域的直播，到各行各业的品牌直播试水，直播带货因其实时互动性强等特点成为新媒体营销的重要形式。直播业态日益丰富，抖音、快手短视频等新媒体平台入局直播，电商与直播业态高度融合，带来新媒体营销形式的创新。直播行业的代表性平台包括淘宝、抖音、快手，各自有着其特色鲜明的带货逻辑，淘宝带货专注于货品最优，快手强调带货人设，抖音则更倾向于内容为王。各行各业纷纷布局直播带货，线上经济发展迅猛。同时，到各级政府领导干部通过直播带货来促生产稳就业，直播的营销边界在不断拓展。

具体而言，直播电商的整个业务链条分为前、中、后台。主播只是在前台，也就是面对用户这环，主播所需要做的就是按照策划好的商品台本、直播台本，有技巧地服务好镜头前的用户；中台要有商品台本的策划能力，以及在直播过程中与用户互动，当然，也包括一些辅助性的工作，比如：摄像、打灯、收音、场控等；后台主要就是两个事情，第一个是用户运营体系，包括用户服务以及用户运营怎么做。第二个就是供应链的管理体系，包括供应链怎么谈，怎么引入，怎么保障品质，售后发货等。

直播电商是将营销与销售紧密结合起来的一种营销方式，因为电商直播营销也要确保自身有着优质的货源以及供应链条，拥有专业的运营团队进行精准定位引流。同时需要场景化描述、高频的更新来养成消费者的观看习惯，顺应平台规则，确保直播流程的顺利进行。与近年来直播带货的火热相对应，目前直播行业也存在着监管滞后，直播行业没有门槛，主播素质良莠不齐，致使低俗信息充斥网络、虚假夸大宣传成风、假冒伪劣三无产品泛滥、售后服务难以保障，网红经济爆发式增长等带来的诸多问题亟待规范。

5. 其他

（1）H5。

目前，在中国互联网市场主流的流量分发方式主要分为两种，一种是基于算法的新闻客户端机器分发，另一种是基于关系链的微博、微信社交分发。而依托微信端迅速发展的 H5 这一内容形式，其营销的优势就是在于，通过关系链的分发，能够激发关系链上的兴趣爆点，获取丰厚的流量，最终实现商业化，产生品牌曝光，达成推广效果。社交媒体的最大特点就在于个体即流量，作为互联网的传播节点，每一个用户都是中心。用户可以通过内容产品的社交分享来展现自我，而 H5 内容形式具有强互动性，能够满足用户表达自我的需求。

例如 2020 年中秋之际，广汽三菱联合网易新闻推出的，通过连接给出的点绘制三角形，生成祝福海报的"爱的三行情话" H5 作品，最后还可以登录"广汽三菱感恩三周年"页面了解"寻找最佳拍档"的活动。

在未来的营销语境中，H5 将向着"创意的非标化"与"内容能力的比拼"的趋势发展。一方面，创意策划的原创性与独特性将更为重要；另一方面，将对设计、技术、策划内容以及团队的项目管理能力提出更高的要求。

（2）AR/VR。

体验式营销在吸引、转化和留住潜在消费者方面需求巨大，VR（虚拟现实）和 AR（增强现实）技术的发展，能够从视觉体验出发，为品牌的新媒体营销发掘更多可能性。

AR 技术已经逐渐融入我们日常生活中，比如美图秀秀上的 AR 特效相机、抖音上的创意视频贴纸，再比如支付宝此前的 AR 红包、AR 扫五福，以及星巴克 AR 工坊等。而各大新媒体平台、各大品牌也在积极布局，例如阿里推出 VR buy＋，提供 VR 购物体验；京东也在 AR 试装、AR 梳妆台等方面发力；加拿大公司 ModiFace 推出了一款"在线美妆"软件；雅诗兰黛官网也上线了 AR 试妆功能。

场景营销是未来营销的重要趋势，VR 能够通过头显让用户进入一个沉浸式的虚拟世界，而 AR 则可以将虚拟元素叠加到现实场景中，这就能够使得未来的社交场景变成——即便大家相隔千里，却"仿佛处于同一房间"，那么，品牌在其中可制造体验感的空间也就更丰富了。

6.2.2　数据营销模式

当前，新媒体营销依托于大数据开展营销活动体现出其独有的精准化、定制化的特点，大数据营销的核心在于让网络广告在合适的时间，通过合适的载体，以合适的方式，投给合适的人。基于数据计算技术，数据营销的主要模式有关联推荐模式、粉丝爆炸器模式、精准定向模式以及动态调整模式。

1. 关联推荐模式

关联推荐模式就是借助算法推荐技术将同类型或者有关联的商品信息展示于消费者眼前，这种关联模式可以在一定程度上提高消费者的自主选择以及进店的时长和浏览深度。关联推荐的营销模式可以最大限度地促进站内商品的展现，降低用户跳失率。同时，关联推荐模式可以延伸消费者需求，通过关联推荐加购多件商品实现客单价的提升。例如淘宝中对于相关联商品的展示（图 6-3）。

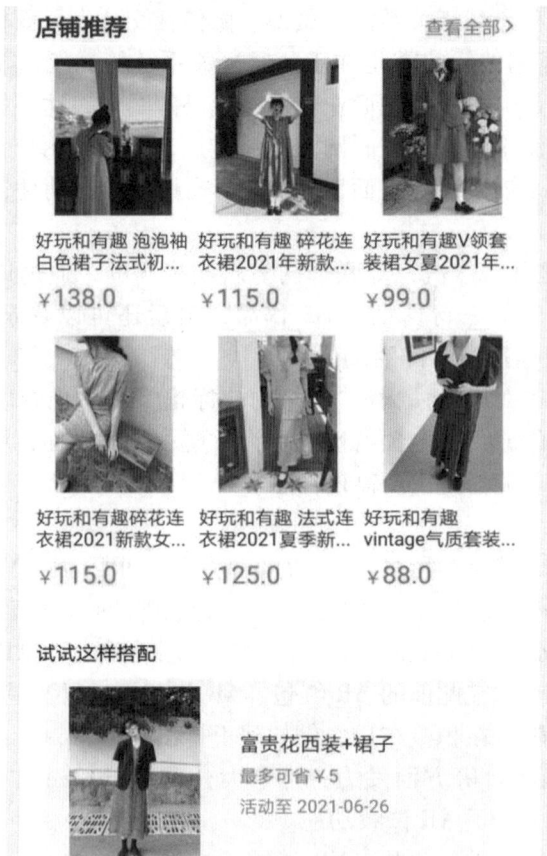

图 6-3 淘宝店铺关联推荐模式（图片来源：淘宝店铺"好玩和有趣"商品关联推荐界面）

2. 粉丝爆炸器模式

粉丝爆炸器模式，是指跨平台打通账户体系，以海量用户和数据维度刻画用户脸谱，为企业寻找与其匹配的用户。该模式的逻辑在于：在大量的用户群中选择一组特定种子用户群，然后根据商家的诉求进行引爆，引发更大的用户倍增效应。以往传统营销模式下，广告主将品牌广告和营销广告区别对待，品牌广告更注重投放平台的高度，而营销广告更擅长用多媒体的形式引导用户产生购买行为。在粉丝爆炸器模式下，两种广告形式得以完美结合。根据人物行为刻画来有针对性地进行广告形式的投放，其本质在于通过人物脸谱刻画为用户寻找真正的核心目标用户，其中的典型代表有阿里妈妈，其不断整合营销资源，触角遍及全网。其侧重的是人的综合维度，是消费者的消费行为特征。

3. 精准定向模式

精准定向模式是指根据用户信息进行精准化推荐，充分利用各新媒体平台，通过数据定向技术以精准的渠道将营销信息传达给准确的目标受众群体。随着互联网的诞生，互联网展示型广告就成为主流形式，但与传统媒体的广告展示方式相比并无本质区别，难以分辨目标受众，会造成较多的浪费。精准定向模式的出现转变了互联网展示型广告的交易模式。广告主从购买展位变为购买人群，仅向目标受众展示广告。在精准定向模式下，当广告主锁定了自己的目标受众后，展示广告就会追随每个目标受众出现在其登录的页面上。这也就是为什么，你在淘宝进行搜索浏览后，打开抖音、小红书等软件页面会弹出与之相关的产品广告。在精准定向模式之下，可以有效地降低投放成本，起到良好的营销效果。

4. 动态调整模式

动态调整模式是指将用户行为列入大数据维度，以动态的运算结果来实现营销效果的最大化。其中的典型代表为谷歌。谷歌的大数据营销模式是动态调整模式的典型代表。在动态模式下，营销推广的活动中如果首先推广 A 产品，在实际操作过程中，可能获取到的数据显示 B 产品比 A 产品更受欢迎。平台则会根据实时数据动态情况迅速调整营销计划，推广 B 产品。这种即时、高效的数据营销模式与谷歌基于搜索建立的服务有关。每次使用谷歌进行搜索时，根据用户的搜索停留时间及内容，在重新搜索时，系统会呈现不同的结果。

综合而言，数据营销通过互联网采集大量的行为数据，首先帮助广告主找出目标受众，以此对广告投放的内容、时间、形式等进行预判与调配，并最终完成广告投放的营销过程。数据营销衍生于互联网行业，又作用于互联网行业。依托多平台的大数据采集，以及大数据技术的分析与预测能力，能够使广告更加精准有效，给品牌企业带来更高的投资回报率。

新媒体营销的数据营销应用分两个层次，一方面离线应用，与之对应的是精细化营销，精细化营销需要对媒体所覆盖的用户群进行细分，然后去发现不同人群的偏好，根据这个偏好去精细化地利用和管理媒介资源；另一方面在线应用，与之对应的是精准化营销，精准化营销，首先要有一个 DMP（Data Management Platform）数据管理平台，支持精准营销的数据管理平台。

综上所述，在使用新媒体进行数据营销推广时须注重以下四点：

（1）用户行为与特征分析。只有积累足够的用户数据，才能分析出用户的喜好与购买习惯，甚至做到"比用户更了解用户自己"。这一点，才是许多大数据营销的前提与出发点。

（2）精准营销信息推送支撑。精准营销总是被提及，但是真正做到的少之又少，反而是垃圾信息泛滥。究其原因，主要就是过去名义上的精准营销并不怎么精准，因为其缺少用户特征数据支撑及详细准确的分析。

（3）引导产品及营销活动投用户所好。如果能在产品生产之前了解潜在用户的主要特征，以及他们对产品的期待，那么你的产品生产即可投其所好。

（4）竞争对手监测与品牌传播。竞争对手在干什么是许多企业想了解的，即使对方不会告诉你，但你可以通过大数据监测分析得知。品牌传播的有效性亦可通过大数据分析找准方向。例如，可以进行传播趋势分析、内容特征分析、互动用户分析、正负情绪分类、口碑品类分析、产品属性分析等，可以通过监测掌握竞争对手的传播态势，并可以参考行业标杆用户策划，根据用户需求策划内容，甚至可以评估微博矩阵的运营效果。

随着大数据行业的广泛应用，许多品牌与企业借助大数据进行精准营销。

经典案例

网易娱乐《画传2020：擦不掉的记忆》

网易娱乐2020年推出的风格独特的全手绘动画短片《画传2020：擦不掉的记忆》（图6-4）带领用户回顾过去一年的舆论热点集锦，将2020年娱乐热点与新闻事件结合引发广泛关注。

网易娱乐借助大数据技术支持以短篇的形式记录2020年，从第一篇以怀孕母亲的视角记录新冠肺炎疫情大流行期间举国一致的抗击疫情行动，致敬前线医护人员，到第二篇以肚子里孩子的视角，将2020年引起全民关注的娱乐热点与新闻事件串联起来，从上海拼单名媛等八卦风口新闻到张玉环宣告无罪等社会热议事件，最后以目前顺利生产结束，表达"万物迎新生"的美好愿景。其精准感知到舆论的脉搏，落地到用户的关注点，强势引发了各大社交平台的裂变式传播。

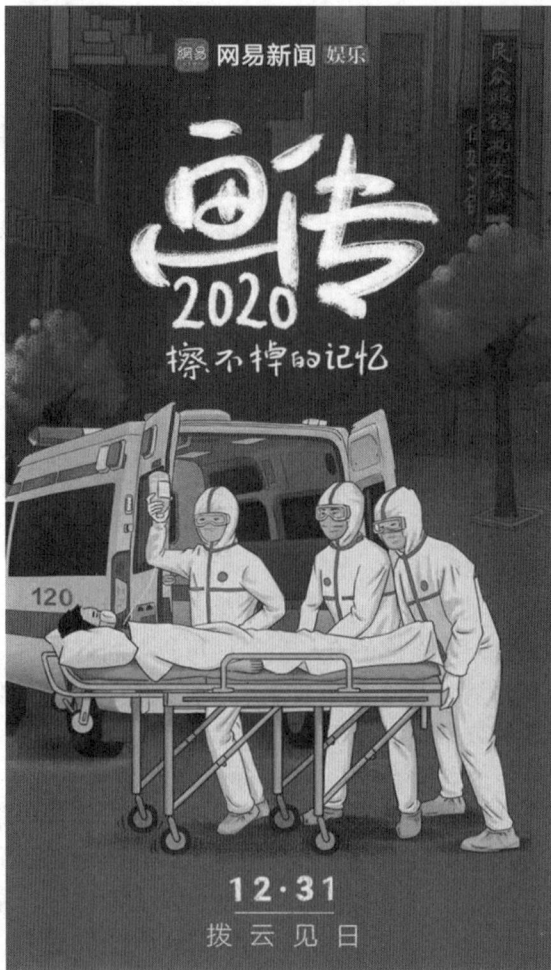

图6-4 网易娱乐《画传2020：擦不掉的记忆》（图片来源：微博@网易娱乐频道）

6.2.3　智能品牌思维

当下的新媒体营销除借助于大数据手段外，更向着智能营销的方向发展。智能营销是通过人的创造性、创新力以及创意智慧将先进的计算机、网络、移动互联网、物联网等科学技术的融合应用于当代品牌营销领域的新思维、新理念、新方法和新工具的创新营销新概念。智能营销时代，以消费者无时无刻的个性化、碎片化需求为中心，满足消费者动态需求。智能营销时代下也推动了新媒体营销活动中智能品牌思维的发展，体现在"数据化决策"思维、"品牌流量池"思维以及"品牌人设"思维这些方面。

1. "数据化决策"思维

大数据在新媒体领域的深度应用，不仅体现在内容创作与精准分发上，同时还深刻地影响着新媒体营销的决策。在每次营销推广活动中，用户的需求、潜在用户对品牌的认知与喜好、用户与品牌的互动行为都不是静态的，而是一个不断变化的动态指标。在不同的时期内，用户对品牌内容的接触程度、接收渠道、接受形式都会影响他们的认知、喜好与消费冲动，因此，这就需要一个动态的追踪过程，以了解用户的变化，让品牌对应做出动态决策和营销行为。这就要求新媒体营销从业者要有意识地培养"数据化决策"思维，建立自主营销数据平台，或者借助第三方数据服务为各项营销活动提供洞察和决策参考。

2. "品牌流量池"思维

对于很多营销人来说，流量即市场。在前互联网时代，好的地段往往铺租更高，因为位置好意味着流量大，流量大意味着市场潜能大。互联网时代，不同于线下人流，线上流量主要来自三类：一类是企业自主流量，如官网、App、企业微信公众号、CRM等；一类是媒体内容流量，如媒体引流、其他自媒体的引流等；还有一类是广告采购流量，如搜索竞价、信息流、视频贴片等。

随着流量红利的消耗殆尽，品牌在新媒体上做营销、引入优质流量的成本越来越高，很多时候品牌营销活动花了很多经费，把平台的流量导入进来后，流量又流走了，下次营销活动又需要重新花高价采买。如何才能圈住流量，提高营销活动的性价比呢？这就需要新媒体营销从业者要有"阵地经营"思维，要建立自主的"品牌流量池"。

如今，越来越多的品牌还是有意识地在新媒体上建构自主的"品牌流量池"，比如在3C领域，小米的营销一直走得比较前沿，小米一直有意识地在各大平台搭建自主阵地，比如小米董事长雷军为了给新发售的小米CC做宣传，2019年6月开通了小红书账号，并且早在2011年就开始玩知乎，更是在今日头条上搭建了完整的自媒体矩阵。

3. "品牌人设"思维

在新媒体时代，品牌的营销不能是冷冰冰地产品信息告知，更不能是口号式沟通，而是要在各大新媒体平台与用户"玩在一起"，这就需要企业在新媒体上建构品牌的人设，将品牌人格化，从而建立与用户之间的良性互动，在互动中提升用户对品牌的好感度和忠诚度，甚至能化解品牌的公关危机。

支付宝的官方自媒体矩阵虽然是机构号，却一直注重"去机构化"，强调"小编"的人设。2017年支付宝发生"官号掐架"事件。支付宝在微博平台和微头条平台的官号搞了一波"刷支付宝坐公交的举手"活动，让粉丝们在账号下留言打 call，没想到却引发了一场微博号评论量和微头条号评论量的大秀。支付宝微博率先"宣战"："刚刚老板把我拎进办公室，一脸严肃，说头条小编的粉丝量只有你的二十分之一，评论量怎么比你高这么多?! 来吧盆友们，体现真爱的时候到了! 我下周一还能不能上班，就看你们的了!"而微头条也隔空喊话，一时间激发了微博和今日头条网友们的互动热情，评论数猛增。

所以，品牌在新媒体营销的内容输出中，要有"品牌人设"思维，来减少品牌与用户之间的疏离感，更好地实现与用户之间的有效沟通。

6.3　新媒体营销的策略

新媒体的迅速发展，使得企业营销形式日益多样化。越来越多的企业及品牌在传统营销的基础上开始关注和实施新媒体营销。营销策略是指企业与品牌以顾客的需要为出发点，根据消费者受众的需求等信息有计划地组织实施各项营销推广活动。要想成功开展新媒体营销推广活动，不仅要理解新媒体营销的概念方法，更应掌握新媒体营销的策略。

6.3.1　新媒体营销产业链角色方

了解新媒体营销的策略，首先要对新媒体营销产业中的角色方有所了解。在前文对于新媒体营销的定义中，我们将新媒体营销定义为由广告主、营销服务商、MCN、KOL 和新媒体平台等为主要构成的产业链，以 KOL 为主体，在社交平台、内容平台、短视频平台上所开展的内容化营销活动。据艾瑞发布的 2020 年中国新媒体营销策略白皮书，我们整理出表 6-1，从中可总览新媒体营销产业链中的各个角色方：

表 6-1　新媒体营销产业链角色方总览

广告主	广告主根据消费者触媒习惯、营销可行性等的改变而产生新媒体营销需求，进而推动产业链发展
营销服务商	营销服务商的职能业务布局和资源合作联动新媒体营销产业链运作
MCN	MCN 机构发掘培育 KOL，帮助 KOL 实现系统化和专业化的内容创作和业务合作
KOL	作为新媒体营销的展示者，KOL 利用自身的粉丝基础和影响力，帮助广告主实现品牌和效果方面的需求
新媒体平台	不同模式，不同消费者属性的媒体平台

在新媒体营销产业链角色方中，广告主是指为推销商品或者提供服务，自行或者委托他人设计、制作、发布广告的法人、其他经济组织或者个人，是营销活动的发起者。新媒体营销服务商指以新媒体为平台，在深入分析后为企业量身定制营销方案。MCN 即多频

道网络，是一种新的网红经济运作模式。这种模式将不同类型和内容的 PGC（专业生产内容）联合起来，在资本的支持下，进行内容的持续输出，进而实现商业变现；KOL 即为关键意见领袖，在新媒体营销层面作为营销的展示者，利用自身的粉丝流量实现品牌效果。这里指新媒体平台在营销活动中整合资源，实现消费者的触达。

在进行新媒体营销活动时，就其整个流程而言，首先，广告主将自身的营销需求与目的、营销活动的期望效果等信息传达给策略制作方；其次，通过具备数据能力的支持方确认最匹配广告主品牌、商品和目标消费者属性等的内容创作方与投放营销内容的媒体平台；最后，再通过资源对接方达成整体营销投放的产业链多方合作链接。整个新媒体营销活动环环相扣，我们这里可以从图 6-5 来理解新媒体营销活动的流程。

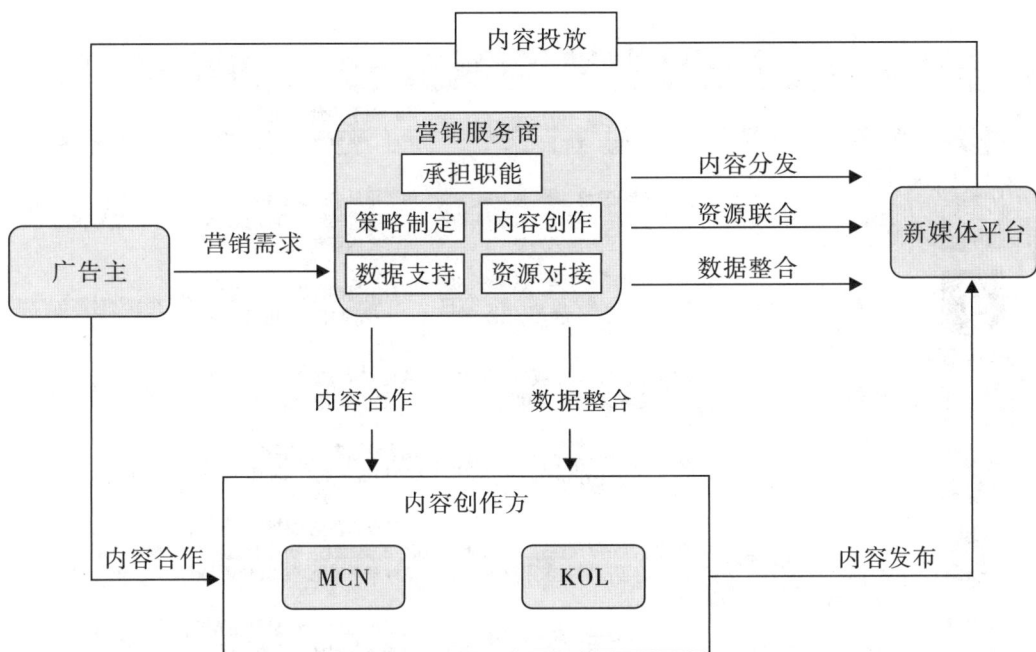

图 6-5　新媒体营销流程图

随着互联网的不断发展，MCN 机构数量逐年快速增长，机构数量的扩张也体现了市场的高度需求。早在 2018 年，与 MCN 签约的头部网红就已经达到了 93%，KOL 对于 MCN 的要求也在升高，MCN 机构能够有效整合市场中的 KOL 资源，为 KOL 提供系统化的内容支持。高效对接新媒体平台的 MCN 在新媒体营销中的地位不可或缺。MCN 市场上的各个玩家也从内容、营销、商品与服务等各个角度持续发力，为各行业广告主的多元营销需求提供实现路径，也为新媒体营销产业链的运作注入发展活力。

同时，在新媒体营销过程中，KOL 推动各新媒体平台营销内容的实现，面对不同属性特征、用户偏好及主要内容表达形式的新媒体平台，广告主在进行新媒体营销内容投放时对 KOL 类型的选择偏好也存在较大的区别。以典型的新媒体营销平台为例，首先，由于用户习惯在平台上开展公众号文章的日常阅读与熟人间的转发推荐，能够产出吸引用户深度阅读、易产生共鸣，从而自发推荐内容的情感类 KOL，成为微信平台中广告主投放率较高的对象。在用户泛娱乐信息浏览需求突出的新浪微博平台中，主要产出泛娱乐内容的搞笑类 KOL 受到青睐。对于抖音平台，借助短视频形式表达内容多元多层次的搞笑类 KOL 能够获得更多广告主的投放。

在新媒体营销中另一重要的角色方位新媒体平台。以 KOL 为主体的新媒体营销因更注重人的表达，推动着能够以人为主体，通过图文、视频、直播等形式（详见本章第二节）来为品牌或商品进行营销展示的电商平台、短视频平台、社交平台等，成为新媒体营销的主要承载方。各个平台凭借其自身的属性特征和主打营销模式，帮助实现广告主多元的营销需求，与此同时也在深刻地改变着营销推广生态。如图 6-6 所示，我们可以很清楚地掌握目前典型新媒体平台的具体特征。

平台名称	平台类别	平台特点	内容传播特征	主要营销形式
新浪微博	微博	内容扩散性强，媒体属性强，泛娱乐吃瓜群众多	用户对于平台内容的参与互动率高，较容易形成二次传播、实现话题打造	话题讨论
微信	即时通讯	熟人关系链社交属性强，以接收日常社交信息与通过公众号深度了解信息为主	对于平台中的文章和长图，用户易通过转发、朋友圈分享等形式内容向熟人间的传播	文章长图
抖音	短视频	泛娱乐内容属性强，信息表达层次丰富，传播力度强，用户以日常休闲为主要需求	平台拍摄感泛娱乐，容易在用户间形成传播和记忆点	短视频推荐与测评
快手	短视频	内容以生活化与泛娱乐化为主，日常休闲需求用户多	平台KOL与粉丝间信任感强，易引导用户喜好与行为	短视频推荐与测评
B站	聚合视频	视频弹幕沟通氛围强，泛娱乐年轻用户多	视频涵盖内容信息丰富，借助UP主粉丝效应，向用户深层传递内容	视频推荐与测评
小红书	内容电商	商品内容分享属性强，寻求商品推荐指导需求用户多	平台在具有花式种草内容分享属性的基础上，布局消费属性，使种草到拔草间的转化更为高效	商品种草、拔草与消费引导
淘宝	综合电商	消费属性突出，用户具有较强的购物需求	消费布局配合不断强化的内容布局，为消费者提高购物决策的效率	商品种草、拔草与消费引导

图 6-6　典型新媒体平台营销推广特征（图片来源：艾瑞《2020 年中国新媒体营销策略白皮书》）

6.3.2　新媒体营销平台玩法

制定新媒体营销策略还需要了解目前不同新媒体推广平台的玩法。在了解不同新媒体平台的优势后，在实际的应用中须通过多平台整合营销来强化营销效果。当前，众多新媒体平台都在发挥着自身独特的优势，例如以新浪微博、微信等为代表的社交平台，以 B 站、抖音、快手等为代表的视频内容平台，以及以小红书、淘宝为代表的具有内容社区频道的电商平台等，因具备内容承载渠道、高消费者活跃度、社交裂变传播特征，是新媒体营销开展的主要平台。不同新媒体平台在话题传播的广泛程度、消费者讨论参与的、内容信息呈现的深度以及种草转化率等方面各有优势，而依据营销策略，通过多平台展开整合式新媒体营销、融合多种平台的优势来强化营销实现效果，将成为新媒体营销的发展方向。针对目前的新媒体平台营销策略，一般而言如表 6-2 所示：

表 6-2　典型新媒体平台营销推广策略纵览

媒介平台	推广策略	特征
新浪微博	1. 通过 KOL 或官微制造品牌或商品相关话题，引发讨论 2. 通过 KOL、图文视频等形式引导消费者进行消费转化	话题传播度广；消费者参与度高
微信	1. 通过 KOL 发布公众号图文软广，内容长图等形式为品牌或商品打造故事线 2. 在软广中融入消费购买渠道、方式等信息作为推荐，进而引导消费者	内容信息呈现度深；熟人裂变能力强
B 站	1. 将品牌或商品的宣传点融入 KOL 的视频内容之中 2. 通过魔性鬼畜视频展现方式，脑洞视频内容实现包含品牌或商品信息在内的内容传播	内容信息呈现度深；内容展现模式多元
抖音	1 将品牌或商品的宣传点融入 KOL 的短视频内容之中 2. KOL 进行产品展示、成分分析、购买方式等的深度讲解，实现深度种草	内容信息呈现度深；内容展现模式多元
快手	1. 将品牌或商品的宣传点融入 KOL 的短视频内容之中 2. 借助粉丝对 KOL 的强信任感，以接地气的宣传方式带货	内容信息呈现度深；内容展现模式多元
小红书	1. 借助 KOL 在平台商形成的分享推荐内容展现方式，将品牌或商品融入其中 2. 以测评、使用分享等形式实现深度种草	内容信息呈现度深；种草转化效率高
淘宝	1. KOL 在平台内容社区或直播频道中将品牌或商品信息融入 2. KOL 借助自身影响力通过内容分享或具有限时优惠的直播展示，对品牌或商品进行种草	内容信息呈现度深；种草转化效率高

在这里我们对新浪微博、微信、抖音三大新媒体平台展开探讨：

1. 新浪微博平台营销策略

微博是一种基于用户关系信息分享、传播以及获取的通过关注机制分享简短事实信息的广播式社交媒体、网络平台，在内容传播方面，以文字、图片、视频等多媒体形式，实现了信息的及时分享与传播互动。在微博平台开展的营销推广，是以每一个粉丝作为潜在营销对象开展的营销方式。对于入驻的企业官方账号而言，通过更新自己的微博向网友传播企业信息、产品信息，从而有效树立良好的企业形象和产品形象，增强用户黏度，取得营销效果。

对于微博平台自身而言，其主要引流方式有三种：官方自有广告渠道、粉丝矩阵账号互推以及第三方渠道资源。

首先，对于官方自有广告位而言，包括：超级粉丝通，开机报头、通栏广告、博文橱窗广告、话题热位广告等。超级粉丝通是其中价格最低的投放位。相对而言，投放门槛低、价格数据好监控、效果相对较好，但同时需要有品质较高的文案、图片以及在推广过程中对粉丝通用户定位足够了解；其次，运用粉丝矩阵互推有赖于强大的人际资源，联动大 V 进行博文投放；最后，第三方渠道资源广告位。这体现在新浪的搜索位。搜索关键字会出现用户下拉，搜索内容下拉都是不受官方资源限制的曝光引流方式。

新浪微博平台在泛娱乐氛围中打造高流量话题，助力品牌与商品的快速传播。它以泛娱乐类型内容为主，具有交流氛围轻松、用户参与活跃等特征，使得新浪微博极易通过吸引用户开展大范围讨论与分享来打造话题热度、提升内容传播广度及深度，品牌和商品的营销主题和内容在平台中也较为容易去实现广泛传播。新浪微博的新媒体营销策略主要为通过依靠 KOL 联合打造话题，KOL 开展品牌或商品相关活动并以奖励的形式提升用户的参与度，KOL 向粉丝、用户分享或推荐品牌或商品等玩法，来引导用户的购买行为以及加深其对自身品牌的印象。

2. 微信平台营销玩法

随着微信这一社交媒体的发展，它成为营销推广的又一重要平台。在利用微信平台进行推广的过程中，值得注意的是基于微信朋友圈广告、微信公众号、微信小程序开展的推广引流。

与微博开放式社交平台不同，微信属于一个相对封闭的圈层。其特殊的机制下出现了隐蔽性好、减小广告生硬插入感的微信朋友圈广告类型，是出现在微信朋友圈以一种更加贴近用户生活方式而呈现出的一种广告形式。朋友圈广告更多类似于朋友的原创内容形式在用户朋友圈进行展示的原生广告。通过整合亿级用户流量，精准测量用户偏好进行广告推送。除此之外，公众号广告是基于微信公众号平台生态，以类似于公众号文章内容的形式在包括文章底部、文章中部、互选广告和视频贴片四个广告资源位进行展示的内容广告。而小程序广告则是基于微信公众平台生态，利用数据和算法实现成本可控、效益可观、精准触达的广告投放系统。

通过微信平台的推广营销，借助其平台超 11 亿的月活用户支撑，能够有效地实现海量品牌的曝光，传递品牌文化，强化品牌形象，并配合精准定向，使产品目标用户参与品牌活动，实现品效合一。

基于微信平台所独有的深度阅读与熟人关系链的分享习惯，对于深度营销内容传递更为适配。微信公众号的发展已步入成熟阶段，微信平台用户已经对公众号频道的长篇图文形式形成了阅读的习惯，借助于撰写的图文来对品牌和商品展开深度营销成为微信平台新媒体营销的特征之一。除此之外，微信打造的内容频道也提供了越来越多营销玩法的可能。例如借助图文形式在具有兴趣小组特征的微信圈中精准定位推荐，也可通过视频号的形式以短视频的形式向消费者传递信息量更大的营销内容。同时微信也能够做好转化工作，在微点和跳转外部链接功能上，可帮助引导消费者购买，进一步缩减转化流程，更为便捷高效。

3. 抖音平台营销玩法

抖音是由今日头条孵化的一款音乐创意短视频社交软件，该软件于 2016 年上线后，吸引了自媒体的广泛入驻。在抖音平台的引流推广广告中，较多使用的有开屏广告、信息流广告、达人广告等。

抖音开屏广告是用户启动抖音时的入口广告，视觉冲击强，可以第一时间吸引用户关注，不会受到其他信息的干扰，占据了时间与空间的优势，是绝佳的黄金广告位。开屏广告共有静态、动态、视频以及纯展示及落地页跳转数种形式，售卖方式是 CPT（Cost Per Time 按时长计费）和 CPM（Cost Per Mille，按展示计费），对于 CPT 而言是一种按照时长来计费，如"一个星期、一个月某个广告位费用是固定的"这种模式来收费，就相当于以固定价格买断某一段时间的某个广告位展示。这种计费模式也是单纯按照展示来计费，媒体方不对后续转化负责。CPM 即千人成本，是按照展示计费的广告计费方式，按照广告每展示 1 000 次收费，例如头条每 1 000 次广告展示是 4 元，则 CPM =4。这种广告形式，只要广告被展示了，广告主就必须付费。在这两种计费方式中 CPT 不支持定向，CPM 可以对年龄、性别、地域、平台进行定向。抖音信息流广告分为原生信息流以及单页信息流广告，其中原生信息流广告 5～60s 的品牌推广短视频，在抖音推荐视频中以"原生"样式进行展示，重内容输出、轻品牌背书，无缝融入抖音推荐视频中。抖音达人广告则是利用抖音达人用户进行的传播推广。除此之外，对于发布在抖音上的短视频内容，还可以通过购买"dou＋"的方式吸引流量。

当下短视频凭借高信息量传递的优势以及所特有的即时性、娱乐性特点，成为越来越多用户日常娱乐的首选。作为泛娱乐短视频平台，抖音的受众较为广泛，短视频传播量广，主要采用 KOL 短视频拍摄的方式来开展商品分享、测评以及直播带货的营销活动，相对而言以更加直观的形态有效帮助消费者真实地了解商品，加强对于品牌和商品的信任度，有效实现销售转化。

经典案例

美的春节整合营销案例

借助春节购置年货的热潮，美的在节前提升品牌与春节和家的概念捆绑，进一步促进美的家电的产品在春节期间的销售转化。

营销策略：

（1）抓住美的主打家电产品的特点，与春节前及春节期间购置年货的国人消费习惯相结合开展营销活动。

（2）以热点话题和脑洞视频等有效讨论点的形式来打造营销主题。

（3）通过 MCN 微梦自建数据产品 KolRank 进行投放前声量查询、分析以及 KOL 推荐、投后分析等确保 KOL 与营销主题和产品调性的一致及高投放精准度，以及通过投后效果报告分析营销效果以及未来投放方向。

投放平台：微博、B 站、微信。

营销效果：共触达人数近 1 亿人次，有效互动量达 18 万 + 次。

6.3.3　新媒体营销策划

新媒体营销是基于特定产品的概念诉求与问题分析，对消费者进行针对性心理引导的一种营销模式，从本质而言，是企业软性渗透的商业策略在新媒体形式上的实现。基于上文的对于新媒体营销产业链角色方及各新媒体平台玩法的讨论，可提出如下营销策略的实施：

1. 借助 KOL 推广

KOL 是 Key Opinion Leader 的简称，意为关键意见领袖。在互联网中，意见领袖的意见表达、信息传播会随时对公众产生一定影响。在虚拟的网络世界中，新媒体会使得信息快速传播，无须面对面交流，只需要轻轻敲一下键盘，意见领袖在网络中发布的一条信息，会瞬间被数以万计的受众接收，此种交互传播方式比以往的传统媒介、人际关系交流更有影响力。虚拟的网络世界中有一定的意见领袖集权化倾向，众多的意见领袖拥有无数粉丝，他们顺手而发的一条信息，会对周围的人产生不同程度的影响。比如新浪微博的实名制认证大 V 们，就是通过认证制度和明星效应打造高影响力、强辐射范围的网络账号，此类账号在活跃网络群的同时，也给广告商带来了更好的合作渠道。众多商家看中名人意见领袖的网络效应，与他们建立合作关系，通过意见领袖的号召力、影响力发布的广告信息，会被粉丝无限地转发，令广告信息瞬间铺天盖地而来。而且名人作为专门打造出来的公众形象，他们所使用和购买的产品也会对大众形成隐性的购买导向。因此，在利用新媒体开展营销活动时，要注意运用 KOL 的强大影响力，广泛传播并激发受众的购买欲。

2. 策划营销爆点

随着互联网的发展，网络世界中逐步形成一套自己特有的语言及传播方式。策划营销爆点进而引发讨论不失为一种很好的营销方式。在很多广告信息中，随处可见网络中红极一时的流行语以及借势近期发生的热点事件，做到营销推广"接地气"，避免消费者产生抵触心理，缩短消费者与商家的距离，消费者也容易对简单、诙谐的广告语产生好感。因而网络流行语不失为很好的广告词，网络热点事件也能形成不错的创意想法。熟悉网络用户的特有语言以及新时期网民的"吃瓜"心理，投其所好，在不同用户圈中投放不同的广告内容，强化广告宣传的效果。

新媒体营销拉近了产品与用户消费者的距离，以往口号式的宣传方法不再适用，取而代之的是能够与用户"玩"在一起的营销手段。这里我们借助杜蕾斯的营销策略来进行理解。自 2011 年的"鞋套雨夜传奇"事件至今，杜蕾斯一直持续不断地制造众多的营销爆点。杜蕾斯在中国的成功离不开新媒体营销，特别是官方微博的开通与运营，利用微博，杜蕾斯创造了众多的现象及刷屏文案，真正将借势营销做到了最佳，贴近受众生活并建立与粉丝良好的沟通关系。在传播中重视与粉丝的及时交流，与粉丝打成一片。同时令粉丝感到尊重和被重视的感觉，进而积极参与话题的讨论。

3. 整合营销传播

如前文所述，单一媒介并不能带来较好的传播效果，需要采取整合营销的手段。整合营销是各种营销工具和手段的系统组合，它更多地注重全局的观念。例如墨尔本铁路安全公益广告《蠢蠢的死法》，通过黑色幽默的动画短片展现各种危险的场景，在让人会心一笑的同时，欣然接受活动所传递的安全教育信息。整个活动还配合洗脑的数字单曲、卖萌的官方网站和魔性的人物海报、GIF 等强化宣传主题，整合线上线下各种资源和活动，是一个非常成功的整合营销案例。

4. 跨界联名造势

就本质而言，新媒体营销的最终目的是流量转化为购买率，是在于花费最少的精力换取最大的声量。其中，联名跨界也不失为一种很好的策略，在众多新媒体营销案例中都能看到它的存在。各大品牌对于跨界联名都有着极大的热情，在不同的领域颠覆着年轻一代心中的固有印象。这种方式能够较好地抓住当代年轻人喜欢新潮有趣的特点。2020 年 3月，喜茶抽奖抽出了茶颜悦色的粉丝，带起来"喜茶又错付了"的火爆话题，登上热搜。在这位粉丝的意外牵线下，2020 年 7 月，"喜茶×茶颜悦色联名礼盒"正式出道，堪称史诗级的联动。

在此次跨界联名中，喜茶和茶颜悦色破壁组成"喜悦 CP"，喜茶化身一位俊美的公子到长沙"见网友"，与茶颜悦色妹妹相会，脑洞清奇的画风顿时刷新了大众对茶饮品牌的认知，与此同时，喜茶和茶颜悦色还共同推出联名礼盒，这一系列操作在消费终端与行业内迅速被传递。

如果说喜茶与茶颜悦色的联名还在意料之中，那么在喜茶推出新品王"榨"油柑与威猛先生的联名便让人大感意外了。虽然说威猛先生作为一款清洁剂在"去油"这一点上与喜茶的新品有着功能属性上的重合，但威猛先生的使用场景多在厨房及卫生间，与消费者心目中的能喝心理相差甚远，本次联名虽有着让人震惊的讨论度，但在联名产品选择上被一些消费者诟病。由此对于扩大声量而言，方法的选择更要合适合理，才能够有较好的流量反馈，否则只能事倍功半。

6.4 新媒体营销的评价

随着新媒体的快速发展、传媒业态的多样化和媒介生态的复杂性，新媒体营销也出现亟待解决的监管与治理问题。在做好新媒体营销推广的同时，还需注意以下两个方面：其一为通过新媒体营销活动的评估效果，对营销推广活动加以调整和改进，其二是在推行新媒体营销活动过程中，需更遵守传媒市场规范。

6.4.1　新媒体营销效果

在前文的讲述中我们知道了新媒体营销的定义、运用、玩法等，但最终无论形式如何都要落到对于效果的评估上。营销效果是指传播效果和销售效果，主要有销售额（CPS，Cost for Per Sale）、引导数（CPL，Cost for Per Lead）、点击数（CPC，Cost for Per Click）等。

营销效果的评估经历了从 1.0 到 3.0 的进化，从传统营销时代"唯曝光论"到 PC 端的"唯点击论"，移动互联网时代新媒体营销的类型和形态发生了改变，更丰富的营销内容衍生出更多元的营销方式，这样使得营销的效果评估不再能用单一的指标来显示。

随着数字时代的到来，营销正在逐渐变成一门可衡量、可评估的数字科学。但流量造假、播放量虚高、点击数不实等消息，也使得品牌呼吁营销市场要重塑营销效果评估体系，以期营销效果透明和体系化。

各大新媒体平台也纷纷利用自身的数据技术，开始建构一套全新的、适用于新媒体平台的营销效果评估体系。目前，关于营销效果评估体系主要有两类，一类是来自第三方的监测平台，如秒针、AdMaster 等；还有一类是新媒体平台自建的效果评估体系。比如阿里针对电商平台营销推出的"Alimama Purchase Intent Index"，字节跳动针对资讯平台推出的 GROW 评估体系，以及爱奇艺针对视频平台推出一套全新的内容和效果度量标准等。

1. Alimama Purchase Intent Index（阿里妈妈购买意向指数）

阿里借助数据和技术能力，搭建了"Alimama Purchase Intent Index"，并将指标充分数字化，选取了对于品牌最有价值的八大消费者互动行为进行分析，例如商品浏览、商品收藏、品牌搜索等，直观地反映营销活动对消费者的影响；使用更符合品牌营销场景的多触点线性归因模型，同时根据不同行业的属性和特点，调整更适用的算法权重。

这一评估体系主要是为了达到三个目的：首先，不仅可以达到短期营销效果及效率的衡量，更能实现长期用户价值的运营；其次，动态了解消费者决策路径，并实现即时效果评估和优化；最终，实现全链路的营销效果评估，能够兼顾整体和阶段性指标。

2. GROW 评估体系

在阿里提出要升级营销评估体系后，字节跳动旗下的商业品牌巨量引擎也推出了 GROW 评估体系，其指标包括：Gain（品牌知名度），指营销活动期间品牌新增的关系用户总数及价值；Relation deepening（深度种草），指在机会、感知、好奇、询问、行动之间正向流转的关系用户总数及价值；Owned self-media（众媒养成），指由机会、感知、好奇、询问、行动流向拥护的关系用户总数及价值；Word of mouth（口碑建设），指由负面情感流向正面情感的关系用户总数及价值。不再是等营销活动结束后再进行效果评估，而是要渗入营销活动的每一环进行评估，以期指导品牌营销策略升级和优化。

除了电商平台和资讯平台推出了效果评估体系之外，视频平台也开始探寻新的效果评估指标。在网络视听内容的"唯播放量论"的影响下，不少从业者将播放数据作为目标，这不仅促发了不少为吸引眼球而炮制的低俗炒作，甚至滋生出刷量等违法行为。2018 年 9 月，爱奇艺率先宣布关闭前端播放量的显示，以"内容热度"代替原有播放量，并逐步增加热度排行榜、内容既往热度曲线、峰值热度排行榜等数据用于参考和评估。同时，品牌通过开放平台接入后台，不仅能看到各端播放量、累计播放量、播放趋势，还能看到用户观看行为分析、用户画像、内容舆情分析等数据。

6.4.2　新媒体营销规范

随着 PC 互联网过渡到移动互联网，由于基础形态完全不同，营销形态也随着屏幕大小变化、传输速度、网民浏览习惯等发生巨大变化，从而也使新媒体营销出现各种新的问题和弊端。不可否认，相较于传统媒体而言，新媒体传播快、覆盖广，但同时由于"把关人"的缺失及网友的共创发酵，有时也会助力虚假、负面信息的传播，带来恶劣的社会影响。在新媒体营销推广过程中存在以下常见的不当推广行为：

1. 恶意炒作

恶意炒作是新媒体营销推广过程中出现的一大问题。新媒体营销要想获得良好的推广效果，首先要提升其产品的知晓度。这意味着需要通过营销活动进行引流，以期获得更多的关注度与热度，但引流的本质要求在于通过优质的内容吸引客户的关注及喜爱，而不是通过恶意炒作的方式进行虚假宣传。

《光明日报》早在 2017 年（2017 年 4 月 12 日，第 12 版）就曾对于恶意炒作进行相关报道："当下演艺圈的各式炒作层出不穷、花样百出。一部作品在上线播映之际，拿创作者的情感问题、身世背景大做文章，以增加曝光度，已成为让人见怪不怪的烂俗套路。有些艺人连一部能拿出手的作品都没有，却凭借高超的炒作手段不断制造舆论爆点，成为'热搜'人物、流量明星，轻松拿到高片酬和好资源。平日里，艺人逛街要来组貌似不经意的街拍，去机场必须发条粉丝热情接送的消息，参加时装周得写一组'艳压群芳'的通稿。"

无论是明星个人知名度打造、产品推广还是企业品牌塑造，恶意炒作都会带来以下负面效果：第一，恶意炒作可能带来知晓度，却无法带来好感度，当客户了解恶意炒作背后的虚假用心，势必"粉转黑"，信誉一旦损害就难以挽回；第二，恶意炒作涉嫌通过虚假信息诱导消费者，违反了《电商法》《广告法》《消费者权益保护法》等相关规定，事实上损害了消费者的利益；第三，恶意炒作通过虚假信息与同行恶性竞争，同样扰乱了正常的市场秩序，是一种不正当的竞争。

2. 网络水军

网络水军指一群在网络中针对特定内容发布特定信息的、被雇佣的网络写手。网络水军简称水军，又名网络枪手，他们通常活跃在电子商务网站、论坛、微博等社交网络平台中。他们通过伪装成普通网民或消费者，通过发布、回复和传播博文等干扰消费者判断。

由于在线社交网络信息传播速度快和受众多等特点，大量有着商业目的的话题推广活动在社交网络中展开。在这些话题推广活动中，大量的水军用户被组织起来发表和传播特定的信息。其盈利模式主要包括：一是有偿删帖。非法建立小型网站，针对地方企事业单位、个人，依托爆料人捏造事实、甚至恶意诽谤，并利用网络推手大肆炒作，胁迫涉事人员和企事业单位出钱"了事"。二是有偿发帖。借助开办的所谓互联网公司，承接"客户"发帖业务，通过雇佣的"网络水军"，有目的、有计划地大规模炒作。三是非法广告宣传。通过雇佣的"网络水军"，或收买某些网络大 V、知名博主、论坛版主、网红等，为"客户"转发非法广告、扩大宣传效应。四是恶意传播木马病毒，提高点击率。通过将木马植入网页，刷新网页点击率以博取广告商"眼球"，招揽业务、获取经济利益。

在新媒体平台中，水军是一种特殊的用户，他们被组织起来发表、回复、转发博文或提及他人（@用户名），以达到快速传播目标博文、话题等目的。大量别有用心且不真实的博文在社交网络中传播，不仅让用户难以看清事件的真相，而且会对他们造成误导，造成不良的社会后果。例如，中国著名导演陆川的电影《王的盛宴》遭受网络水军的严重诋毁，严重影响了此电影的票房。

在新媒体营销推广活动中，水军的存在也严重影响着正常营销推广活动的开展，网络水军的数据造假创造了大量的互联网泡沫，也造成了消费者的认知偏差。雇佣水军刷分的行为更是在违法的边缘行走。

针对以上不当营销行为和问题，应通过以下规范，共同维护新媒体营销推广活动的健康开展：

（1）提升文化素养

在信息爆炸的当下，为了赢取用户注意力，品牌往往各出奇招，拼视觉、拼创意、蹭热点。但是，如果缺乏基本的文化素养和常识，不仅达不到预期效果，甚至可能造成品牌危机。以盒马鲜生精心策划的一场营销事件为例，2019 年 4 月，盒马鲜生策划了一场"民国集市"营销活动，其本质是一次促销优惠活动，但是在文案上引起了极大的争议。文案写道"穿越历史老市集，让物价回归 1948"，但 1948 年是中国近代史中有名的通货膨胀最严重的时期之一，物价飞涨民不聊生。此文案一出，惹来了网友的批评，连共青团中央都在官方微博发文提醒"望好好学习，天天向上"。

由此可见，在营销推广的过程中，文案内容的呈现离不开较高文化素养的支持，一旦营销推广活动中出现较大的文化偏差，不但不利于自身品牌的呈现推广，反而容易成为"群嘲"的对象，带来负面的品牌影响。

（2）避免恶意炒作

恶意炒作也是许多营销活动中容易出现的不当推广方式。新媒体营销中一项重要的指标是提升品牌的"知名度"，借助热点来实现曝光，就是有效的品牌营销手段，但是，如若对热点没有基本的判断，凡事跟风炒作会适得其反，会引起消费者的反感。

2019 年年初，四川凉山森林火灾，30 名消防员牺牲，生命的消逝，让人痛心不已。然而，4 月 2 日晚，一张浦发银行信用卡中心免除凉山火灾烈士信用卡未还清款项的海报，被大量转发，海报上不仅用烈士姓名做营销，而且将"免除""所有未还清款项"放大加粗。这一恶意炒作行为引起网友的强烈抨击，随后，浦发银行信用卡中心官方微博发布致歉信，其中表示"对本次不当行为，深表歉意。"

恶意炒作危害的不仅仅是自身的品牌形象，更带来恶劣的社会影响。一味地追求热度流量、蹭热点博关注，对于媒体平台的公信度、认可度以及受众、用户的利益等都是一种极大的伤害。因此，在开展新媒体营销推广过程中要注重避免恶意炒作。

（3）杜绝网络水军

新媒体营销推广须坚决杜绝网络水军。随着近年来互联网对人们日常生活影响的不断加深，新媒体营销过程中也频繁出现网络水军的身影。作为营销手段，不少公司在推广活动中利用"网络水军"来引导用户的评论，抬高自身品牌产品的同时，蓄意贬低竞争对手，严重污染了互联网环境，扰乱了正常的市场竞争秩序。就其本质而言，是营销活动中的不当竞争。在当今的大数据时代，数据、热度已经成为各行各业营销推广的核心。以豆瓣、微博等新媒体平台而言，其平台内话题讨论热度以及打分情况均在很大程度上容易受到"网络水军"的影响，水军刷分、控评的行为影响了新媒体平台体系的公信度，更影响了营销推广行业的健康发展，带来不良的社会影响。

在品牌的新媒体营销活动中，部分品牌通过雇佣网络水军，来制造舆论博眼球、打击竞品实行黑公关、不实宣传产品效果等。这种行为不仅是对互联网用户的欺骗与操纵，更是违法违规行为。自 2018 年来，公安部侦破自媒体"网络水军"团伙犯罪案件 28 起，抓获犯罪嫌疑人 67 名，关闭涉案网站 31 家，关闭各类网络大 V 账号 1 100 余个，涉及被敲诈勒索的企事业单位 80 余家。

（4）注重保护用户隐私

在新媒体的传播中，传播者获取信息更加便捷、非法传播后追惩力不强，因而对涉及个人隐私的内容保护不够。大量揭秘性传播、透露个人信息的有意或无意传播，乃至"人肉搜索"的攻击性传播，构成了对个人隐私的侵犯。维护良好的新媒体传播秩序，必须把尊重个人隐私作为新媒体营销的道德底线和行为共识。

随着大数据技术的不断发展，越来越多基于数据的工具与平台被品牌方用于做更有效的精准营销。然而，大数据虽然是精准营销的基础，但也面临着是否合法合规的问题，随着消费者对隐私保护的呼声越来越高，政府也在不断加强监管力度，在消费者与法律的双重压力下，如何在精准营销与消费者隐私保护中求得平衡，成为品牌方与数据营销平台需要思考、研究和解决的重要问题。

数字化时代，企业在使用数据以期获得精准推广效果时，要从以下四个方面出发，在进行新媒体营销的同时，保护好用户隐私。首先，要善意地使用数据，并确保用户的人身权不会受到侵害，避免用户个人信息的泄露；其次，注重未成年人数据保护；再次，避免零和博弈，平衡个人权利与产业发展；最后，企业要注重选取的数据类型，只使用法律法规允许范围内的数据进行营销，遵守行业道德法规。

（5）尊重客观事实

在新媒体营销推广中也要遵循客观事实，避免虚假内容的快速传播。新媒体中的营销传播往往借助互联网的便捷性实现病毒裂变式的传播。一个营销方案推出，为不断扩大声量，往往快速转发、传播，这也要求我们传播的内容需要尊重客观事实，避免虚假营销广告的出现。

虚假广告就是指广告内容是虚假的或者是容易引人误解的，一是指商品宣传的内容与所提供的商品或者服务的实际质量不符，另一就是指商品宣传可能使宣传对象或受宣传影响的人对商品的真实情况产生错误的联想，从而影响其购买决策。2018 年 1 月 1 日新实施的《反不正当竞争法》第八条第一款规定："经营者不得对其商品的性能、功能、质量、销售状况、用户评价、曾获荣誉等作虚假或者引人误解的商业宣传，欺骗、误导消费者。"也就是说，经营者对其商品的性能、功能、质量、销售状况、用户评价、曾获荣誉等作虚假或者引人误解的商业宣传，欺骗、误导消费者的，构成《反不正当竞争法》禁止的虚假商业宣传行为。

在新媒体飞速发展的时代，一味追求高的广告效益，而不重视客观事实，极易传播虚假营销内容。它不追求在事实基础上进行传播，因而削弱了企业与传播平台的公信力。不容否认的是，不论传播方式如何，尊重客观事实始终是广告营销传播的底线。每一次的营销传播都是对传播者信誉的展示，传播者必须对广告营销传播的事实进行核实，在理性判断的前提下进行传播。

（6）承担社会责任

威廉·阿伦斯在《当代广告学》一书中提出社会责任意味着按照社会认定的、最有利于民众或特定社会团体的标准去行事。在新媒体营销推广活动中，广告主往往易受到经济利益驱使而急功近利，出现隐瞒信息、虚假宣传等情况。

新媒体营销推广既是商业行为，也是公共行为。对传统媒体而言，其商业价值是通过提供新闻等内容产品的整体影响力来实现的。而在新媒体的营销传播中，许多传播者将内容产品的商品属性无限放大，力求实现自身平台商业价值最大化。这种行为忽视了面向公众传播作品的公共品属性，会出现低俗广告、虚假宣传、恶意竞争等，导致营销传播的社会效益受损。从营销传播的社会职能上看，新媒体营销一样要坚守社会效益优先原则，不能为了经济利益而侵害社会公益。

由于新媒体营销推广具有强力的渗透性、重复性和运用大众媒介传播的特性，它在向人们提供商品信息的同时，也在潜移默化地影响着人们的价值观、行为方式和生活形态等。对于开展营销推广活动的品牌而言，它在利用广告追求经济效益的同时，也就肩负着重大的社会责任。营销推广活动既要保护消费者的利益，同时也要把握正确的文化定位。营销是沟通品牌与消费者的一个重要的桥梁，营销的内容传播不仅具有传达商品信息、促进商品销售的作用，还具有树立企业形象的作用。只有真正做到从消费者的利益出发，在营销过程中自觉维护消费者的利益，并在真实的基础上投放一些对消费者的消费行为有指导意义的、符合审美情趣的营销广告，逐渐树立起企业的知名度和美誉度，以义取利，才能获得长远的发展。

新媒体营销推广作为一种社会化营销方式，对促进消费扩容提质、构建健康消费市场起到了积极作用。规范新媒体营销活动，促进其健康发展，需要在现行法律框架下，构建包括政府监管、主体自治、行业自律、社会监督在内的社会共治格局。新媒体营销活动的诸多要素带有明显广告活动功能和特点，广告活动的各类主体也积极参与投入新媒体营销活动，是新媒体营销新业态发展的重要力量。各个平台、参与者以及行政部门都应加入构建新媒体营销传播良好生态环境的建设中去，推动新媒体营销推广的健康发展。

总而言之，通过本章对于新媒体营销推广的学习，希望能够有助于读者了解新媒体营销的新思维、新模式，从而更深度地认知新媒体营销的全貌；通过熟悉新媒体的五大营销类型，可以更明晰不同营销类型之间的特点和策略；通过掌握新媒体营销的基本方法方式，能够帮助从业人员更好地进行营销实践，而对新媒体营销效果和规范的学习，不但能够更好地规避营销风险，而且有助于做出更科学的营销决策。

6.5 实训与复习

实践训练

为了更好地理解新媒体运营的概念，并掌握相关的基础知识，下面我们将通过一系列实践训练来进行练习。

【实训目标】

（1）了解新媒体营销的基本特点和基本类型。

（2）掌握新媒体营销的形式方法。

（3）了解新媒体营销的效果评估体系。

【实训内容】

（1）对一个新媒体营销案例进行调研，分析其营销形式及策略。

（2）对比两个同类型新媒体营销案例，对其营销内容及效果进行分析，说出两个案例有哪些地方值得借鉴。

（3）参照现实经典运用案例，应用 H5 制作工具尝试创作交互界面作品。

（4）结合本章所学内容，结合自身兴趣尝试使用营销工具（图文、音视频、小程序等）进行一份营销策划。

（5）结合学习应用实际，尝试为本学院专业制作新媒体营销策划方案。

课后复习

思考题

（1）结合现实案例，对照分析其运用了哪种新媒体营销类型，并阐述其营销类型的优点？

（2）结合现实案例，谈谈你对"交互创意"在新媒体营销推广中的应用？

（3）谈谈你觉得比较不错的一个新媒体营销推广案例，并分析其营销成功的原因。

第 7 章

新媒体经营管理

【学习目标】

- 了解新媒体的经营模式
- 掌握新媒体运营的规范
- 了解运营中存在的风险及规避方法
- 了解新媒体的关系管理

【引导案例】

2019 年 6 月 22 日，爱奇艺宣布付费用户数量超过 1 亿，随后腾讯视频也宣布会员破亿。2019 年 12 月 11 日，随着电视剧《庆余年》的火爆播出，腾讯视频和爱奇艺开启《庆余年》超前观看权益，在会员的基础上再付费，即可提前解锁内容。付费会员制和超前点播的出现，改变了在线视频的盈利模式，带来了对内容制作、内容宣发的多重蝴蝶效应，也为平台及行业的发展带来了积极作用。

【本章要点】

新媒体的经营模式　新媒体的风险管控　新媒体的关系管理

7.1　新媒体经营模式

新媒体运营的最终目标是将其产品的规模用户价值转化为经济效益，新媒体经营简单来说就是如何变现。那么，如何把流量变现呢？不同类型的经营有不同的方法和模式。

7.1.1　基础服务的经营

在我国，很多新媒体产品如网易新闻、百度、知乎等都是以免费阅读与使用的方式获取基础用户的。因而，针对不愿意付费的产品用户而言，以在线营销产生的网络广告推广便是其商业变现的主要方式。广告是产品免费使用所积累的产品用户价值的主要方式，这与传统媒体的二次售卖模式一致。

门户型新闻资讯广告和以百度、谷歌等为代表的搜索引擎广告是 PC 互联网时代网络广告的主要代表，阿里是电商广告的代表，微信朋友圈广告则是较为典型的社交广告。根据《2020 中国互联网广告数据报告》的数据，2020 年中国互联网克服全球疫情的严重影响，互联网广告全年收入 4 971.61 亿元（不含港澳台地区），比 2019 年度增长 13.85%（图 7-1）。而随着移动互联网的发展，智能手机的大屏化、手机流量资费降低以及 5G 时代的到来，目前视频广告市场处于高速发展阶段。长视频、短视频、全民直播都迎来了发展新高潮，精品内容的涌现支撑了广告市场的快速增长。

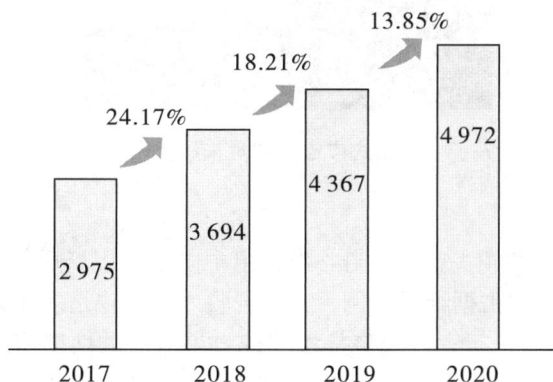

图 7-1　2017—2020 年中国市场互联网广告总体收入情况

1. 门户型新闻资讯广告

品牌图形广告是网络硬广告最常见的表现形式之一，也是占市场份额最大的网络硬广告形式。它主要投放在综合门户网站、垂直类专业网站上，其作用是增强品牌广告的曝光率，与传统媒体时代的"广告标王"延续着同样的思路。品牌图形广告主要包括横幅广告、通栏广告、按钮广告、对联广告、"画中画"广告、焦点幻灯图片广告、巨幅广告、全屏广告、导航条广告、浮动广告、弹出式广告和插件以及工具条安装广告等形式（图7-2）。但随着信息流广告等原生广告的爆发式增长，品牌图形广告增速正逐年下降。

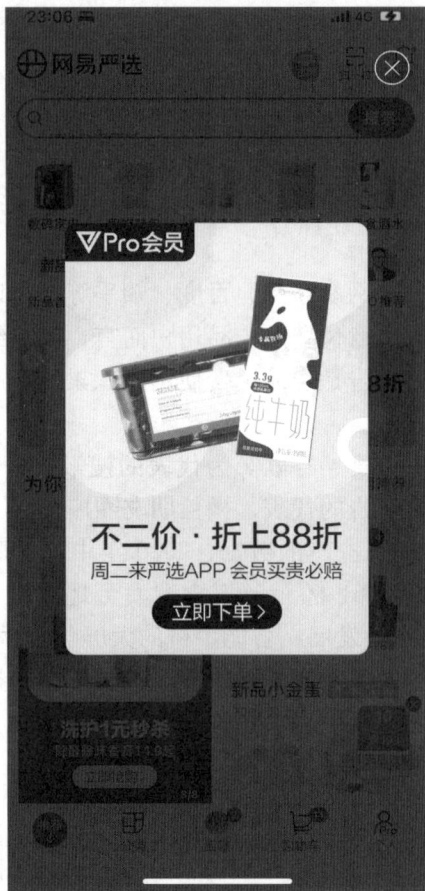

图 7-2　弹出式广告（图片来源：网易严选）

2. 搜索引擎广告

百度是国内搜索市场的领头企业，自谷歌退出中国搜索市场后便迅速占领市场。百度搜索广告在百度的产品体系中占据绝对比例，其广告收入的方式是多元化的，主要有三种。

（1）搜索竞价排名广告。竞价排名是一种按效果付费的网络广告推广方式，由百度在国内率先推出，也是百度的主要盈利模式。所谓竞价排名，就是以出价高低作为网页内容呈现的排序标准，购买了同一关键词的网站在同一页面进行排名，竞价较高的广告商位于页面前端、竞价较低的则处于页面后端的一种商业推广方式。搜索竞价排名在给百度带来高额利润的同时，也让百度在近年来屡次受到公众和社会的质疑，"魏则西事件"更是将竞价排名推向了风口浪尖。如何实现社会效益和经济效益的平衡统一，这是百度亟待解决的问题。

（2）搜索推广广告。借助其全球最大的中文搜索引擎"百度搜索"，在搜索结果显著的位置免费展示需要推广的信息，只有用户点击了广告之后，企业才需要付费。

（3）百度联盟广告。百度联盟成员包括大量的第三方合作伙伴（终端厂商、运营商、网站、移动 App 等），百度充分利用联盟伙伴的流量提高第三方网站的访问率。

3. 电商广告

以电商起家的阿里集团目前已经成为国内互联网广告市场的第一厂商。据统计，2018 年阿里巴巴电商客户管理营收为 1 386 亿元，同比增长 28%。淘宝卖家开店是免费的，只需缴纳 1 000 元保证金即可，关店可退。部分卖家为了增加店铺曝光率获取流量，会采用不同的营销方式，阿里也由此获得了大量的在线广告营销服务收入。阿里巴巴最早为淘宝中小店铺提供推广服务，随着业务规模的扩大，媒体平台不断扩大丰富，开始为品牌广告主提供展示广告，搭建了以阿里妈妈为核心的数字营销平台（图 7－3），在电商领域拥有非常齐全的营销产品。

图 7－3　阿里巴巴数字营销平台（图片来源：易观《中国互联网广告市场年度综合分析 2018》）

4. 社交广告

腾讯经过多年的快速发展，依托 QQ 和微信建立起以社交为中心的互联网广告生态。2018 年，腾讯广告营收 819 亿元，同比增长 12%。腾讯的广告收入主要包括品牌广告收入和效果广告收入。品牌广告主要是对腾讯旗下的门户网站、腾讯新闻、腾讯视频等媒体平台的头部资源售卖，效果广告收入主要来自 QQ 空间、微信公众号广告以及微信朋友圈广告服务。2017 年腾讯品牌广告营收 148.29 亿元，效果广告营收 256.1 亿元。

自 2012 年腾讯推出微信公众号以来，产生了大量微信公众号类自媒体，较为典型的如知识教育类的"罗辑思维""十点读书"，生活美学类的"一条""二更"，时尚类的"GQ 实验室""黎贝卡的异想世界""深夜发媸"，等等。广告是这类自媒体的基本变现方式。当公众号订阅数达到一定积累后，在"微信公众平台"开通流量主，微信便会自动匹配页面下方的小广告，自媒体从中获取收益；当订阅数体量较大时，会有广告主进行专门的商务合作。据"GQ 实验室"的负责人 Rocco 称，截至 2018 年 5 月他们的粉丝量为 70 万，头条软文刊例价为 100 万元。"GQ 实验室"在 2018 年生产了 280 多万篇 10 万 + 的文章，最贵的产品单价达到 3 000 万元，单个公众号营收达到近 2 亿元的规模。

7.1.2 增值服务的经营

越来越多的互联网用户因对高质量内容的追求或是为减少时间精力的投入，会对部分互联网产品进行付费。因此，新媒体进行的增值服务必须具有不可替代性。目前主要有付费会员制、佣金提成制、知识付费制、内容电商制、游戏收费制和付费打赏制几种。

1. 付费会员制

随着粉丝规模的不断壮大，新媒体平台会逐渐形成一个属于自己的会员社群。新媒体运营者可以通过经营社群来增加用户黏度。付费会员，简单地说，就是用户需要付费购买会员身份的一种会员体系。最明显的属性就是用户必须先付费获得某个时间段内的平台认可的特殊会员身份，才可享受权益领取、特定服务甚至购物的权利。

2019 年 6 月 22 日，爱奇艺宣布付费用户数量超过 1 亿。从 500 万会员到 1 亿会员，爱奇艺用了 4 年时间。随后腾讯视频也宣布会员破亿。根据 QuestMobile 的报告，截至 2019 年 6 月，中国视频用户规模已超过 9 亿，付费用户当前在总体视频用户中的占比为 18.8%，具备高增长潜力。2019 年 12 月 11 日，随着电视剧《庆余年》的火爆播出，腾讯视频和爱奇艺开启《庆余年》超前观看权益，在会员的基础上再付费，即可提前解锁内容（图 7 - 4）。付费会员制和超前点映的出现，改变了在线视频的盈利模式，从"广告 + 免费"单一方式到会员崛起、多元化变现的升级，带来了对内容制作、内容宣发的多重蝴蝶效应，也为平台及行业的发展带来了积极作用。

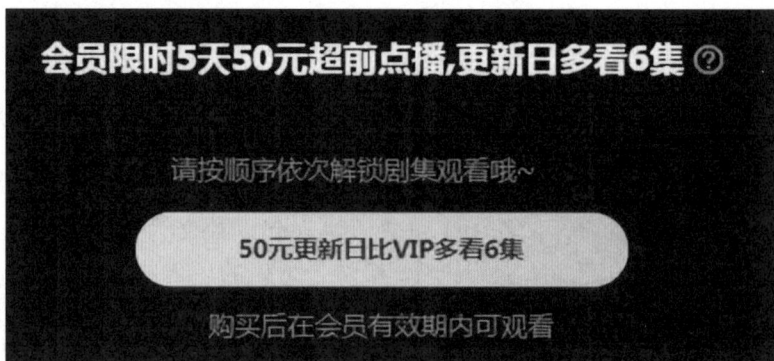

图 7 - 4　《庆余年》超前点播

2015 年 10 月，京东推出 PLUS 会员，会员用户可享受专属会员价格；2016 年底，唯品会推出超级 VIP；2017 年 11 月，每日优鲜推出优享会员，网易考拉推出黑卡会员；

2018 年 8 月，阿里推出 88 VIP 会员，打通了阿里巴巴旗下的天猫超市、天猫国际，以及优酷、饿了么、虾米、淘票票在内的多个会员体系，享受 288 家品牌九五折。

可以看出，付费会员制已经是新媒体产品运营的大势所趋。通过付费会员制，新媒体组织除了能赚取会员费用外，在更深的层面上，还可以挖掘更具含金量的存量用户价值，筛选出高净值用户。

2. 佣金提成制

佣金提成模式的逻辑是帮助客户达成交易，并从交易金额中扣除一定的费用。这种逻辑在传统行业由来已久，而这些商业秩序在互联网行业被沿用而形成一种变现方式：佣金提成制。

电商平台产品是佣金提成制的典型代表。以天猫为例，如果一个商家想在天猫上开店，则需要向天猫缴纳三种费用：保证金、技术服务年费和技术服务费率。其中技术服务费率是天猫的主要盈利模式之一。每件商品成交后，天猫都会从成交额中收取一定比例的服务费，不同类别的商品费率不同。根据 2022 年的标准（表 7 - 1），如果在天猫上成功卖出一件乐器，天猫会按照 2% 的比例抽取服务费；而如果成功卖出一件服饰或鞋类箱包，则需要缴纳 5% 的服务费。天猫每天的成交量巨大，所以靠着收取服务费，每天都会产生大量的收益。

表 7 - 1　2022 年天猫各类目年费软件服务费一览表①

天猫经营大类	一级类目	软件服务费费率	二级类目	软件服务费费率	三级类目	软件服务费费率	四级类目	软件服务费费率	软件服务年费（元）	基础服务考核分均值标准	享受50%年费折扣优惠对应年销售额（元）	享受100%年费折扣优惠对应年销售额（元）
服饰	服饰配件/皮带/帽子/围巾	5%							30 000	3.0	180 000	600 000
	女装/女士精品	5%							60 000	2.9	360 000	1 200 000
	男装	5%							60 000	2.9	360 000	1 200 000
	女士内衣/男士内衣/家居服	5%							60 000	2.9	180 000	600 000
	纺织面料/辅料/配套	5%							60 000	2.3	180 000	600 000

---

① https://www.lingpuwang.com/articles/show/483/.

（续上表）

天猫经营大类	一级类目	软件服务费费率	二级类目	软件服务费费率	三级类目	软件服务费费率	四级类目	软件服务费费率	软件服务年费（元）	基础服务考核分均值标准	享受50%年费折扣优惠对应年销售额（元）	享受100%年费折扣优惠对应年销售额（元）
鞋类/箱包	箱包皮具/热销女包/男包	5%							60 000	2.7	180 000	600 000
	女鞋	5%							60 000	3.0	180 000	600 000
	流行男鞋	5%							60 000	3.0	180 000	600 000

互联网平台不直接生产创造价值，而是通过连接不同商业群体来整合价值。美团、大众点评、滴滴出行、携程、饿了么等O2O巨头，都是通过促成团购、打车、酒旅、外卖等商业交易，从中提取一定的佣金。

美团最主要的变现模式是佣金，通过出售团购商品，直接赚取中间的差价，或是通过出售商品进行高比例的抽成，又或是通过协议帮助商家做折扣促销，按照协议金额提取一定比例的佣金。美团外卖、饿了么等外卖平台的变现模式主要也是佣金模式。根据新华社的报道，饿了么的平均佣金率接近26%，美团外卖的佣金率在22%左右。而在发达国家，如美国的Grabhub、Uber Eats和英国的Deliveroo平台的佣金率普遍要超过30%。[①]

3. 知识付费制

移动互联网时代，随着消费升级和终身学习的趋势，以及面临着国家宏观层面严厉打击盗版的版权生态环境的优化，众多内容产品从免费时代逐渐跨入付费时代，知识付费制逐步发展成为内容产品的一种新型变现模式。

知识付费制起源于2015年，兴盛于2016年。2015年3月，果壳网推出"在行"，用户可以通过平台以几百到几千元不等的价格同专家进行答疑互动；同年年末，"罗辑思维"推出知识付费App"得到"。随着喜马拉雅FM、36氪、钛媒体等知识付费产品相继出现，预示着知识付费时代的到来。高质量的内容越来越受到认可，人们开始对知识和版权更加尊重，愿意为优秀的内容付费。根据艾媒咨询《2022年中国知识付费行业报告》，2022年中国知识付费行业用户规模达4.77亿人，行业市场规模达675亿元。

随着用户付费习惯的养成，知识付费制的方式也日趋多样化。除了通过问答、订阅、社群等主流付费模式之间的组合搭建知识服务生态外，各大知识付费类平台还持续探索"偷听""包场一起学"等互动玩法作为补充。"得到"App自2015年上线以来，持续挖掘并邀请各领域优质内容生产者入驻，并不断发布包含订阅专栏、精品课、电子书、知识新闻等形态在内的知识服务产品。截至2020年5月，"得到"用户数已达3 870万名。2019年，用户投入在"得到"的学习总时间超过24 038万小时。

---

① 2018—2019 中国在线外卖行业研究报告［EB/OL］. 艾媒网. https：//www.iimedia.cn/c400/64223.html.

4. 内容电商制

互联网产品在积累到一定用户规模的基础上，开始对其用户开展精准营销，在满足用户需要的同时，通过在自身平台上出售商品来增加收入。

内容电商里的"内容"指的是多样化的信息表现形式，可以是图文，也可以是一段 Vlog，甚至是一场直播。内容生产者通过内容本身向用户展现自己的性格和专业，从而形成用户的忠诚度和黏度，完成用户从浏览者向粉丝的进化。简单来说，就是通过优质的内容吸引目标粉丝群体，并根据粉丝的需求提供个性化、定制化产品或服务，推动粉丝转化为最终消费者的行为，是一种以内容连接消费者和商品的电商模式。

2016 年 8 月，黎贝卡与故宫文化珠宝合作，推出 400 件联名款珠宝，仅 20 分钟就宣布售罄，销售额约 22 万元，总销售额达到 200 多万元。2017 年 7 月，黎贝卡联手 MINI 独家发售定制车，100 辆全部卖出只用了四分钟。

值得注意的是，与一般的购物场景不同，在内容电商的营销场景中，内容是主体，粉丝没有明确的购物目的，粉丝在产品的挑选和购买上不会太理性。

5. 游戏收费制

说到游戏创收，最值得一提的当属腾讯。腾讯依靠 QQ、微信积累的亿级用户规模发展网络游戏，获得了巨大收益。可以说，游戏是腾讯的核心收入来源。根据腾讯 2021 年财报，2021 年腾讯国内外游戏总营收 1 743 亿元，其中本土市场收入 1 288 亿元（图 7 - 5），占腾讯全年总收入 5 601.2 亿元的三分之一。

截至十二月三十一日止年度

	二零二一年		二零二零年	
	佔收入總額			佔收入總額
	金额	百分比	金额	百分比
	（人民幣百萬元，另有指明者除外）			
增值服务	291,572	52%	264,212	55%
網絡廣告	88,666	16%	82,271	17%
金融科技及企業服務	172,195	31%	128,086	27%
其他	7,685	1%	7,495	1%
收入總額	560,118	100%	482,064	100%

— 增值服務業務'截至二零二一年十二月三十一日止年度的收入同比增長10%至人民幣2,916億元。本土市場遊戲收入增長6%至人民幣1,288億元，乃受《王者榮耀》、《使命召喚手遊》及《天涯明月刀手遊》等遊戲推動，部分被《DnF》及《和平精英》的收入減少所抵銷。我們已對本土市場遊戲採取了一系列完備的未成年人保護措施，而此直接地（未成年人消費減少）及間接地（研發資源專注於新措施的實行）影響收入增長。國際市場遊戲收入增長31%至人民幣455億元，此乃由於《PUBG Mobile》、《Valorant》、《荒野亂鬥》及《部落衝突》等遊戲表現強勁。在我們的視頻號直播服務、視頻付費會員服務以及自二零二零年四月合併虎牙帶來的收入貢獻的推動下，社交網絡收入增長8%至人民幣1,173億元。

图 7 - 5　2021 年腾讯国内外游戏营收情况（图片来源：腾讯 2021 年财报）

目前，网络游戏的变现模式主要有五种：

（1）收费游戏，一般以出售游戏获取盈利。目前的收费游戏以按时收费为主，如《梦幻西游》《魔兽世界》等；

（2）增值服务收费，一般采用游戏免费、增值服务收费的形式，如皮肤、装备技能等，目前这种模式在市场上占比较高。《王者荣耀》是腾讯游戏旗下天美工作室开发的一款免费游戏，根据国际知名数据统计机构 SuperData 发布的 2020 年全球游戏年度收入榜单，《王者荣耀》2020 年全球营收达 24.5 亿美元（约合人民币 158 亿元），位列第一。资料显示，用户购买英雄皮肤是《王者荣耀》收益的主要来源。

（3）电竞比赛直播权。《王者荣耀》《和平精英》等移动电竞游戏市场的爆发，带动了中国电竞赛事的发展，也给电竞内容的主要传播渠道——游戏直播平台带来了巨大收益。《王者荣耀》的电子竞技比赛 KPL 的赛事直播权就被腾讯卖给了虎牙、熊猫等直播平台。

（4）广告收费。将第三方客户的产品或品牌信息嵌入游戏，用户在玩游戏过程中接触到广告商品。《王者荣耀》的火爆，吸引了许多广告商的青睐。vivo 花数千万赞助 KPL 比赛、雪碧把游戏中的英雄印在饮料瓶上、宝马将品牌 logo 融入英雄皮肤、招商银行推出了《王者荣耀》主题的信用卡、中国联通推出"腾讯大王卡"等。

（5）游戏周边产品，指游戏衍生出的实体产品，通过自行或授权生产获取利润。

6. 付费打赏制

近几年来，网络直播平台成就了很多网络红人。作为新媒体行业中的一股新生力量，网络直播虽然在发展初期有着各种乱象，却一直受到资本的青睐。根据艾媒咨询《2021 年度中国在线直播行业发展研究报告》，2021 年中国在线直播用户规模为 6.35 亿人，预计 2022 年达 6.60 亿人。

一个直播平台的变现能力决定了它是否能够健康持续地发展下去，而付费打赏无疑占据着直播平台收益的重要部分。简单来说，付费打赏模式主要指直播间用户通过实际货币在直播平台进行充值以转换成平台的虚拟货币后，向主播赠送虚拟道具来表示喜爱或支持。通过打赏主播，可以增加主播与用户之间的亲密度，提升用户在某一直播间的地位，当用户获得心理满足后就会在平台持续消费，从而不断为平台创收。

为刺激直播用户的打赏，直播平台通过多样的产品设计和丰富的运营策略来创造盈利。

（1）礼物价格顾及不同消费能力的用户。

礼物价格主要分为免费礼物和收费礼物。在直播平台上，从未付费的用户数量远远多于付费用户数量。以腾讯音乐集团为例，根据其公布的 2021 年第四季度财报，腾讯音乐集团社交娱乐业务（也就是直播类业务）的移动月活用户为 1.75 亿，付费用户数为 900 万，意味着有近半数的活跃用户未进行过付费体验。设定免费礼物的目的是让新用户或未付费用户体验打赏的乐趣和快感。当用户体验到打赏的乐趣后，会有一部分用户转化成付费用户。由此可见，免费礼物其实是推动用户产生打赏行为的助推器。

而在付费礼物的价格设置上，1 元、10 元、50 元、100 元、500 元甚至 1 000 元、2 000元不等，礼物价格区间跨度大，保证了不同消费能力的用户都能购买。低价礼物的设置既能满足低消费人群的需求，也能帮助用户养成付费的习惯。

（2）强烈的感官刺激促进用户打赏。

付费礼物又分为小礼物和大礼物，一般情况下只有打赏大礼物才能触发主屏幕各种炫目的特效，并且会在弹幕栏里出现礼物横幅的提醒。礼物价值越高，视觉特效就越复杂。

主播定制礼物是专门为主播量身打造的礼物，会选取与主播有关的元素，例如主播的卡通形象、主播喜欢的美食等。但这类礼物的价格区间跨度也比较大，一般情况下只有平台头部主播才能拥有，或是平台作为某个活动奖励发放。这也是在粉丝经济下刺激用户消费的重要手段。

财富等级是基于用户在平台消费的多少而定的，在很大程度上决定了用户在平台的身份地位。财富等级越高，在平台的地位就越高，享受到的权益就越多，比如 VIP 管家、专属进房特效等。除此之外，财富等级越高，也说明用户在平台上花费的沉没成本（时间和金钱）越多，而沉沉成本很大程度上会影响用户的决策，从而影响用户对平台的黏性。

7.1.3　活动类型与经营

在新媒体运营中，活动往往是直接或间接带动产品变现的重要方法。一般来说，常见的活动类型主要有以下几种：

1. 拉新：通过活动增加新用户

互联网的人口红利期已经基本接近尾声，对于平台而言，抢夺更多的用户意味着向成功又迈近了一步。因此，拉新在新媒体运营中至关重要。

（1）线上长期活动。平台产品日常会进行或大或小的推广，因此每天都会有一定的新用户进入到产品中来，这也就意味着新媒体运营人员需要策划一些常规化的、低成本的、高转化的活动。比如新用户注册专享奖励，当新用户注册成功后为其提供专享价格的商品或优惠券，通过这些限时权益快速引导用户完成首次购物。又或者是"老带新"活动，基于老用户对平台的认可，利用老用户的社交关系链进行推广，这与拼多多的拼团、砍价活动类似。

（2）线上短期活动。拉新的短期活动一般都是与热点结合，并根据平台的特点和定位进行专门的策划。这一类活动更加注重用户心理需求和场景要求。

（3）线下拉新。线下拉新更多是指地推方式，很多时候只是线上活动的补充。线下拉新比电视广告更加传统，但只要投放的足够精准，很多时候效果比电视广告还要好。地推的主要场景就是：地铁（站）、公交（站）、电梯、商圈、小区等。

2. 互动：通过活动促进既有用户活跃

与拉新活动的目标用户不同，活跃活动主要面向的是平台既有用户，目的是通过各式各样的活动，给用户不断带来新鲜感，从而延长用户在平台的停留时长。一般来说，活跃用户的首要目标并非营收，而是活跃度。活动的 KPI 也主要围绕 PV、UV、用户停留时长、跳出率等指标。

3. 变现：通过活动增加公司收入

营收活动是能最直接带动产品变现的一类活动，其目标就是提高收入。直播平台上以提高收入为主要目的的活动最常用的方法就是 PK。纵观各大平台的活动规则，基本上都是在 PK 的基础上进行二次包装。大致活动方案都是通过增加主播曝光、提供主播身份认证（如年度最佳男女主播）、现金奖励或线下活动资格等珍稀奖励作为吸引，以全平台 PK 的方式，设置海选、复赛、复活赛以及决赛，最终选出 TOP 主播，而 PK 获胜的依据基本都是根据直播间打赏收入进行先后排名。

2018 年 YY 的年度娱乐盛典在水立方举行，这是 YY 举办线下年度盛典的第六年。从话题热度、现场声势及观赏性来看，YY 的年度盛典堪称直播界的春晚。台上明星与主播合作表演，台下各家粉丝疯狂应援，从直播间走上水立方，从直播平台走向大众视野，头部主播们享受着明星般的待遇。数据显示，这一届线上比赛期间不断打破多项纪录，创造了单场 PK 和单日票数最高纪录，总票数近 4.8 亿张，主播个人赛票数约 4.41 亿张。这种成功的变现方式无疑成为一种典范，越来越多的直播平台展开年度盛典。

7.1.4 新媒体与新零售

随着互联网及相关产业的发展，我国已进入万物互联的时代。新零售这一以互联网为依托，通过运用大数据、人工智能等先进技术手段，对线上服务、线下体验以及现代物流进行深度融合的零售新模式正悄然无息地来袭，并处于一种蓬勃发展的态势。新零售常与新媒体结合，利用数字化媒体的渠道，以及手机、电脑、数字电视等终端，向用户提供产品信息。

2016 年 10 月，马云在阿里云栖大会上第一次提出"新零售"的概念。他认为，未来 10 年、20 年，新零售将取代电子商务这一概念，以大数据为驱动，通过科技发展和用户体验的升级，将线上、线下与现代物流结合在一起创造出来的新的零售业态，将促使线下企业走到线上，线上企业走到线下来。2017 年 3 月，苏宁张近东提出"智慧零售"，同年 7 月，京东提出"无界零售"。无论是新零售、智慧零售还是无界零售，都是强调零售与互联网如何更好地结合，线上线下取长补短，实现互利共赢。

总体而言，"新零售"是纯电商和零售业相互融合的必然趋势，是基于大数据、云计算、物联网、虚拟现实和人工智能等组成的"零售技术"的新销售模式，以消费者为中心，将会员、支付、库存、服务等方面的数据信息全面打通，线上（电商）和线下（实体）彼此分享各自的信用资产、客户信息、库存信息及售后服务等商业信息。

"新零售"的内涵是对广义 O2O 的全面升级，而不是线上 + 线下的简单结合。在这里，我们要引入新零售 OMO 模式的概念。OMO，即 Online - Merge - Offline，线上和线下的融合，模糊了虚拟世界和现实世界的边界，以形成完整的商业闭环。

过去 O2O 行业过于依赖线上，而忽视了线下实体的重要性，大量电商纷纷做公众号，然而实现交易时则需要跳转至商城或 H5 页面。多重的跳转和引流、不连贯的跨屏购买以及不佳的用户体验增加了消费者流失率。新零售的本质是将线上线下融合，将人、货、场的关系持续重构。通过扫一扫、卡包、微信支付、社交分享等，打造集会员识别、自助买单、数据沉淀、精准营销、服务提醒为一体的小程序零售模式，可以帮助商家更快地实现会员、门店、电商的打通，同时提升顾客体验。具体可以从两个方面进行布局：

第一，利用小程序的分享能力，打通线上线下。对于线下实体来说，经营的本质就是客流经营。万达的小程序就采取客流电子化的模式：打通线上线下，将硬件、人、商品、服务、CRM 等系统连接打通。小程序上线了手机号登录功能、线上停车缴费功能、限时抢购功能，未来还将实现点餐、排队、优惠券发放等功能，通过小程序的分享能力将会员从线上拉回到线下。沃尔玛的小程序采取的也是类似的模式，内设领券中心，让用户拥有边逛边扫、快速结账、用完即走的优质体验。

第二，利用小程序支付能力，创新新渠道。2018 年 6 月，优衣库开通了微信小程序商城。商城融合了多个线上线下消费场景，消费者可以在第一时间看到关于产品的最新消息，包括新品上市、优惠情况以及搭配建议，还可以随时随地一键购买。同时，优衣库还支持线上下单、线下提货的模式，不仅解决了优衣库电商库存、配送的压力，又在很大程度上节省了顾客的等待时间。线上购买线下换货、A 地下单 B 地取货、门店自提等功能满足了顾客越来越多样的需求。

移动互联网的普及，让消费者行为数据化、物流供应链智能化，赋予了线下消费场景更多的可能性。也就是说，当我们在线下使用电子支付购物后，我们的消费数据会被线上收录。而我们在网站、App、小程序等平台浏览、购买商品，我们所有的信息也都会成为商家进行推荐和引导的参考。这样一来，商家能更准确地掌握用户消费的偏好，进行精准推荐或动态折扣推送。而社交网络将会加快整个消费过程的传播和增值，甚至还会衍生出全新的消费场景。根据马斯洛需求层次理论，人的需求从低级向高级逐级发展。对于消费者来说，消费者的需求从功能诉求向由内容和服务组成的体验诉求进行转移。而对于零售商来说，数字化是他们用以提升运行效率和顾客消费体验的基础设施。

7.2 新媒体风险管控

新媒体是通过互联网传播信息的一种新兴媒介形态，人们可以通过网络获取更多的信息并参与其中。但新媒体的运营有其自身的规范，若不遵从规范，便存在一定的风险，如知识版权、内容安全、技术、人才、资本和盈利模式等方面的风险。

7.2.1 新媒体运营的规范

人都有犯错的可能性，在新媒体时代，一篇好文章能得到更快速地传播，但一个差错也能被无限放大。一套严格、可操作性强的审发流程，是一切规范化运营的保障。

1. 标题规范

一篇文章能否取得好的传播效果，本质上还是依靠内容。但一篇好内容的文章，如果取了一个不够灵动的标题，会让文章的传播力大打折扣。与报纸不同，新媒体时代移动终端的展示空间有限。以微信公众号为例，一篇文章推送后，无论是在公众号获取，或是朋友圈分享，还是在微信群中传播，用户第一眼看到的只有标题和封面图，一个标题可以让人决定是否点击一篇文章。

正因如此，也出现了越来越多的"标题党"。需要承认，这种标题的写法在短期内确实可以吸引人阅读，但从长远看，对运营主体造成的伤害是无法弥补的。在新媒体时代，尤其需要注意标题规范。

2. 内容规范

有人说，新媒体时代"酒香也怕巷子深"。这句话有一定道理，但忽略了互联网真正爆发式的传播依靠的是分享和转发，标题、粉丝数只会对一次传播产生影响，而网友读后能否产生多次传播，才是关键。因此，如何在符合新媒体规范的前提下，编辑出有利于传播的文章也是值得思考的。

（1）内容的真实性。想要文章传播效果好，首先要保证内容是真实的，否则一切都无从谈起。近年来，假新闻、反转新闻屡见不鲜，这其中也不乏传统媒体的身影。在信息异常丰富的互联网环境下，更需要新媒体从业者坚守真实底线，不盲目为点击量轻易转发、转载。

（2）排版的合理性。新媒体时代的内容不仅仅局限在文字，也包括文章中的图片、视频、音频等多个方面。一篇文章能否得到最大化的传播，也在于内容编排的美观程度，更在于一些基于用户思维的细节。比如正文方面，文字段落必须清晰地进行区分，首行不缩进两个字符，段与段、段与图片之间要利用空行保持呼吸感；配图方面，对清晰度有较高要求，并注意标注图片说明及拍摄者，以保护版权；版式方面，尽量用简单大方的小标题和背景美化样式，灵活运用阿拉伯数字和分割线进行内容区分，让网友充分关注内容，避免分散注意力。

（3）互动的及时性。新媒体的留言功能是账号主体和用户之间进行沟通的一个重要渠道，在每一次的互动中，用户会逐渐产生一定的归属感，要让用户知道，他们面对的不只是一个冰冷的账号，而是想彼此真诚交流的人格化的团队。这是促进转发分享和阅读量提升的重要因素。

3. 审发流程规范

一套严格的审发流程对新媒体账号的发展起着重要作用。一般来说，不论是传统媒体转型而来的新媒体，还是有一定规模的自媒体账号，都拥有一套适合自身定位的发稿流程，包括文章主题的选取范围、文章的推送时间、文章的署名、文章的互动等。

7.2.2 运营中存在的风险

新媒体运营过程中存在着政治、经济、法律、技术等多种风险，下面我们分别进行介绍。

1. 政治风险

在新媒体的运营过程中，政治风险是非常值得关注的。随着新媒体的影响力日益提升，新媒体运营也要有极强的政治敏感度。近年来公众账号新形态蓬勃发展，深刻影响网上信息内容生产方式和舆论生成传播格局。但在丰富网民精神文化生活、促进经济社会发展进步的同时，一些宣扬错误价值观、煽动极端舆论事件时有发生。因此，在新媒体运营过程中，应当警惕过分情绪宣泄，尤其是涉及国家层面和错误价值观的内容发表。

2021 年 2 月开始施行的《互联网用户公众账号信息服务管理规定》中明确规定，未经许可或者超越许可范围提供互联网新闻信息采编发布等服务，利用突发事件煽动极端情绪影响社会和谐稳定的都属于违法违规行为。

2. 经济风险

尽管新媒体近几年势头很猛，但其仍处于发展的初期阶段，在盈利结构上存在着不合理现象，这也是该产业在发展过程中所遇到的最大障碍。尽管前文我们列举了新媒体的多种变现方式，但归根结底，新媒体较为成熟的盈利渠道就几种：广告、佣金、电商、增值服务等（图 7-6），形式较为单一，加之一些早期积累了庞大用户群体的互联网巨头的存在，他们将盈利的触角伸向互联网领域的各行各业，新媒体产业越来越多地出现"大鱼吃小鱼"的现象，单一盈利渠道的企业最终会被竞争者所覆盖甚至瓦解。

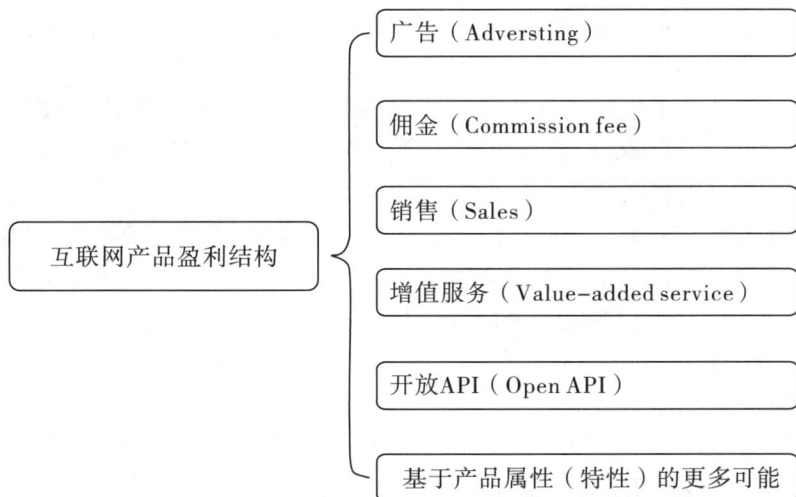

图 7-6　互联网产品盈利结构

以网络直播平台为例，目前其盈利结构主要分为三类：打赏、广告和网红 IP 变现。总体来看，直播行业现存的盈利结构尚未成熟，且占大头的盈利集中在第一类打赏模式中，但用户付费率在庞大的用户基数中是十分低的。虎牙 2018 年的财报显示，其全年营收约为 46.6 亿元，全年净利润收入为 4.6 亿元。2018 年 Q4 营收 15.05 亿元，其中直播收入占比 95.8%，直播业务成为虎牙的核心收入来源。当一家平台过度依赖直播业务，造成营收结构单一时，这将是以直播为主业的公司最大的隐患——一旦出现用户增长缓慢或头部主播跳槽等问题，将直接影响公司的营收状况。2019 年 3 月，熊猫直播宣布服务器关停，曾经高调入局的熊猫直播却以低调收场。不仅是熊猫直播，更多的直播平台选择抱团取暖。花椒直播与六间房重组合并，一下科技旗下的一直播被微博收入囊中。盈利结构不合理造成的效益低下加速了直播行业的洗牌，这也是网络直播平台要实现发展必须走出的困境。

3. 法律风险

新媒体是一项新生的媒介形态，具有鲜活的生命力，但相应的法律法规没有及时优化和更新，从而对新媒体环境的控制力度不足，导致新媒体运营期间容易出现信息风险和版权风险等问题而影响运营质量和效率。这部分的不稳定性和不确定性，会影响新媒体产业的进一步发展。同时，部分新媒体企业为追求短暂的经济效益投机取巧，在现有法律法规的边界中打擦边球。一旦法律法规完善，将影响自身的发展。

（1）虚假信息泛滥。"人人皆媒体"的信息传播方式为人们提供了便利，也造成了信息内容的真伪难辨、良莠不齐。新媒体具有自发性、匿名性、强传播性和弱把关性等特点，导致其存在与内容安全相关的法律风险。

在传统媒介环境里，信息内容的传播是可控的，传媒机构作为一个专业性的媒体机构，在一定程度上决定了大众接受信息的种类和数量。而在新媒体环境下，网络给每个传统的受众都提供了成为传播者的可能，同时网络的便捷性为一些谣言的形成提供了温床。

（2）侵犯版权之争。新媒体数字技术的迅猛发展，为新媒体内容的存取和交换提供了极大的便利。但在另一方面，正如有人戏称网络内容提供商（Internet Content Provider，ICP）是"网络复制粘贴"（Internet Copy and Paste）一样，数字化技术精确、廉价、大规模的复制功能和互联网的全球传播能力为版权保护带来了极大的冲击。

在中国，从多年前的视频网站竞争开始，版权战争的硝烟似乎从未散去。视频平台、FM应用、内容平台、音乐平台、直播平台等都在不同程度上陷入了争夺独家内容版权和绑定优质内容创作者的循环之中。

一是视频平台版权战争。早在搜狐主导成立"反盗版联盟"的时候，视频平台的版权争夺就已经开局了。2011年，视频网站掀起了"百万一集"购买电视剧的激烈竞争，在腾讯的统计中，2015年收视率过1的电视剧平均版权费用已经达到300万~350万元一集。2013年，爱奇艺花费2亿元购买《爸爸去哪儿》《快乐大本营》等五个节目的版权，乐视网则花费过亿元买下《我是歌手》第二季的独家版权。

二是FM应用版权战争。2015年4月，荔枝FM、多听FM同时被苹果App Store下架，原因是平台上的内容被人投诉侵犯版权。两家FM均认为自身产品下架是喜马拉雅对其进行了投诉，而喜马拉雅官方则对此表示否认。同年5月，蜻蜓FM和考拉FM也陷入版权争议。

三是内容平台版权战争。在内容平台的版权大战中，似乎总能看到"字节跳动"的身影。2018年9月，爱奇艺起诉今日头条以短视频的方式在其手机端应用程序上传播影视作品《延禧攻略》，索赔3 000万元；2019年2月，腾讯起诉多闪和抖音，认为多闪非法从抖音获取用户的微信/QQ头像和昵称。在北京海淀法院网站上搜索"字节跳动"可以找到二十多条相关的案件链接，绝大多数都与侵犯知识产权、著作权以及不正当竞争相关。

除了新媒体平台之间的版权战争，由新媒体引发的新闻作品著作权亦纠纷不断。传统媒体对其原创新闻作品所享有的著作权得不到新媒体的尊重，许多新媒体利用其自身技术优势，未经作者许可肆意免费转载、抄袭和使用传统媒体的新闻作品。

四是音乐版权战争。21世纪的前十年，在网上可以非常容易地下载到各类盗版资源。直到2010年"剑网行动"的开展，数字音乐才开始正版化布局。对用户而言，音乐产品的服务功能具有一定相似性，都是围绕音乐展开。可以说在一定程度上，谁获得了更多的音乐版权，谁就能抢占更多的音乐市场。根据前瞻经济学人的报告，我国网络音乐版权运营收入规模由2016年的3.4亿元增长至2020年的30.4亿元。

五是直播平台版权战争。在国内，由直播带动起游戏初始热度的案例越发常见，全球级爆款游戏《绝地求生》就是一个经典案例。随着游戏相关产业的极强变现能力，电竞直播的版权战争也在展开。2017 年 11 月，广州知识产权法院判决 YY 直播停止通过网络传播游戏画面，并赔偿网易经济损失 2 000 万元。而这一事件的起因是 2014 年有主播在 YY 上直播了自己在网易旗下游戏《梦幻西游》上的对战过程。2018 年 4 月，网易刚推出的手游《第五人格》在斗鱼、虎牙被下架禁播。可以说，游戏直播也在版权战争中绝地求生。

六是图片、字体版权。除了以上列举的五种版权风险，新媒体运营中，图片版权、字体版权也都成为很多新媒体人眼中的"定时炸弹"。2018 年，就有公众号因转发黑猫警长图片被索赔 10 万元的案例。还有大量公众号收到字体侵权的通知，被告字体侵权的不只是字体的使用，还包括文章插图上的字体侵权问题。于是，一大波公众号因为"截图上的字有问题"纷纷删文。

（3）片面追求经济利益，触碰内容监管红线。新媒体在传播过程中多次表现出一些非理性的行为，某些新媒体的内容在一定程度上迎合了受众的低级趣味，忽略了作为媒体本身对社会应该承担的理性责任。

2018 年 7 月，哔哩哔哩 App 在多家安卓应用商店下架，且因含内容低俗的动漫作品遭央视点名批评；2019 年 4 月，语音社交 App 音遇遭全网下架，比邻、耳语等 9 款社交类 App 被国家网信办关停；5 月，探探因涉嫌传播淫秽色情内容被全网下架；6 月，吱呀、Soul 等 26 个音频平台因传播淫秽色情内容、历史虚无主义遭约谈、下架、关停等阶梯处罚；7 月，重新上架两周的探探因违反《网络安全法》被再次通报整改；同月，小红书也被下架，虚假内容、刷单刷量、销售违法违禁产品是小红书一直以来的问题。

随着监管政策不断收紧，越来越多的 App 被约谈、勒令整改、下架甚至关停。如何构建文明和谐、健康向上的网络环境，实现网络社会的有序管理和新媒体产业的可持续发展，成为亟须解决的问题。

4. 技术风险

技术管理漏洞风险是新媒体管理风险中的一大因素。在新媒体行业急剧崛起、一片叫好的同时，也听到了一些其他声音。因技术管理出现漏洞造成信息泄露、损害用户和公众利益的事件时有发生。

2015 年，网易邮箱被曝出过亿数据泄露；2016 年，雅虎承认上亿用户数据被盗；2017 年，黑客在网上售卖从优酷窃取的 1 亿用户账号，售价约 2 000 元人民币；2018 年，Facebook 公司被曝出严重的用户数据泄露丑闻，通过对用户的各种数据进行分析，有针对性地推送信息和竞选广告，以影响美国选民在总统大选中的投票；2019 年，换脸 App "ZAO" 的火爆，更是引出了人们对信息安全的焦虑。根据《2017 政企机构信息泄露形势分析报告》显示，从 2015 到 2017 年，我国每年因网站漏洞导致的信息泄露数量超过 50 亿条，而这还只是 360 这一家互联网安全公司的统计数据，其中泄露的信息 85% 以上都是用户的个人信息。

如何减少或规避技术管理漏洞的风险，如何让在互联网发展环境下让渡出来的个人数据得到正确而安全的使用，是新媒体运营过程中需要思考和注意的。

7.2.3　如何规避政治风险

1.　加强政府监管，引导新媒体企业朝健康方向发展

当前我国对有关新媒体的产业的监管力度逐步加大，但是在监管环节仍面临着一定的困境，针对这一现象，国家及政府需要深入研究新媒体背景下信息传播的规律，引导新媒体朝着健康的方向发展。在互联网的发展中，政府的重要性是不容忽视的。随着新媒体的发展，政府在网络生态治理方面已经朝着常态化、长效化和基层化演进。大到微博、论坛、贴吧，小到微信群、QQ 群，政府将其管理范围不断延伸。

2.　坚持正确的价值导向

相关政策的收紧对行业监管来说是粗暴的，因为其解决的是整个行业的发展态势，而对于单一企业而言，要获得稳健的发展，需要企业始终坚持正确的价值导向。企业在新媒体运营中要严格遵守法律法规，积极履行社会责任，自觉遵守公序良俗，坚持正确舆论导向、价值取向，大力弘扬和践行社会主义核心价值观，为用户提供向上向善的优质信息内容，发展积极健康的网络文化。只有这样，才有可能获得长足的发展。

7.2.4　如何规避经济风险

1.　构建新媒体多元盈利模式

当企业遭遇竞品覆盖策略或相关政策缩紧的风险时，拥有单一利润来源的新媒体企业会受到严重的影响，企业将无法维持自身的持续运转。因此，要减小或规避盈利模式单一带来的风险，企业必须将自己的盈利模式多元化，拓宽盈利渠道，实现商业模式的升级，打造一个完整的产业生态圈。这样，在面对风险时，企业才会有更多的战略弹性。

尽管直播行业正在突破单一用户付费的营收方式，但目前尚在摸索阶段，未真正实现盈利。从直播的发展态势来看，随着 5G 技术的应用推广，5G 网络将为超高清视频带来强有力的支撑，网民步入视频高清化、信息视频化时代，视频将成为信息表达的重要载体，未来直播行业仍然是一块巨大的蛋糕，收入规模将会持续增大。

虽然目前游戏与娱乐内容仍然是直播平台布局的重点，但各大平台同时深入探索"直播＋"模式，将直播延伸至教育、公益、电商等多个细分领域，直播形式和内容正朝着多样化、规范化发展（图 7-7）。除此之外，直播平台将顺应知识经济潮流培养用户的付费习惯，加强营销产业链合作升级，拓展内容营销和互动营销形式，实现跨平台合作的商业变现。

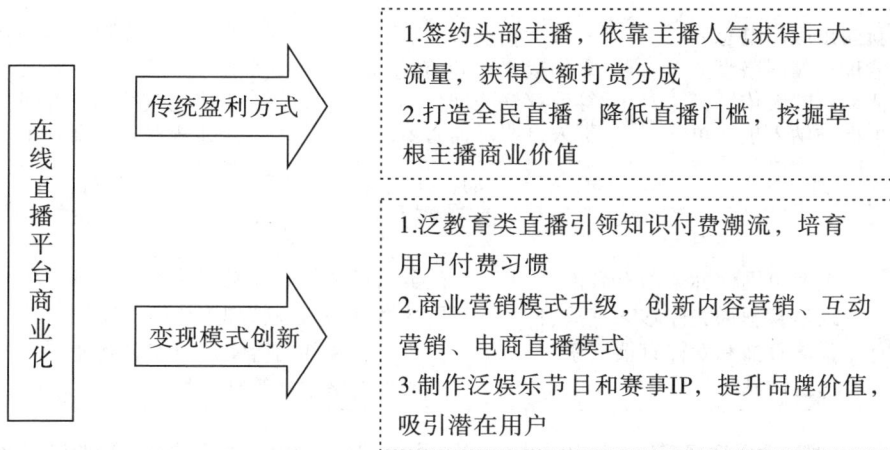

图 7-7 在线直播平台商业化（图片来源：艾媒网《2018—2019 中国在线直播行业研究报告》）

2. 灵活调整市场经营模式

当前的社会已经发生了翻天覆地的变化，新事物不断涌现，社会形势越来越复杂。由于无法深入认知形势而投资失误的企业比比皆是，但同时眼光独到的产业也得到了极大的发展机遇。当前众多大型企业为使自身地位得到进一步巩固，通常采取业务垄断的形式，而中小企业为紧跟时代步伐，纷纷集中力量开展优势业务，这必然会存在较大的投资风险。因此，新媒体产业的运营需要及时关注新媒体的发展趋势，精准把握时机，从而尽可能从中获取最大收益。在市场经营的过程中，需要科学地制订市场经营规划，以前瞻性的眼光看待市场运营，充分规避收入来源不足及实体经济发展所带来的风险。

7.2.5 如何规避法律风险

1. 加强新媒体的法律法规建设

这是一种硬性控制手段（图 7-8）。2017 年，国家互联网信息办公室发布了《互联网论坛社区服务管理规定》和《互联网跟帖评论服务管理规定》，明确跟帖评论服务提供者要对注册用户进行真实身份信息认证；国家新闻出版广电总局发布《网络文学出版服务单位社会效益评估试行办法》，明确提出对从事网络文学原创业务、提供网络文学阅读平台的网络文学出版服务单位进行社会效益评估考核；文化部发布了《网络表演经营活动管理办法》，对网络直播行为做了严格限制。

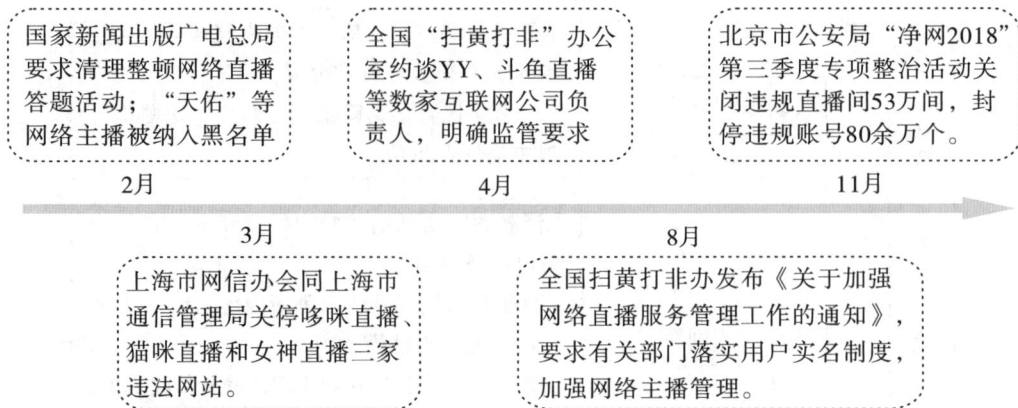

国家新闻出版广电总局要求清理整顿网络直播答题活动；"天佑"等网络主播被纳入黑名单

全国"扫黄打非"办公室约谈YY、斗鱼直播等数家互联网公司负责人，明确监管要求

北京市公安局"净网2018"第三季度专项整治活动关闭违规直播间53万间，封停违规账号80余万个。

2月　　　　　4月　　　　　11月

3月　　　　　8月

上海市网信办会同上海市通信管理局关停哆咪直播、猫咪直播和女神直播三家违法网站。

全国扫黄打非办发布《关于加强网络直播服务管理工作的通知》，要求有关部门落实用户实名制度，加强网络主播管理。

图7-8　在线直播管理规范化（图片来源：艾媒网《2018—2019 中国在线直播行业研究报告》）

2. 提升自我监管能力

除法律法规等外力的作用外，企业还需从内部出发，建立完善的内容审查制度，构建以反垃圾反作弊为核心的风控机制和流程，提高自我监管的能力。介于新媒体涉及行业过多，本节将以当下较为火热的网络直播为例，通过分析网络直播平台的自我监管方式，给其他新媒体产业的自我监管提供参考。

（1）内容规范具体化。首先要对平台的直播内容进行规范，而规范的制度也应该具体、细化。如今越来越多的平台都列出了主播规范条例，对主播违规零容忍。如虎牙直播的《虎牙主播违规管理办法》里明确指出男性不得赤裸上身，女性不得露出胸部、臀部、内衣物等敏感部位或物品。

（2）建立系统自动过滤和人工审核机制。针对 UGC 平台，首先要建立系统自动过滤敏感内容机制，在系统无法有效识别判断的情况下再进行人工审核，这是目前直播平台常用的内容审核风控流程（图7-9）。

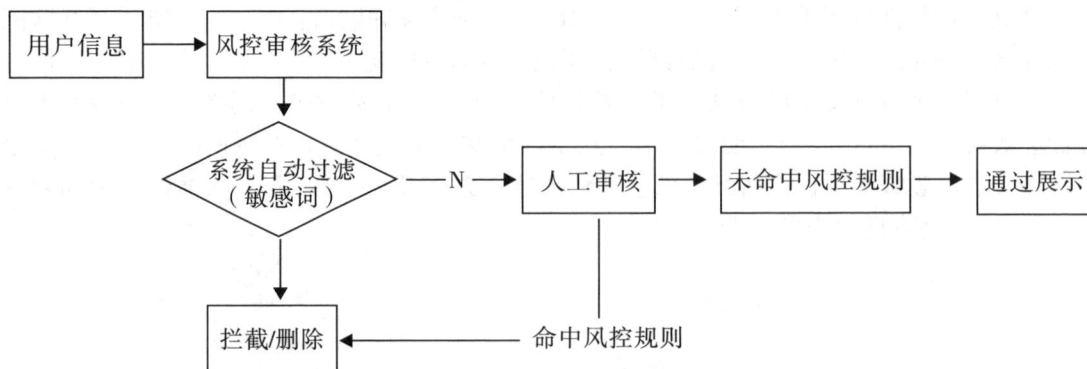

图7-9　内容审核风控流程图

一套完整的风控流程，应该包含事前预防/审核、事中及时阻断以及事后复合溯源。具体到直播平台上，事前预防可以从主播规范条例、官方开设"直播学院"进行教育等方

面展开，事前审核则可以在主播开播前审核直播间封面，从着装上进行审核。但真正有内容安全风险的，往往是在直播过程中发生的，因此直播平台面临的挑战更大，更需要严格把关主播资质审核关口，避免在直播中出现类似"黄鳝门"的涉黄涉暴力事件，直到舆情爆发后平台才后知后觉介入。在不久的将来，随着人工智能算法的发展，全栈式 AI 审核将实现更高效、更准确的内容安全审核。

（3）建立举报机制。建立一套合适的举报机制有利于集用户之力解决"监管难题"，毕竟广大用户才是每天接触平台时间最长的人群。用户若看到违规内容可随时向平台客服或与自己对接的运营人员举报，举报内容核实后给予用户一定的奖励，并对该主播进行惩罚。

（4）重视弹幕的监管。网络直播的强互动使得直播间内各种评论弹幕肆意横飞，而日渐普及的弹幕因监管不力成为低俗信息的传播渠道。内容色情、低俗、暴力等弹幕屡见不鲜，影响恶劣。平台可以通过多种途径进行监管，首先，从源头上不允许未经实名注册的用户发送弹幕，实名制会对用户言行产生一定的约束；其次，在技术方面可以对弹幕评论、敏感留言、恶俗词汇进行实时屏蔽，对刷屏用户进行禁言等；除此之外，人工监管也是不可或缺的一部分。2019 年 2 月，《人民日报》发布了"关于将弹幕纳入'先审后发'范围"的文章正与弹幕文化兴盛以及逐渐失范有关。在此新规下，各大平台相继扩招人工运营审核队伍，快手宣布将审核团队从 2 000 人扩大至 5 000 人，字节跳动将从现有 6 000 人的运营审核队伍扩大至 10 000 人。

7.3　新媒体组织管理

一家企业的成败，往往与企业和产品的管理组织架构设置有关。历来断送一家企业的原因往往是团队缺乏对运营管理内涵的理解，相对应地也设置了不合理的组织架构，最终在管理层面缺乏自我保障、自我进化及防范风险的作用。因此如何设置企业的运营管理架构是新媒体运营过程中需要考虑的一个问题。

7.3.1　中小企业的组织管理模式

一般来说，不同的企业规模在管理架构上有着较大的区别。中小企业由于产品线较为单一，所有员工围绕一个产品展开工作，因此在管理架构上则更为简单。

图 7-10 为互联网创业公司常见的组织架构。其中，位于公司最高层的 CEO 往往是产品的创始人，负责设立商业目标，自己出资或通过融资的方式去招募一帮志同道合的人，为实现商业目标而奋斗。产品部的产品经理在 0 到 1 的阶段，会根据公司的愿景制定产品战略、设计产品功能、推动产品研发上线。而从 1 到 100 的阶段，产品经理的主要职能是平衡公司、运营、用户多方的需求，完成产品的迭代改进，帮助公司实现战略目标。设计师则主要是根据产品需求和草图，通过制图工具将其变为精美和交互合理的效果图，

最终输出素材给技术人员。研发部则是技术部门，在产品构思好后，技术部门拆解产品需求，通过技术手段让想法变成用户可用的软件。而运营部的主要职责是在产品上线后得以体现。运营人员需针对产品的特性，采用不同的运营手段让产品上线后有人来用、有内容可看。而市场部主要职责是开拓市场，综合部则起到企业运营过程中的支撑作用。

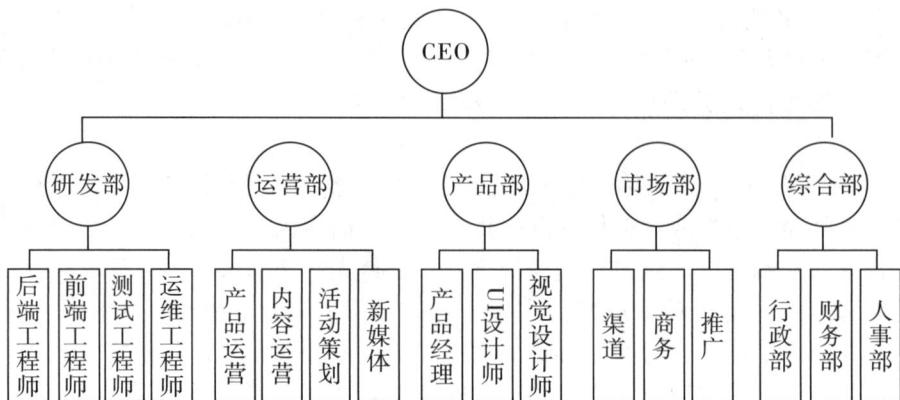

图 7-10　互联网创业公司组织架构图

7.3.2　大型企业的组织管理模式

大型企业往往拥有多个产品，会分成不同的产品线。我们可以把每条产品线都看作企业内部的一个小型创业公司，因此大型企业的组织架构则更为复杂。

以腾讯为例，2018 年 9 月，腾讯公司官方宣布启动战略升级，其组织架构在时隔 6 年后迎来新一轮的优化调整，在原有七大事业群的基础上进行重组整合成六大事业群。目前，腾讯的六大事业群包括企业发展事业群、互动娱乐事业群、技术工程事业群、微信事业群、云与智慧产业事业群以及平台与内容事业群。

从事业群的名称叫法上，我们能很直观地感受到中小企业与大企业在组织架构上的差异。组织架构不再局限于具体的职能分工中，更多地体现在整体业务方向层面。其中，企业发展事业群（CDG：Corporate Development Group）作为公司新业务孵化和新业态探索的平台，负责推动包括基础支付、金融应用在内的金融科技业务、广告营销服务等重要领域的发展和创新。同时作为专业支持平台，为公司及各事业群提供战略规划、投资并购、国际拓展、市场公关等专业支持；技术工程事业群（TEG：Technology and Engineering Group）（图 7-11）是腾讯核心技术支撑平台，主要负责为公司及各事业群提供技术及运营平台支持，负责研发管理和数据中心的建设与运营，并为用户提供全线产品和客户服务。同时牵头腾讯技术委员会，通过内部分布式开源协同，加强基础研发，建设技术中台等措施，支持业务创新。

微信事业群（WXG：Weixin Group）负责微信生态体系的搭建和运营，依托微信基础产品，以及微信公众平台、小程序、微信支付、企业微信、微信搜索等开放平台，为各行各业的智慧化升级提供解决方案和连接能力。同时负责 QQ 邮箱、微信读书等产品的开发及运营；云与智慧产业事业群（CSIG：Cloud and Smart Industries Group）负责推进公司云与产业互联网战略，依托云、AI 等技术创新，打造智慧产业升级方案，探索用户与产业的创新互动，助力零售、医疗、教育、交通等产业数字化升级，同时协助企业更智能地服务用户，构建连接用户与商业的智能产业新生态；平台与内容事业群（PCG：Platform and Content Group）负责公司互联网平台和内容文化生态融合发展，整合 QQ、QQ 空间等社交平台，和应用宝、QQ 浏览器等流量平台，以及新闻资讯、视频、体育、直播、动漫、影业等内容业务，推动 IP 跨平台、多形态发展，为更多用户创造海量的优质数字内容；互动娱乐事业群（IEG，Interactive Entertainment Group）负责公司游戏、电竞等互动娱乐业务的研发、运营与发展。

图 7 – 11 **技术工程事业群架构**（图片来源：浙江日报百家号 . https：//baijiahao. baidu. com/s？id = 1634290272175831494&wfr = spider&for = pc）

通过系统性研究及前沿科技的探索和应用，不断为用户创造更高品质的互动娱乐内容体验，助力公司在全球互动娱乐领域取得领先地位，并联动公司相关业务共建繁荣向上的内容生态。

7.4 新媒体关系管理

新媒体产品能带给我们吸引力的最重要法则，就是在内容和服务这两个要素上加入了"关系"要素。互联网的本质是连接，信息传播的背后是关系的连接和转换，是一个从关系传播到关系经济的转换过程，新媒体也正是通过关系产品来实现其经济效益的。

7.4.1　新媒体链接的定义

互联网时代，信息传播的方式由过去的单向传播转变为双向互动。在新媒体运营的过程中，我们有必要了解"新媒体链接"这一重要概念，这有助于我们认识新媒介背后产生的关系，以及因关系形成的产品。

新媒体链接指的是新媒体运营链条上的所有动作，包含传播链、关系链和产业链在内的多个节点。如果说"新媒体链接"这个词过于抽象，那么我们可以简单地把它理解成具象化的"关系产品"。

"关系"一般是指不同事物之间或人与人之间的某种联系，在不同的学科领域具有不同的含义。"在社会学中，社会网络理论认为关系就是节点之间的线段；在传播学中，史蒂芬·李特约翰认为关系是建立在双方交往模式基础上的对对方行为上的期望；在社会资本理论中，关系网络是一种具有生产力性质的资源要素，林南认为社会资本是通过社会关系获得的资本。在互联网上通过关系获取社会资源比在现实社会中获取社会资源的成本要低，且更容易。"①

美国社会学家马克·格兰诺维特把关系类型划分为强关系和弱关系。在新媒体运营中，以社交媒体为例，从社交媒体的最初开发时期到最终连接上用户并让用户沉浸其中的过程，其实就是一个从毫无关系到弱关系、从弱关系到强关系的递进过程。在这个过程中，"关系涉及由媒体系统内各构成要素之间组成的生产关系，以及由媒体与外部环境社会系统组成的社会关系。"② 在实际的新媒体运营中我们会发现，"关系直接打通了传媒生产链条的全部环节，成为资源开发、新闻生产、产品延伸、渠道拓展、品牌经营及社会互动等领域不可或缺的结构性因素"。③

那什么是关系产品呢？关系产品其实是基于网络社会中的关系传播，嵌入个人的社会关系和生活圈的互联网产品就是关系产品。微信就是一种关系产品，其最基础的用户关系首先来自用户手机的通讯录，也就是说，用户的微信好友基本上都是由亲缘、业缘或趣缘组成，是个人社会关系延伸至互联网的表现。微信红包也是一种关系产品，因为微信是一种基于社会关系的社交工具，这决定了个人红包收发都是在关系内部间运行的。用户通过发红包、抢红包能够强化彼此之间的关系。

关于关系产品的定义与特点，谭天做了较为详细的概括："关系产品是指连接用户需求及各种社会资源、金融资本的任何东西，包括各种互联网应用、数据处理等有形的物品和无形的服务、组织、观念，以及它们的组合。"④ 关系产品有以下三个特征："一是关系产品是嵌入用户个人的社会关系网络中的，甚至能够影响个人的角色、情感、价值观以及消费习惯、生活方式等，关系产品不仅连接线上各方，还可以实现线下与线上的连接；二是关系产品可以促使用户关系发生转换，从'弱关系'到'强关系'，形成新的信任机

①　谭天，王俊. 新媒体运营：从"关系"到"连接"［J］. 编辑之友，2017（12）：5 – 9.
②　谭天，王俊. 新媒体运营：从"关系"到"连接"［J］. 编辑之友，2017（12）：5 – 9.
③　谭天. 新媒体经济是一种关系经济［J］. 现代传播，2017（6）：121 – 125.
④　谭天. 新媒体经济是一种关系经济［J］. 现代传播，2017（6）：121 – 125.

制；三是关系产品具有社交属性，用户在互动过程中，可以依据自己的兴趣爱好自发形成社群。"① 好的关系产品应该是能与用户实现共产、共生、共享，彼此间能相互嵌入与渗透，实现产品自身发展与用户需求完美融合的互联网产品。

7.4.2　新媒体的传播链

马化腾早在 2014 年世界互联网大会上就提出腾讯要"连接一切"，成为互联网的连接器。新媒体的传播链并非简单的传播，还包含了连接在内。传播只是信息的传递与联结，而连接在此基础上还有讯息通道和联结方式的建立，"连接一切"即互联互通。在新媒体的运营过程中，运营者与用户的关系比传统单一的传受关系更为复杂，除了基本的信息传递，更多的是对用户的连接、关系的构建与转换。

"连接"原是一个工业术语，指的是将两个分离的物体通过某种方式衔接在一起，组成一个新的东西或是形成一种新的功能和作用。移动互联网时代，社会网络不仅仅是人与人之间的关系，还有人与物、物与物之间的连接。社交网络的存在价值在于，一方面，为人的关系提供服务；另一方面，为让人与人之间产生更好的连接而服务。

那么新媒体的传播链上有哪些节点呢？首先需要入口。

在新媒体中，入口是指用户在决定上网行为时最常选择的途径。入口决定了用户的需求和行为模式，有了入口才能将用户导入相关产品或平台，进而实现用户流量的价值变现，因此我们需要重视对入口的研究，它是影响后续一切行为的开端。

笔者认为，入口分为硬件和软件。在移动互联网时代，硬件的入口便是移动终端，包括手机、平板电脑、可穿戴设备等。在移动互联网时代，连接一切的前提是硬件的连接，用户与硬件从顺畅连接到沉浸式依赖，是新媒体关系产品得以成功的前提。如果说终端硬件是物理入口，那么软件就是非物理入口。软件的入口除了最基础的社交服务以外，还应该包括内容入口、服务入口和关系入口。

为什么在新媒体运营中我们始终强调内容至上？随着内容分发渠道的激烈竞争，优质而稀缺的内容成为各种媒介抢夺的资源，好的内容可以帮助媒介获取更多的流量。在这里，内容作为一个入口承担起引流的作用。

提到服务入口，可能最先想到的就是基于 LBS 技术的位置服务，微信上附近的人、滴滴打车、美团外卖等 App 都是从基于 LBS 技术的位置服务中衍生出来的产品。除此之外，还有基于用户喜好的各类细分垂直领域的应用服务，包括电子商务、在线教育、在线金融、在线医疗等。可以说，服务是新媒体连接用户最为直观的入口，对用户个性化的需求和其实际生活场景的精确适配，将实现更强的用户连接，实现用户关系由弱到强的快速转换。这也是为什么支付宝、微博、微信甚至 QQ 等诸多互联网平台拼命向用户发送红包，滴滴打车、美团、饿了么拼命花钱补贴用户的原因。

有了连接的入口，则需要将用户关系通过渠道导流到其他产品上。在这一过程中，新媒体应该尽可能地创建更多的互动渠道来加强用户间的关系，同时参考用户的相关数据来

① 谭天. 新媒体运营：从"关系"到"连接"［J］. 编辑之友，2017（12）：5-9.

提升用户体验、完善用户服务。以微信公众号为例，运营者需要通过观察后台的各项数据，诸如用户增长数据、用户属性、图文打开率、分享转发收藏的次数等数据推测出用户的喜好，通过有目的地提升用户服务，与用户进行紧密的连接，建立充分的信任机制。

用户关系导流的最终目的，是实现价值变现，而流量变现需要媒介平台才能得以实现。淘宝开始只是一个传递商品信息的线上交易平台，今天已经成长为一个具有海量用户的应用。淘宝通过聚合社会资源，创造场景，打通线上和线下，使得人们可以在线上购物的同时，享受玩游戏、与淘友交流、甚至进行二手交易。

7.4.3 新媒体的关系链

随着社交媒体的崛起和大数据的广泛应用，新媒体已经从信息传播进入关系传播，甚至进入到基于大数据的关系转换，而新媒体的关系链主要是通过关系产品。关系产品是新媒体产品的一个特色，不仅可以满足人们的互动、社交愿望，维系人们的社会关系，还可以带来社群。

经典案例

拼多多是如何利用关系链的？

2018 年 7 月 26 日，拼多多在纳斯达克挂牌上市。在中国电商发展已有十余年，形成了阿里与京东双雄争霸格局的背景下，拼多多却异军突起，用短短三年的时间一跃成为国内第三大电商。据统计，2018 年拼多多的活跃买家数已达到 4.19 亿。拼多多的成功，很重要的一个因素便是对关系的利用。拼多多的用户可以通过发起和朋友、家人等的拼单，用更低的价格购买商品，并且利用社交传播让用户享受 App 内砍价免费拿、天天领现金等多种优惠活动。从某种方面来说，拼多多既是基于供求关系的服务产品，也是基于用户服务的关系产品。

新媒体的运营需要连接实现。在入口方面，拼多多本身的服务产品就是连接的入口，连接媒介和用户。在关系导流方面，拼多多在不同品牌的手机上做了购机预装的推广，让那些购买到该品牌手机的用户无须主动下载 App 即可立马进行使用。更值得一提的是，让拼多多从众多竞品中脱颖而出的是它的各种社交裂变玩法：

"砍价免费拿"是指用户在砍价商品列表中选择心仪的商品后分享给亲属好友帮忙砍价，每次砍掉的金额随机。如果在 24 小时内成功砍至 0 元，即可免费拿到该商品。"幸运人气王"是指用户在选择心仪的商品并支付 1 分钱后便可参与抽奖活动。商品列表包含价值极高的奖品，比如 iphone XR、宝马汽车等。用户完成支付后并未直接获得抽奖资格，而是要把链接发送给一个微信好友后才能获得一个用于抽奖的幸运码，幸运码收集的越多，中奖概率就越大。这些活动都是通过利用优惠、现金刺激诱导用户分享，在用户社交关系链中不断传播，从而达到获取新用户、激活老用户的目的，并最终实现关系转换，获得收益（图 7 - 12）。

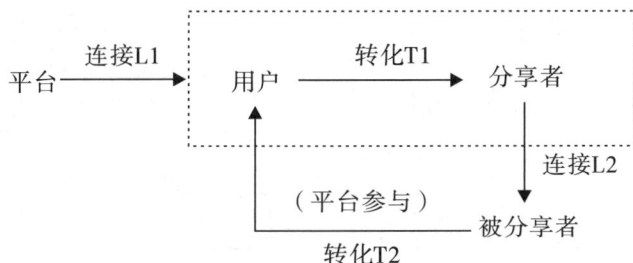

图 7 - 12　关系产品的社交裂变逻辑

拼多多除了通过多样化的运营玩法连接用户关系外，还通过游戏增强用户的互动感。2018 年 6 月，拼多多推出了一款小游戏——多多果园，上线仅半个月时间，用户量达 4 000 万，每天超 2 亿人次使用。多多果园是一个养成类游戏，与支付宝的蚂蚁森林类似，用户选择树苗后通过领水滴浇树的形式，最终收获果实。与蚂蚁森林不同的是，多多果园连接的不仅仅是媒介与用户，还连接着平台和线下。当果实成熟后，一箱真实的水果会送到用户手中。

对于用户来说，拼多多已经嵌入了他们的个人社会关系和生活圈，用户通过拼单、转发求砍价、分享拆红包等方式加强彼此间的关系，而这种关系既包括亲人、朋友之间的强关系，也包括与陌生人拼单或各种互助砍价群里的弱关系。

拼多多靠连接用户关系实现了运营的成功，增加了用户对产品的信任度和沉浸度。可以说，拼多多的成功与其本身对用户关系的连接有着不可忽视的作用。移动互联网时代，关系产品直接影响着新媒体的连接效果和运营效益。随着物联网的到来，智能音箱 AI 等高科技更让未来的世界连接一切，万物皆媒。

7.4.4　新媒体的产业链

互联网的高速发展为新媒体产业的发展提供了动力和支撑，新媒体之间的竞争也逐步演变为产业链之间的竞争。新媒体产业是指在新媒体的基础上将各种不同的新媒体传播媒介结合起来所形成的一个新兴产业。而新媒体产业链则是新媒体产业中各个细分环节所形成的一条完整的链条，各个环节有着明确的分工且缺一不可。

1. 新媒体产业链的内涵

大到一家企业，小到一个公众号，都有其自身的产业链。随着新媒体产业的发展，新媒体产业链的分工也变得越来越清晰：上游环节向下游环节输送产品或服务，下游环节向上游环节反馈信息。产业链中存在着大量价值交换、信息共享和上下游关系，聚集了越来越多的相关企业，形成新媒体产业系统。新媒体产业是依靠产业链的互联互通而形成的，从产品或服务的创意、制作、出产、传播、营销到最终消费，内容提供商、技术提供商、网络运营商、平台提供商、终端提供商和用户在整个产业链中发挥着重要作用，他们一环扣一环，各个环节有着明确的分工，这些环节的连接形成了一条完整的新媒体产业链（图 7 - 13）。新媒体产业链是以现代传媒技术为基础、满足不同受众需要而建立的跨领域相互衔接的共同获取利润的产业链条。

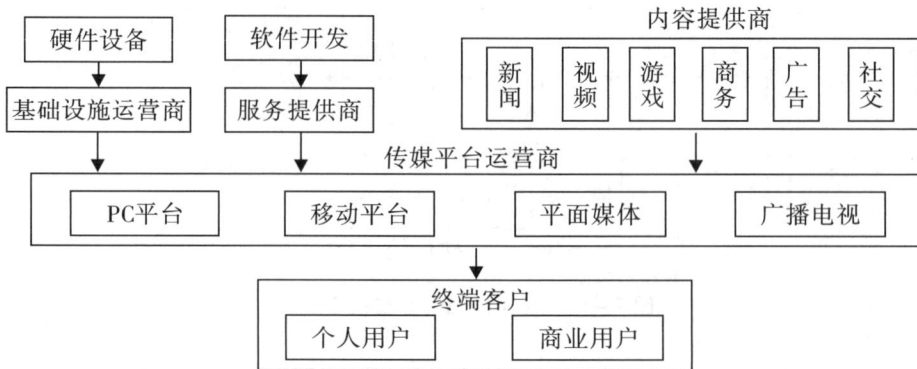

图 7-13 新媒体产业链

（1）内容提供商。对于处在上游的生产环节来讲，在内容为王的这个时代，内容提供将是最大的需求市场。顾名思义，内容提供商就是在新媒体产业链中为用户提供内容的。内容提供商运用创造性的思维和策划，对产品进行原创性的内容制作，以文字、音频或视频等形式呈现出来。近几年，网络文学、网络视频、网络动漫、网络游戏、网络音乐和网络新闻媒体等内容产业的快速发展，都再一次印证这是一个内容为王的时代。因其能够满足用户的各种需求，因此内容是新媒体产业得以实现商业价值的关键。而这些内容主要通过两种渠道获得：一是来自专业的内容制作商，比如影视制作商、新闻制作商、音乐制作公司等；二是来自私人企业或者是用户个人。以网络剧为例，网络剧的内容提供商可以是视频媒体旗下的制作机构，也可以是网络电视台旗下的制作团队，或者是专业的网络剧/影视剧制作公司。

（2）技术提供商。技术提供商指的是在新媒体产业链中，为其他各个环节提供技术资源支持的技术支持者和提供软件平台来帮助相关环节进行管理的软件提供者。

（3）网络运营商。网络运营商是指为新媒体内容的传播、分享、交易等服务提供网络空间、技术和服务支持的计算机网络运营机构，是提供互联网接入的运营方。他们拥有最核心的网络基础硬件设施，为内容提供商提供最基本、最底层的网络支持。网络运营商包括固定网络运营商、移动网络运营商、数字广播网络运营商等，可以看作新媒体上游产业链和下游产业链的中间环节，是连接内容和用户的纽带。

（4）平台提供商。平台提供商就是为内容提供商所搭建的一个将内容传播出去的平台，它既可以提供技术支持、流量支持，还可以提供网络互动、在线交易等服务。如网络视频类的爱奇艺、网络动漫类的B站、网络直播类的YY、文字内容类的微信公众号、头条号等。它是将内容提供商、网络运营商和用户整合在一起的业务平台，是新媒体内容传递给用户的具体实现。

（5）终端提供商。终端提供商作为新媒体产业链中的一个环节，它的发展对整个新媒体产业链的发展起着至关重要的作用。新媒体环境下，不同类型终端的创新拓展了新媒体产业链的发展空间。从Web1.0、2.0时代的PC端到Web3.0时代的移动端，再到未来的第四阶段，以智能为特性的终端，随着终端的持续发展，新媒体内容将更生动地展现在用户面前，为用户带来更好的体验。

（6）用户。处在新媒体产业链下游的用户是受益者，他们具有信息的接收者和传播者、制作者的三重身份。如网络音频、网络视频、网络直播等服务模式，用户借助运营网络，可以自助订阅节目，也可以直接进行内容的制作，形成用户创造内容的价值。互联网时代，新媒体的使用者更加年轻化，创新能力更强，用户需求也一直在转变，这也加速了新媒体产业链的发展。

（7）配套服务提供商。除了上游的内容提供商、中游的平台提供商和下游的用户外，在产业链中还存在配套服务的提供商，比如数据公司和咨询公司，将用户使用行为和消费行为等数据出售给商家，以便商家提供更为精准的服务。

2. **新媒体产业模式分析**

新媒体产业链是以现代传媒技术为基础、满足不同受众需要而建立的、连接不同领域并以获取利润为目标的产业链条。随着移动互联网的发展，新媒体产业模式主要表现在与移动互联网的强相关。随着 4G 网络的进一步完善以及 5G 时代的到来，越来越多的用户使用移动终端浏览不同平台以满足自身需求，比如网络直播、网络视频、新闻资讯、网络游戏等。

新媒体是移动互联网发展下的必然产物，是基于"终端＋软件＋内容＋服务"的生态系统。我们将以互联网新闻、网络直播和短视频为例，在上文提到的新媒体产业链的基础上微观分析不同行业的产业链。

经典案例

互联网新闻产业链

马化腾曾说，移动互联网的上半场是消费互联网，下半场是产业互联网。对于新闻行业来说，互联网新闻产业链也逐渐形成。

（1）内容提供商。根据国家网信办发布的《互联网新闻信息服务管理规定》，未经许可，微信公众号、网络直播等形式的新媒体禁止发布新闻以及评论。通过互联网站、论坛、博客、公众账号、即时通信工具、网络直播等形式向社会公众提供互联网新闻信息服务，应当取得互联网新闻信息服务许可。因此，新闻的内容来源依旧掌握在传统的新闻媒体机构手中，如中央新闻网站以及各省、市新闻网站。但随着移动新闻客户端的兴起，内容提供商、服务提供商和平台提供商常常存在业务功能重叠，传统媒体的新闻客户端就是这样，既生产内容，也在内容资源基础上开发各类增值服务吸引用户，同时自己提供新闻客户端展示内容。

（2）广告服务商。广告服务商向平台提供商付费，平台提供商则通过开屏广告、信息流广告和详情页广告等广告形式将广告信息嵌入用户的使用过程中，平台开发各种增值服务向用户收取费用。

由互联网新闻产业链（图 7－14）可以看出，在生产模式上，用户的主体地位有了实质性的提升，记者和用户共同完成多媒体素材的采集；在分发模式上，"算法分发"正在成为互联网新闻的主要分发方式。在移动互联网时代，用户信息可以被数字化。通过爬虫技术获得用户信息，例如社交数据。经大数据分析后生成用户画像，建出模型，最后通过算法架构将信息推送到用户客户端。当用户接收信息后，计算机会通过用户的接收行为，再次观察和记忆，反复学习后推荐更加精准的内容；在传播模式上，"去中心化"与"多层次化"传播特征显现。

图 7 - 14 **互联网新闻产业链**（图片来源：艾瑞咨询《2017 年中国原创新闻平台用户洞察白皮书》）

经典案例

网络直播产业链

从早期的娱乐直播到时下流行的带货直播，网络直播正在以一种强势的姿态渗透大众的生活，其产业链也涵盖了多个方面的内容。

（1）内容提供商。网络直播的内容来源于主播或明星，明星主播主导用户流量争夺战，秀场主播、游戏主播、素人主播的直播内容构建直播平台的核心竞争力。在内容生产上，网络直播平台正在向 PGC + UGC 融合过渡，UGC 内容主要分为聊天、唱歌、跳舞、脱口秀、做饭、画画、购物、美妆、运动、旅行、吃播为主；PGC 内容上，比如米未传媒、壹心娱乐、途牛影视等专门生产内容。除此之外，在网络直播的基础上衍生了主播经纪这个职业，明星主播的经纪为经纪公司，而素人主播或网红主播的经纪则称为公会家族。一般情况下，公会家族会签约多个主播，在培养主播、鼓励主播生产优质内容，并为主播向直播平台争取更优质资源的同时，从主播获得的直播收益中抽取提成作为经纪费。

（2）平台提供商。网络直播在新媒体行业中是一股新生力量，虽然在发展初期有着各种乱象，但直播平台迎来了一轮又一轮的融资潮。直播平台最大的优势就是能即时反映现场情况，让现场直播无处不在。观众看直播的时候，会有身临其境的感觉，直播平台上的互动比其他任何形式的网上互动都让人感觉更真实。因此，"直播 +"的跨领域应用也将成为未来的重要发展方向。

（3）服务支持方。位于产业链中游的服务支持方既包括技术方、支付方和广告方，还包括产业相关的监管单位（图 7 - 15），服务支持方的目的是保障直播应用的日常运营。

主要包括内容监管部门，如国家网信办、广电总局、文化和旅游部；品牌推广方、支付方，如支付宝、微信支付；视频云服务，如腾讯云、阿里云；应用商店，如 App store、安卓市场等。

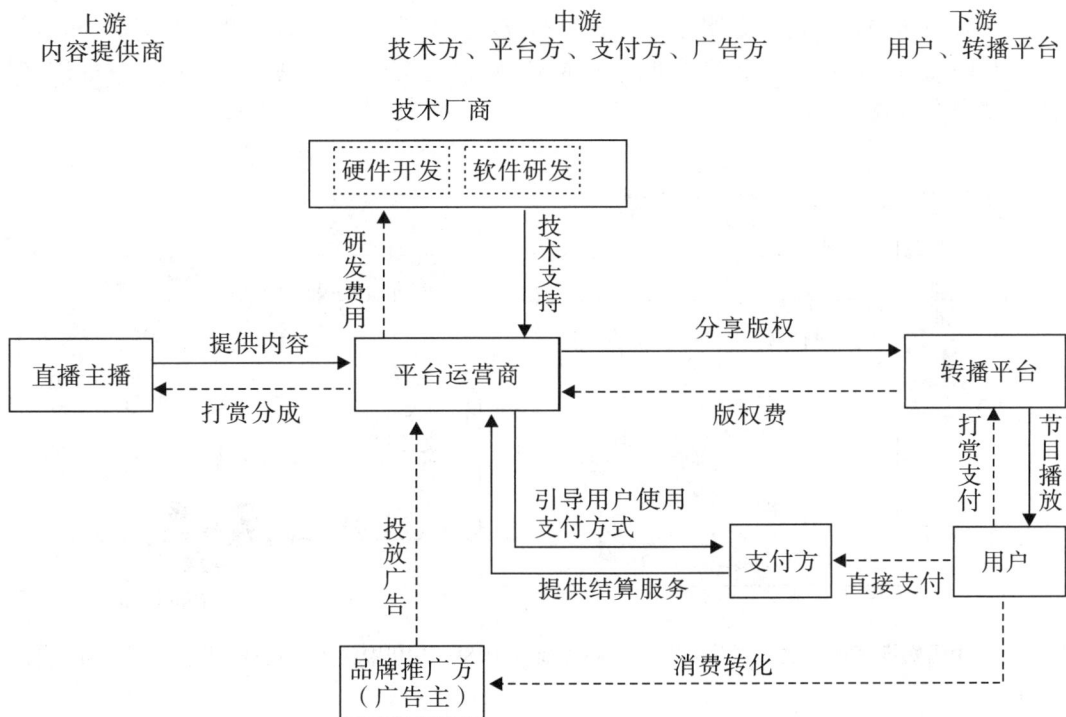

图 7 - 15　网络直播产业链

经典案例

短视频产业链

　　短视频是移动互联网时代新的传播信息符号，基于移动互联网的不断发展，短视频行业适应了受众移动化的媒介阅读习惯。传统媒体背景下的视频制作、传播相较于短视频具有碎片化传播、社交化属性、视频生产者与用户之间界限模糊等特点。

　　（1）内容提供商。短视频的内容生产端与网络直播相似，主要来源于 UGC、PGC 和 PUGC 三类创作群体。UGC 指的是以素人短视频博主为代表生产的短视频，涉及的内容涵盖唱歌、跳舞、美食、搞笑等；PGC 指的是以专业的内容生产商，如央视新闻、我们视频、看看新闻 NEWS 等；PUGC 指的是专业的用户生产内容，如梨视频、西瓜视频等。随着 YouTube、抖音、快手等短视频平台的崛起，对应也出现了类似网红孵化器的 MCN 机构，在内容提供上起到了重要的整合作用。

　　（2）平台提供商。根据艾媒咨询《2018—2019 中国短视频行业专题调查分析报告》，中国短视频平台提供商目前可分为以下三类：移动短视频 App、内容分发平台和传统视频平台。移动短视频 App 主要是以抖音、快手、火山、西瓜视频等为代表的移动短视频平台;内容分发平台指的是今日头条、微信等分发短视频的平台;传统视频平台指的是以"爱优腾"为代表的视频平台。数据显示,短视频市场整体规模将持续增长,5G 等新兴技术的加速落地也将推动短视频行业进入下一个快速发展阶段。

(3)服务支持方。和网络直播平台一样,服务支持方的目的是保障短视频应用的日常运营。在短视频的产业链里,服务支持方包括技术方、广告方、监管部门和 MCN 机构等。前三者与网络直播的服务支持方类似,而 MCN 机构则是作为短视频内容整合、推广和变现的重要中介(图 7 - 16)。

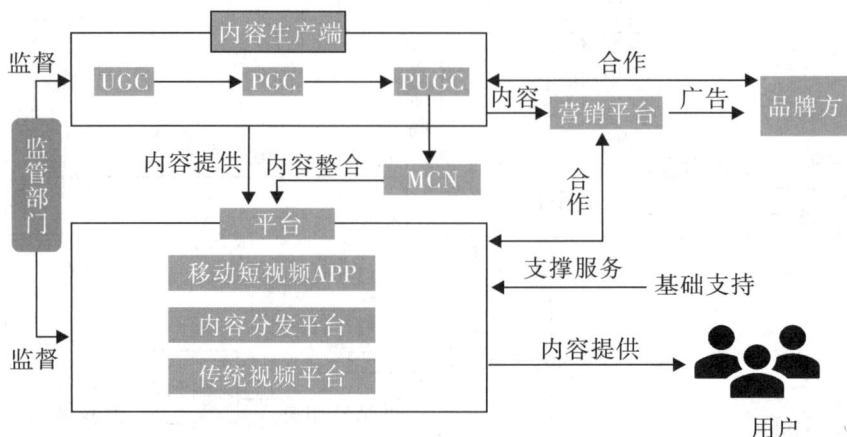

图 7 - 16　中国短视频产业链(图片来源:艾媒咨询《2018—2019 中国短视频行业专题调查分析报告》)

MCN 起源于 YouTube,意为多频道网络。随着 YouTube 等平台上内容的爆发式增长,多渠道网络开始整合众多专业生成内容,从而打造规模化、组织化的竞争优势。简单来说,MCN 就是一种网红经济运作模式,将 PGC 联合在一起形成网红矩阵,一方面帮助内容生产者专注于内容创作,另一方面对接平台、粉丝进行包装、强化推广以及推动变现。根据艾媒咨询《2021—2022 年中国 MCN 行业发展研究报告》,2021 年中国 MCN 机构数量超 30 000 家,预计 2022 年 MCN 机构数量将超 40 000 家。

3. 新媒体产业链的整合

近几年我国新媒体产业发展势头强劲,但是产业发展同质化现象制约了整个产业竞争力的进一步提升。基于新媒体产业发展的实践,新媒体产业链的整合势在必行。

新媒体产业链整合是基于价值链或产业链进行并购整合,以实现产业链价值关系的合理性,整合的目的不是淡化乃至消灭分工,而是通过再造产业间的纵向关系模式,更好地发挥分工后的协同效应。这样可以实现新媒体在内容生产和传播等方面的优势互补,实现新媒体产业从各自为战向专业整合化发展。通过整合,在内容、渠道、结构等方面形成一条优势产业链。

当前,我国新媒体产业链整合主要有两种方式:第一,凭借科技、资源和资金优势与同行竞争者一体化,实现产业链内部的整合,以战略合作关系直接取代竞争关系,提高自身在市场的占有率,以提升盈利水平;第二,结合媒体的资源优势,向产业链上下游延伸，实现多元化发展。

（1）资本整合模式：并购与参股。竞争白热化的市场环境倒逼着品牌进行迭代升级。2018 年，中国新媒体产业市场颇为活跃。2018 年 2 月，陌陌以 6 亿美元并购探探，被称为 2018 年最著名的企业合并。这是目前国内陌生社交领域最大的并购；2018 年 4 月，阿里以 95 亿美元对饿了么完成全资并购，这是中国互联网史上最大的一笔现金收购；6 月，短视频、直播平台快手对中国大陆第一家弹幕视频网站 Acfun（A 站）整体收购。在 2018 年的这一轮并购战中，各企业的战略目的性很强，实力强大的互联网巨头通过并购来抢占各细分领域的市场份额，扩充自身的实力，加强用户黏度，以完善各自打造的企业内容生态系统。陌陌对探探的合并能实现很好的产品用户性别的互补；阿里对饿了么的并购与阿里的"新零售"战略布局吻合；快手收购 A 站也是弥补自身用户方面和盈利模式单一方面的不足。

（2）内容渠道整合模式：新旧媒体的战略合作。新媒体与传统媒体的合作是现今多媒体时代新媒体运作的有效方式之一。自 2009 年以来，我国传统广播电视媒体纷纷进入网络视频领域，拓宽传播渠道。比如"TV＋"的新媒体业态模式就是由"互联网＋"发展而来的，其本质是以视听新媒体形态实现 TV 效能的最大化。融合互联网后的传统媒体以双向、多渠道、跨屏等形式进行内容的传播与扩散，传统媒体利用新媒体先进的技术资源，新媒体则借助传统媒体来扩充自己的内容资源。如电视＋电商模式，节目内容通过电视或网络视频直接链接到电商平台，最终实现从信息告知到边看边买的模式转化。最具代表性的则是《天猫双 11 狂欢夜》，从 2015 年开始至今已经举办了七届，每一年的晚会都是以卫视直播＋线上直播的方式进行同步直播，让观众不仅能看到明星演出，还可以掏出手机在天猫上买到晚会同款商品。

（3）技术整合模式：连通终端。新技术的开发和应用会对各种终端的发展起到助推作用，以技术为驱动构建新媒体生态链。电视、电脑、手机的出现，将用户的碎片化时间进行了整合，而互联网企业在移动终端开发的手机客户端则可以随时随地满足用户的需求。随着技术的进步，AR、VR、智能 AI 终端应用将给新媒体产业提供更多可能。这是一个万物互联的时代，以智能音箱为例，作为一种新终端的出现，重塑了家庭场景，部分代替了手机的功能。互联网世界的网连接也逐渐变成 AI 时代的端连接。在美国，亚马逊研发的智能音箱 Echo 已经覆盖了千万家庭，它可以播新闻、设提醒、听音频节目。2019 年 2 月，百度发布家庭影院产品"小度电视伴侣"，该产品被定义为"Hi－Fi 家庭影院＋高性能 4K 机顶盒＋高端人工智能音箱"，只需搭配一根连接线，即可让家中电视变成实时在线的人工智能助手。

从电视到 PC 端到手机再到人工智能，终端的发展也加速了新媒体产业的变革。各平台、终端之间应该想办法打造一个共享平台，以这样的一个平台为基础，打造丰富的内容和应用，实现业务和应用的协同合作。

产业链整合已发展到深度融合，从"你中有我，我中有你"到"你是我的，我是你的"，已经从新媒体产业扩展到整个互联网生态。

7.5 实训与复习

———————┃ 实践训练 ┃———————

为了更好地理解新媒体经营管理的概念，并掌握相关的基础知识，下面我们将通过一系列实践训练来进行练习。

【实训目标】

（1）了解新媒体现有的经营模式及管理模式。

（2）理解不同经营模式的区别及优势。

（3）了解新媒体运营中可能存在的风险。

（4）理解规避风险的重要性，并从具体的案例分析中加以总结。

【实训内容】

（1）了解某个新媒体平台/账号的经营现状，并归纳总结出它现有的经营模式和管理模式。

（2）针对以上你的总结，为其后续经营模式和管理模式提出你的建议。

（3）总结出该垂直类新媒体平台/账号可能或现存的风险，并有针对性地提出相应的规避策略。

（4）试着分析某个具体的新媒体产业链。

【实训要求】

（1）要求调查的新媒体平台/账号具有一定行业代表性，最好已经形成一定规模。

（2）其经营模式可以从基础服务、增值服务和活动等方面展开，包括但不限于以上内容。

（3）对其可能或现存的风险进行剖析，找出原因并试图找到解决办法。

———————┃ 课后复习 ┃———————

思考题

（1）你认为新媒体的经营模式除课本提及的几类之外，还有哪些可能？

（2）尝试梳理和总结出拼多多的社交裂变法则。

（3）谈谈当前国内 MCN 的发展状况。

参考文献

［1］谭天．新媒体新论［M］．广州：暨南大学出版社，2015.

［2］谭天．媒介平台论：新兴媒体的组织形态研究［M］．北京：中国人民大学出版社，2016.

［3］彭兰．新媒体导论［M］．北京：高等教育出版社，2016.

［4］彭兰．社会化媒体：理论与实践解析［M］．北京：中国人民大学出版社，2015.

［5］彭兰．新媒体用户研究［M］．北京：中国人民大学出版社，2020.

［6］刘友芝．新媒体运营［M］．北京：中国人民大学出版社，2018.

［7］张亮．从零开始做运营［M］．北京：中信出版社，2015.

［8］谭贤．新媒体运营从入门到精通［M］．北京：中国铁道出版社，2019.

［9］勾俊伟．新媒体运营［M］．北京：人民邮电出版社，2018.

［10］黄永轩，微果酱团队．公众号思维［M］．广州：广东经济出版社，2017.

［11］龙共火火．高阶运营：从小编到新媒体操盘手［M］．北京：人民邮电出版社，2018.

［12］约翰·杜海姆·彼得斯．奇云：媒介即存有［M］．邓建国，译．上海：复旦大学出版社，2020.

［13］曼纽尔·卡斯特．网络社会的崛起［M］．夏铸九，等译．北京：社会科学文献出版社，2001.

［14］曼纽尔·卡斯特．传播力［M］．汤景泰，星辰，译．北京：社会科学文献出版社，2020.

［15］南茜·K·拜厄姆．交往在云端：数字时代的人际关系［M］．董晨宇，唐悦哲，译．北京：中国人民大学出版社，2018.

［16］克莱·舍基．人人时代：无组织的组织力量［M］．胡泳，沈满琳，译．北京：中国人民大学出版社，2012.

［17］维克托·迈尔-舍恩伯格．大数据时代［M］．盛杨燕，周涛，译．杭州：浙江人民出版社，2012.

［18］戴维·迈尔斯．社会心理学［M］．11版．侯玉波，乐国安，张志勇，等译．北京：人民邮电出版社，2016.

［19］菲利普·科特勒．营销革命4.0：从传统到数字［M］．王赛，译．北京：机械工业出版社，2018.

［20］罗伯特·斯考伯，谢尔·伊斯雷尔．即将到来的场景时代［M］．赵乾坤，周宝曜，译．北京：北京联合出版公司，2014.

［21］W·钱·金，勒妮·莫博涅．蓝海战略［M］．吉宓，译．北京：商务印书馆，2010.

［22］简·梵·迪克．网络社会——新媒体的社会层面［M］．2版．蔡静，译．北京：

清华大学出版社，2014.

［23］［英］吉莉安·道尔．理解传媒经济学［M］．2 版．黄淼，董鸿英，译．北京：清华大学出版社，2018.

［24］邵国松．网络传播法导论［M］．北京：中国人民大学出版社，2017.

［25］喻国明．传媒经济学教程［M］．北京：中国人民大学出版社，2009.

［26］余红，张雯．新媒体用户分析［M］．北京：高等教育出版社，2019.

［27］俞军．俞军．产品方法论［M］．北京：中信出版社，2019.

［28］叶小鱼，勾俊伟．新媒体文案创作与传播［M］．北京：人民邮电出版社，2017.

［29］舒咏平，鲍立泉．新媒体广告［M］．2 版．北京：高等教育出版社，2016.

［30］杨飞．流量池［M］．北京：高等教育出版社，2016.

［31］Terry Flew．新媒体 4.0［M］．叶明睿，译．北京：人民日报出版社，2019.

［32］新媒体商学院．新媒体运营一本通：营销推广＋活动策划＋文案写作［M］．北京：化学工业出版社，2019.

［33］艾·里斯，杰克·特劳特．定位：争夺用户心智的战争［M］．顾均辉，苑爱冬，译．北京：机械工业出版社，2021.